Morgen komm ich später rein

*Markus Albers* ist Politologe und Journalist. Er lebt als freier Autor in Berlin und berichtet für Zeitschriften wie *Vanity Fair* und *Monocle* aus aller Welt. Zuvor schrieb er für *stern* und *SPIEGEL*, das *SZ-Magazin* sowie die *Welt am Sonntag*. Zuletzt arbeitete er als geschäftsführender Redakteur der deutschen *Vanity Fair*. Seine eigene Arbeitsbiografie wechselte stets zwischen festen und freien Beschäftigungen, das Thema seines Buches ist damit auch ein Lebensthema.

Markus Albers

# Morgen komm ich später rein

Für mehr Freiheit in der Festanstellung

Campus Verlag
Frankfurt/New York

Bibliografische Information der Deutschen Nationalbibliothek:
Die Deutsche Nationalbibliothek verzeichnet diese Publikation in der
Deutschen Nationalbibliografie. Detaillierte bibliografische Daten
sind im Internet unter http://dnb.d-nb.de abrufbar.
ISBN 978-3-593-38652-2

Copyright © 2008 Campus Verlag GmbH, Frankfurt/Main
Umschlaggestaltung: Hißmann, Heilmann, Hamburg
Umschlagmotiv: © Getty Images (Vorderseite), Brandon Harman (Rückseite)
Satz: Fotosatz L. Huhn, Linsengericht
Druck und Bindung: Freiburger Graphische Betriebe
Gedruckt auf säurefreiem und chlorfrei gebleichtem Papier.
Printed in Germany

Besuchen Sie uns im Internet: www.campus.de

# Inhalt

# Vorwort

»Mehr als die *Vergangenheit* interessiert mich die *Zukunft*,
denn in ihr gedenke ich zu *leben*.«

*Albert Einstein, Physiker und Nobelpreisträger, 1879–1955*

Wie wir in Zukunft arbeiten und leben werden, ist eine für uns alle –
und besonders Menschen, die Verantwortung für die Gestaltung von
Arbeit tragen – interessante Frage. Mit dem Notebook im Café oder
im Garten sitzen – kann das Arbeit sein? Immer mehr Menschen
wollen nicht nur so leben, wie sie wollen, sie wollen auch so arbeiten,
wie sie leben. Lehrte uns doch schon Konfuzius: »Wenn du liebst, was
du tust, wirst du nie wieder in deinem Leben arbeiten«. Ermöglicht
werden könnte diese Einstellung, die die Lebenskünstler der frühe-
ren Bohème noch am Hungertuch hat nagen lassen, heute durch die
Demokratisierung der Medien, die sozialen Entwicklungen infolge
der Internetkultur und den »Long Tail«. Ob diese Idee einer sich an
maximaler Freiheit und weitgehender Unabhängigkeit orientierten
Arbeit in der Zukunft Realität werden kann, hängt nicht zuletzt von
dem Einzelnen selbst ab.

Nicht jeder Mensch möchte in die »echte« Selbständigkeit gehen
und volles Risiko für die eigene Existenz und einer Familie gehen.
Nicht jeder hat den Wunsch und die Fähigkeit, vollkommen selbstbestimmt und ohne jede Art der Führung zu arbeiten. Viele Menschen suchen die Orientierung durch Manager, brauchen Anleitung
von Fachkollegen und wollen den regelmäßigen und persönlichen
Kontakt mit Kollegen. Auch solche Menschen – es werden wohl auch
in der näheren Zukunft die Mehrzahl sein – wollen anders arbeiten,
können anders arbeiten und werden anders arbeiten.

Unter dem Motto *Morgen komm' ich später rein* skizziert der Autor

Markus Albers in diesem Buch eine Vision »Für mehr Freiheit in der Festanstellung«. Er beschreibt in anschaulicher Weise – garniert mit vielen Zitaten, Gesprächsnotizen, Studienergebnissen aus wissenschaftlichen Untersuchungen und Prognosen – wo wir heute stehen und welcher Weg zur »Easy Economy« führen kann, ja, führen wird. Er nimmt die Effizienzkiller in der tradierten Bürowelt unter die Lupe, identifiziert das Schreibtischparadox und untersucht die Potenziale der lange schon herbei geredeten Telearbeit. In einer Reflexion zur Entwicklung des Büros, wie wir es heute kennen, wird deutlich, wie teilweise längst überholte Arbeitsparadigmen heute immer noch in den Büros von Unternehmen und Verwaltungen sichtbar sind.

Mit dem Ansatz einer zukünftigen »Easy Economy« skizziert Markus Albers eine Arbeitswelt, die durch große Freiheiten für Festangestellte sowie durch Kreativität und Motivation gekennzeichnet ist. Er zeigt anschaulich an konkreten internationalen Beispielen, was heute schon möglich ist, was fortschrittliche Unternehmen schon umgesetzt haben und wie sie in Zukunft agieren und sich weiterentwickeln werden. Er zeigt also nicht nur Theorien und Visionen auf, sondern auch mögliche Wege sowie Chancen und Risiken ihrer Umsetzung.

Besonders beachtenswert ist dabei die Reflexion zu den möglichen Wirkungen moderner Arbeitskonzepte in der »Easy Economy« auf den in der Zukunft immer härter werdenden »War of Talents«. Einer der entscheidenden Faktoren für eine positive Weiterentwicklung unserer Wirtschaft und von Unternehmen wird es sein, wie gut das Recruitment hoch und höchst qualifizierter Mitarbeiter funktioniert und wie attraktiv die Beschäftigungsbedingungen der Unternehmen sind. Denn Kreativität und Motivation der Wissensarbeiter werden über Erfolg und Misserfolg ganz wesentlich mitentscheiden.

Mindestens genauso interessant und wichtig ist die Auseinandersetzung mit den Folgen der Entwicklung von Arbeit auf die globalen Probleme in der Energieversorgung und für den Klimawandel. Es scheint schier unvermeidbar, dass wir unser arbeitsbezogenes

Mobilitätsverhalten auch unter diesen Gesichtpunkten nachhaltig verändern und in eine neue Richtung lenken. Neue Möglichkeiten der Telekooperation und der digitalen Zusammenarbeit lassen es zukünftig möglich erscheinen, dass der Reiseaufwand tatsächlich erheblich zurückgehen könnte und die regelmäßige und oft unnötige Fahrt zur Arbeit teilweise vermieden werden konnte.

Die Zukunft der Arbeit ist nie da, sie liegt immer vor uns. Es ist also ein Weg zu beschreiten zu einer »Easy Economy«, ein Weg, der mit nachhaltigen Änderungen in der Arbeit verbunden sein wird. Die im Buch skizzierten Entwicklungen sind unumkehrbar, sie werden sich evolutionär vollziehen und nicht revolutionär. Und doch: In der Retrospektive werden wir von einer Revolution der Arbeit sprechen. Nicht alles, was wir uns ausdenken, wird auch genauso eintreten wie wir es denken. Aber vieles wird dann doch so kommen, wie wir es denken, auch *weil* wir es denken. Insofern ist es mehr als sinnvoll, nachzudenken, querzudenken, vorauszudenken. Denken Sie mit!

Wilhelm Bauer
Fraunhofer-Institut für Arbeitswirtschaft
und Organisation, Stuttgart

# Einleitung

»If it's not fun, why do it?«

*Firmenmotto Ben&Jerry's*

Achtung – das nun Folgende geht Sie wahrscheinlich etwas an: Wenn Sie jeden Tag ins Büro fahren. Wenn Sie acht, neun, oder mehr Stunden am Schreibtisch verbringen. Wenn Sie dieser Zustand nervt. Weil Sie das Gefühl haben, das richtige Leben da draußen nur durchs Fenster ihres Arbeitsplatzes mitzuerleben, als passiver Zuschauer. Weil Sie nie genügend Zeit haben für Familie, Freunde, Hobbys oder auch nur den Einkauf. Weil Sie sich fragen: Muss das so sein?

Dann wird Sie interessieren, dass Sie womöglich einer aussterbenden Spezies angehören: der Gattung des Bürosklaven. Dass sie Opfer eines Lebens- und Arbeitsstils sind, den es eigentlich gar nicht mehr geben müsste. Es wird Sie interessieren, dass das strenge Korsett des Berufsalltages, in das Sie sich täglich zwängen – der ermüdende Weg zur Arbeit, das monotone Absitzen bis zum Feierabend, die immer gleiche Routine, die den Großteil ihrer wachen Lebenszeit auffrisst – dass all das schon heute irrsinnig altmodisch ist. Wir arbeiten – mitten in der Wissensgesellschaft – mit Strukturen, Abläufen und Vorurteilen aus der Zeit der Industriegesellschaft. Trotz angeblich virtueller Arbeitsplätze, digitalem Nomadismus und fragmentierten Jobbiografien wollen Vorgesetzte ihre Mitarbeiter immer noch den ganzen Tag sehen, gelten abgesessene Kernarbeitszeit als Leistungsnachweis und exzessive Überstunden als Trophäe der Engagierten.

Noch bedeutet der Job für die meisten Menschen gerade hierzulande täglichen Trott von neun bis sieben. Das muss sich ändern.

Durch die altmodische Anwesenheitspflicht wird zum Beispiel eine erfolgreiche Verbindung von Berufstätigkeit und Familie fast unmöglich. Mit teuren Tagesmüttern und einem permanent schlechten Gewissen erkaufen sich junge erfolgreiche Eltern heute den Nachwuchs-Wunsch. Doch Kollegen belächeln insgeheim Mütter und Väter, die mal wieder früher Feierabend machen und die meisten Vorgesetzten nehmen noch immer niemanden ernst, der nicht bereit ist, im Ernstfall 12-Stunden-Schichten zu knechten. So wird Elternschaft zum ständigen Stressfaktor und oft genug sind es dann doch wieder gut ausgebildete Frauen, die entnervt ihre Karriere aufgeben – menschlich gesehen traurig, volkswirtschaftlich ein Wahnsinn.

Es wird dringend Zeit, damit aufzuhören. Sagen Sie dem Bürotrott auf Wiedersehen. Sie sind – ehrlich gesagt – schon ziemlich spät dran: Unternehmen auf der ganzen Welt lassen ihre Mitarbeiter neuerdings arbeiten wann, wo und wie sie wollen. Egal, in welcher Branche und in nahezu jeder Position. Bisher waren Festangestellte oft neidisch auf Freiberufler: Kontrolle über die eigene Zeiteinteilung, Arbeiten von zu Hause oder gar am Strand in Shorts und T-Shirt, ausgeschlafene Vormittage im Ausgleich für durchgearbeitete Nächte – derartige Annehmlichkeiten schienen bislang das Privileg der Selbstständigen zu sein. Doch genau das ändert sich nun. Wir erleben die fundamentale Neudefinition eines der mächtigsten Ordnungsmuster unseres Lebens – des Arbeitstages im Büro. Wir stehen vor einer grundlegenden Umwälzung der Art, wie Arbeit und Produktivität organisiert werden. Die gute Nachricht: Sie bringt Festangestellten ein Maß an Freiheit und Selbstbestimmung, wie es bisher nur Freiberufler kannten. Die schlechte Nachricht: Niemand bekommt diese Freiheit geschenkt – Sie müssen sie sich nehmen.

Gehen Sie tagsüber ins Kino oder shoppen. Spielen Sie mit ihren Kindern, stellen die Waschmaschine an oder machen ein Nickerchen. Integrieren Sie Ihre Hobbys, persönlichen Interessen und Ihre Freunde in Ihren Tagesablauf, der bislang nur vom Berufsleben geprägt war. Und machen Sie dabei keine Abstriche im Job, was Leistung, Zuverlässigkeit und Karriere angeht. Im Gegenteil: Begegnen Sie Kollegen und Vorgesetzten produktiver, gelassener und souveräner.

Wenn Sie selbst Manager oder Unternehmer sind, zeigt Ihnen dieses Buch, wie sie eine höhere Produktivität und Mitarbeiterzufriedenheit, eine geringere Krankheits- und Kündigungsrate und deutlich reduzierte Kosten für Immobilien und Infrastruktur erreichen. Wie Sie in der globalisierten 24-Stunden-Wirtschaft wettbewerbsfähig bleiben, Kreativität und Innovation stimulieren und die besten Talente an Ihr Unternehmen binden – indem Sie sich und Ihren Mitarbeitern Freiheit und Flexibilität einräumen.

Wie das gehen soll?

Dieses Buch kann Ihnen helfen, einen neuen pragmatischen Weg zu finden, wie Sie diese Prinzipien in Ihrem Unternehmen und auf Ihren Beruf anwenden können. Egal, ob Sie ein Angestellter sind oder in der Führungsetage sitzen. Es wird Ihnen konkrete Beispiele zeigen. Es wird Menschen zu Wort kommen lassen, die diese neue Art zu arbeiten bereits verwirklicht haben. Chefs, die damit die Produktivität steigern. Mitarbeiter, die endlich eine bessere Balance zwischen Beruf und Freizeit erreicht haben. Wissenschaftler, die erklären, warum so die Zukunft der Arbeit aussehen wird. Wir sind die erste Generation, die diese dramatische gesellschaftliche Umwälzung erlebt: eine Revolution der Art und Weise, wie wir unser Leben um unseren Job herum organisieren. Wir stehen vor dem Tod einer Institution, die unseren Vätern und Müttern Sicherheit, Struktur und Lebenssinn gab und ihren Tagesablauf ordnete. Die gleichzeitig einen allumfassenden Zeitterror ausübte, das Denken prägte und allem Sein ihren Stempel aufdrückte. Wir werden es erleben: das Ende des Büros, wie wir es kennen.

Dieses Buch birgt ein Versprechen. Es lautet: Sie müssen nicht so weitermachen wie bisher. Und dieses Buch möchte eine Vision vermitteln. Dass wir dank moderner Technik und eines Wandels gesellschaftlicher Werte freier und selbstbestimmter arbeiten werden als die Generation unserer Eltern. Dass wir endlich Beruf und Freizeit auf eine Weise vereinen können, die noch vor wenigen Jahren undenkbar schien. Und dass wir so vielleicht – ganz automatisch – zu glücklicheren Menschen werden.

Es spricht viel dafür, dass diese radikale Entwicklung nicht aufzuhalten ist. Wenn Sie zwischen etwa 16 und 50 Jahre alt sind und zu den so genannten Wissensarbeitern gehören – also nicht am Band stehen, sondern, grob gesagt, viel Zeit vor dem Computer verbringen – werden Sie Teil dieser neuen, freien Arbeitswelt sein. Sie werden nicht mehr jeden Tag ins Büro gehen und Ihr Leben am Schreibtisch absitzen. Besser, Sie fangen gleich heute an, sich dafür zu interessieren. Denn morgen kann es bereits losgehen. Komische Vorstellung? Gewöhnen Sie sich schon mal dran. Es kommt noch besser. Ein Hinweis vorweg: Dieser Wechsel erfordert eine Menge Mut. Aber vor allem macht er sehr viel Spaß.

# Worum geht es in diesem Buch?

Ich weiß nicht, wie es Ihnen geht, aber ich habe zu viel Lebenszeit im Büro verbracht. 12-Stunden-Tage, wenn der Chef mal wieder einen Spezialauftrag hatte. Nachtschichten und Sonntage vor der Deadline. Dazu der Fron der täglichen Routine. Die Erkenntnis ist eigentlich schockierend: Ich habe den Großteil der wachen Minuten meines Erwachsenenlebens an einem Schreibtisch vor dem Computer gesessen. Vielleicht geht es Ihnen ja so wie mir – ich arbeite gern. Ich mag Kollegen, ich mag die Herausforderung eines spannenden Jobs, ich bin kein müßiggängerischer Misanthrop – oder jedenfalls nur an schlechten Tagen. Die einzige Glückstheorie, die ich gelten lasse, ist jene des Psychologen mit dem schwierigen Namen Mihaly Csikszentmihalyi, der behauptet, wir fänden unsere größte Zufriedenheit im so genannten »Flow«, also dem konzentrierten Abarbeiten von Aufgaben, die wir sehr gut beherrschen, die aber doch so anspruchsvoll sind, dass wir von ihnen gefordert werden. Für mich ist das ein Zustand, den ich am häufigsten im Job erlebe. Glück hat für mich eine Menge mit Arbeit zu tun. Klingt etwas traurig? Ist laut Csikszentmihalyi aber bei den meisten Menschen so. Weshalb es in diesem Buch auch nicht darum gehen kann, nie mehr zu arbeiten. Vielleicht ein bisschen weniger. Vor allem aber: Selbstbestimmter. Flexibler. Freier. Auch als Festangestellter.

Weshalb sieht der durchschnittliche deutsche Joballtag so trist aus? Warum gehen wir immer noch jeden Tag ins Büro? Verschwenden acht, neun oder mehr Stunden unserer Lebenszeit mit Monotonie, Missmanagement und zickigen Kollegen in deprimierenden Räumen? Wir sitzen alle zu viel vor dem Monitor. Der Job frisst unsere Freizeit auf, obwohl wir wissen, dass uns die besten Ideen meist nicht bei der Arbeit kommen. Zwischen Meetings, Deadlines und purem Abwarten, bis der Chef Feierabend macht, haben viele Menschen das Gefühl, sie hätten in vier oder fünf Stunden effizienter, selbstbestimmter Zeit genauso viel leisten können. Und sie haben Recht.

Ich bin seit zwölf Jahren Journalist. Meine Erfahrungen als Freiberufler und Festangestellter zeigen mir immer wieder ein fundamentales Dilemma: Selbstständige arbeiten meist effizienter, haben mehr Freiheit, mehr Spaß, manchmal sogar mehr Geld. Bloß keine klassische Karriere. Sie lässt sich nur innerhalb von Unternehmen machen, doch wählt man diesen Weg, ist man sofort wieder in allen oben beschriebenen Ärgernissen des Büroalltags gefangen. Gespräche mit erfolgreichen aber notorisch unzufriedenen Freunden und Bekannten bestätigen den Befund. Es muss einen Mittelweg zwischen beiden Extremen geben.

## Kurz vorweg: Drei Geschichten aus der Easy Economy

Wenn Uwe Schimanski einen Anruf seiner Kollegen bekommt, muss er manchmal eine Hand vom Steuer seines Segelboots nehmen. Der Mitarbeiter der deutschen IBM ist leidenschaftlicher Segler und verlegt seinen Arbeitsplatz regelmäßig auf schwankende Planken. »Durch den Freiheitsgrad meiner Arbeit kann ich mich irgendwo hinbewegen, wo mein Bötchen gerade liegt«, erzählt er, »zu einem Zeitpunkt, wenn nicht die Autobahn gerade zu ist. Und dann kann ich von meinem Boot aus arbeiten, bis das Wochenende beginnt.« Auch für Arztbesuche hetzt sich der 55-Jährige nicht vor Dienstbeginn ab oder muss sich eigens freinehmen: Derartige private Termine und Erledigungen plant er ganz entspannt, zu einem Zeitpunkt, wenn er wenig Zeit dafür aufwenden muss. Und wenn er morgens hört, dass zur Rush-Hour mal wieder viel Verkehr ist, fährt er einfach ein paar Stunden später zur Arbeit, »statt im Stau unnötig Zeit und Benzin zu verbrauchen«. Kurz: Er teilt sich seine Anwesenheit im Büro so ein, »dass ich möglichst produktiv bin unter bester Ausnutzung der Ressourcen. Und die Familie hat auch noch was davon.« Dieser scheinbar luxuriöse, für Uwe Schimanski aber ganz normale Arbeitsrhythmus macht ihn zu einem hocheffizienten und gleichzeitig extrem entspannten Mitarbeiter. Die Kehrseite der Medaille: Wenn er Urlaub hat, muss er auch erreichbar sein. Für ihn haben erst schnelles Internet, Handys mit E-Mail-Funktion und ein flexibles Arbeitsverständnis seines Unternehmens diese Emanzipation vom Büro möglich gemacht: »Die technischen Gegebenheiten hält keiner auf. Wer sie bewusst für sich einsetzt, kann nur gewinnen.«

Mark Wells aus Minneapolis ist ein Riesenfan der Dave Matthews Band, einer Rock-Formation, die bekannt ist für großartige Live-Auftritte. Darum hat er schon immer versucht, seine Helden so oft wie möglich auf der Bühne zu sehen. Aber weil die Band ständig durch die USA tourt, war das früher fast unmöglich, denn Wells arbeitet in der Zentrale der größten amerikanischen Elektronikmarktkette Best Buy. Er entwickelt Online-Schulungen für Verkäufer in den Filialen, saß also den ganzen Tag am Computer. Dass er diese Arbeit im Grunde von überall aus machen konnte, änderte nichts an der Tatsache, dass er jeden Tag ins Büro musste. Doch eine Arbeitszeitrevolution namens ROWE, von der später noch zu lesen sein wird, hat sein Leben komplett umgekrempelt: Nun reist er seiner Lieblingsband quasi permanent hinterher, obwohl er genauso festangestellt ist wie zuvor. Seine Arbeit erledigt er per Laptop, seinen Schreibtisch in der Firmenzentrale sieht er fast gar nicht mehr.

Die Dänin Camilla Kring, eine Ingenieurin, die ihre Doktorarbeit über Work-Life-Balance geschrieben hat, war es gewohnt, als faul bezeichnet zu werden, weil sie morgens wenig zustande bekommt. Dann fand sie heraus, dass Wissenschaftler die Menschen in A- und B-Typen einteilen – erstere sind Frühaufsteher, letztere Morgenmuffel. Kring identifizierte sich eindeutig als B-Typ, sah die gesellschaftliche Tragweite ihres scheinbar persönlichen Problems und gründete die »B-Society«, um für die Rechte der Langschläfer zu kämpfen. »Tatsächlich sind wir B-Typen genauso produktiv wie andere Menschen, nur zu unterschiedlichen Zeiten«, sagt sie. Das gängige Arbeitszeitmodell stammt für sie aus der Zeit der agrarischen Gesellschaft, als Bauern den Tag früh beginnen mussten, und aus den Schichtarbeitssystemen der Industriezeit. Weil aber Landwirte und Industriearbeiter einen immer kleineren Anteil der Bevölkerung ausmachen, sollen sich nun bitte auch die Arbeitszeiten ändern. »In Dänemark gibt es viele Diskussionen darüber, dass wir eine Innovationsgesellschaft werden«, so Kring. »Wenn man mit dem Kopf arbeitet, geht es aber nicht darum, wie viele Stunden man am Schreibtisch verbringt, sondern wann man am produktivsten ist und die besten Ideen hat.« Auch über die B-Society werden Sie später noch mehr erfahren. Hier nur so viel: Sie ist ein Riesenerfolg.

Überall auf der Welt ist dieser Tage eine Umwälzung unserer Arbeitsfomen zu erleben, eine Neudefinition der Art wie wir Zeit und Leistung messen, ein Ende unseres Daseins als stets gestresste Schreibtischsklaven. Sie wird vorangetrieben von Menschen wie Uwe Schimanski, Mark Wells und Camilla Kring. Vielleicht gehören Sie auch bald dazu.

## Begriffsklärung: Freiangestellte und Easy Economy

Mitte der neunziger Jahre, zu Zeiten der New Economy und der mit dem Internet verbundenen technischen Innovationen war uns schon einmal eine neue Art des Arbeitens versprochen worden. Jeder einzelne von uns modernen Berufstätigen sollte von nun an eine selbstgenügsame Produktionseinheit darstellen. Wir würden künftig als so genannte »Flexecutives« mobil und vernetzt sein. Wir würden unser papierloses Büro per Laptop und Handy mit uns herum tragen. Wir würden uns als digitale Nomaden von überall ins weltweite Netz und damit in die Arbeitsabläufe einklinken. Der amerikanische Wissenschaftler Nicholas Negroponte schrieb 1995 das damals visionäre und heute immer noch aktuelle Buch *Total Digital* am Notebook in einer einsamen Hütte auf der griechischen Insel Patmos, bevor er wieder an sein hochtechnisiertes Forschungsinstitut in den USA zurückkehrte. Ich kann mich erinnern: So wollte ich auch arbeiten.

Die Realität sah anders aus: Gerade die Programmiersklaven der Startup-Unternehmen mussten 14-Stunden-Schichten knüppeln und mit dem Schlafsack unter dem Schreibtisch schlafen, bevor ihr Unternehmen erst an die Börse und dann Pleite ging. Und wer versuchte, sich mit verheddertem Kabelsalat und den unfassbar langsamen Modems jener Zeit von unterwegs ins Internet einzuwählen und dann zusah, wie sich quälend zäh einzelne Websites auf dem kleinen Bildschirm aufbauten, wünschte sich auf der Stelle an seinen Büroschreibtisch mit schneller Internetverbindung zurück. Handys waren damals teuer, konnten kaum etwas außer telefonieren und ihre Benutzer wurden zudem als Angeber abgestempelt.

Auf den ersten Blick war also das freiere Arbeiten mit mehr Flexibilität, Individualität und in der Folge auch mehr Spaß eines jener luftigen Versprechen, die die New Economy nie einhielt. Tatsächlich steckte aber ein wahrer Kern darin, der erst mit dem technischen Fortschritt ein paar Jahre später Wirklichkeit werden konnte. So wie wir mit MySpace, Facebook und dem Web 2.0 insgesamt die Renaissance des tot geglaubten Online-Geschäftsmodells erlebt haben, so wie Amazon und Ebay tatsächlich unsere Art einzukaufen verändert haben, Spiegel-Online unsere Art Nachrichten zu lesen, E-Mail unsere Art zu kommunizieren, wie Communities und Blogs doch eine reichweitenstarke Gegenöffentlichkeit zu etablierten Medien bilden, so ist hinter unserem Rücken plötzlich auch die Arbeitsrevolution möglich geworden, die uns damals versprochen wurde.

Sechs Faktoren machen Freiangestellte und Easy Economy erst heute möglich:

Die Technik war im Jahr 2000 einfach noch nicht so weit. Heute ist sie es. Mobile, leistungsstarke Endgeräte, weit verbreitete schnelle Internetverbindungen sowie Web-basierte Workflow-Software, weltweite Dokumentenstandards und komplett digitalisierte Arbeitsabläufe emanzipieren den Arbeitnehmer immer mehr von Zeit und Raum. »Du bist die Festplatte, wir sind dein Backup«, brachte es 2007 die Werbung des Herstellers Lacie für externe Speichermedien auf den Punkt. Wir haben erstmals wirklich alle notwendigen Informationen und Werkzeuge in unserem Laptop, unserem Smartphone und unserem Kopf, um von überall aus arbeiten und trotzdem Verbindung zur Firma halten zu können. Wo die technischen Möglichkeiten konsequent angewendet werden, ändert sich eben doch die Art, wie wir arbeiten und leben.

Die Kosten für die Mobilisierung und Emanzipation des Arbeitnehmers vom Büro sinken gen Null: »Eine Internet-Standleitung kostete in den Neunzigern noch vierstellige Summen pro Monat – eine gleich schnelle DSL-Leitung heute fast nichts mehr. Auf diese belastbare und günstige Web-Anbindung von Mitarbeitern habe ich zehn Jahre lang gewartet«, sagt der Geschäftsführer einer Berliner Agentur im Interview in Kapitel 8. Chris Anderson, Chefredakteur der Zeitschrift *Wired* und Autor des Bestsellers *The Long Tail* hat als nächsten Trend »Free«, also »Umsonst« ausgemacht: Der Preis von technischer Infrastruktur wie Bandbreite, Transistoren auf Chips und Speicher sinkt – in Relation zu ihrer Nützlichkeit – permanent so stark, dass er heute als nahezu Null betrachtet werden kann.

Unsere Berufswelt hat sich verändert: Nichtlineare Jobbiografien sind heute für viele Menschen normal. Was der Soziologe Richard Sennett 1998 noch als Problem des entwurzelten »flexiblen Menschen« kritisierte, ist heute häufig Alltag: Wir haben nicht mehr einen Job bis ans Ende unseres Lebens, wir brauchen nicht mehr nur den Beruf, um unserem Leben eine Struktur zu geben, und das ist auch gut so. Die Globalisierung ist in unserem Berufsleben zunehmend kein abstrakter Begriff mehr, sondern pragmatischer Alltag: Internationale Teams, Outsourcing sowie Kunden und Geschäftspartner aus aller Welt sorgen dafür, dass wir nachts E-Mails aus Indien bekommen oder abends Anrufe aus den USA. Mit einem klassischen 9-to-5-Arbeitstag ist das kaum zu vereinbaren.

Der zunehmende weltweite Wettbewerb motiviert Unternehmen, permamente Effizienzoptimierung zu betreiben: Wer seine Mitarbeiter per Notebook und Datenverbindung in die Freiheit entlässt, steigert Produktivität, Zufriedenheit und Flexibilität. Gleichzeitig spart er an Immobilien und Infrastruktur. Beides zusammen macht Firmen fit im Kampf gegen internationale Wettbewerber.

Die Gefahren durch Terroranschläge und Naturkatastrophen

motivieren vor allem in den USA viele Unternehmen, die Krisenresistenz ihrer Produktionsprozesse zu überdenken. Zentralisierte Infrastrukturen sind anfälliger als vernetzte. Alle Arbeitsplätze und Informationen in einem Bürogebäude zu versammeln, bedeutet, dass die Produktion stillsteht, wenn hier etwas schief geht. Mitarbeiter an verschiedenen Orten arbeiten zu lassen und diese digital zu vernetzen, heißt, dass die Arbeit auch im Katastrophenfall weitergehen kann. Das mag hierzulande überängstlich wirken, wird in Amerika aber heiß diskutiert.

Die gesellschaftlichen Parameter sind verschoben: Dass Frauen heute berufstätig sind, ist weitgehend Normalität. Männer wiederum fordern mehr Teilhabe am Familienleben, wollen auch Zeit mit ihren Kindern verbringen. Deshalb ist für die meisten Paare die zentrale gemeinsame Herausforderung geworden, Familie und Job zu vereinbaren. Unser Bedürfnis nach einem Gleichgewicht zwischen Arbeit und Privatleben, der viel beschworenen Work-Life-Balance, ist insgesamt gestiegen: Wir definieren uns nicht mehr ausschließlich über beruflichen Status, sondern wollen ein in vielerlei Hinsicht erfülltes Leben haben. Der demografische Wandel und die damit beschriebene Alterung der Bevölkerung in der westlichen Welt wird zu einem zunehmend dramatischen Nachwuchskräftemangel führen. Wer künftig die besten Köpfe für sein Unternehmen gewinnen will, muss ihnen Freiheit und Flexibilität anbieten. Außerdem werden wir alle später in Rente gehen – deshalb müssen Arbeitsplätze künftig stärker altersverträglich gestaltet sein.

All diese Faktoren lassen sich nicht mehr mit der altmodischen, aber verbreiteten Lebensweise vereinbaren, den ganzen Tag in ein Büro eingesperrt zu sein. Die Lösung des Schreibtischdilemmas liegt in einer flexiblen und mobilen Arbeitsauffassung. Wer kennt nicht das wunderbare Gefühl, morgens mal später zur Arbeit zu müssen, mehr Zeit für Kinder, Frühstück und Zeitungslektüre zu haben, vielleicht noch kurz in Ruhe seine E-Mails zu checken oder draußen in der Sonne einen Kaffee zu trinken. Nicht selten geht man dann mit mehr Lust ins Büro, hat vielleicht vorher schon eine gute Idee entwickelt für eines der Projekte, an denen man gerade sitzt. Oder nachmittags: Man geht zwei Stunden früher nach Hause und entdeckt geradezu ein Paralleluniversum, sieht die Welt mit den Augen der anderen, die nicht den ganzen Tag im Büro hocken müssen. Zugegeben: Ärzte, Lehrer oder Schichtarbeiter haben diese Option nicht. Wer alles zur beschriebenen Zielgruppe der Wissensarbeiter oder der kreativen Klasse gehört, wird später im Buch noch detailliert diskutiert.

Wirklich effektiv ist nur, wer sich dem zähen Trott der 9-to-5-Routine komplett entzieht. Das wird nicht einfach, denn wir alle haben gelernt, wie Arbeit auszusehen hat – nämlich den ganzen Tag am Schreibtisch sitzend. Was künftig aufhören muss: Der Spott der Kollegen, wenn man morgens später kommt, dafür aber abends länger bleibt. Die schiefen Blicke des Chefs, wenn man aus dem Büro verschwindet, um einzukaufen. Das Schuldgefühl, an einem Meeting nur telefonisch teilzunehmen oder früher Feierabend zu machen, um sein Kind abzuholen. Die totale Unmöglichkeit, im Büro zu sagen: »Ich muss den Kopf freibekommen und gehe heute Nachmittag ins Museum.« Oder: »Ich arbeite morgen zu Hause.« Oder gar: »Die nächsten zwei Wochen erreicht ihr mich auf der Finca.« Erst wenn wir solche Sätze ganz lässig aussprechen, werden wir alle zu »Freiangestellen«.

Fortschrittliche Firmen räumen ihren Mitarbeitern schon heute maximale Freiheit ein. Die Idee: Manager müssen weg von der Logik der Anwesenheitspflicht. Arbeitnehmer dafür das Konzept des Feierabends aufgeben, der Trennung zwischen Job und Freizeit. Wir brauchen nicht mehr dumpf Zeit am Schreibtisch abzusitzen, sondern können Arbeit erledigen, wann und wo sie anfällt. Dafür – das ist der Preis – müssen wir hochflexibel und fast immer erreichbar sein. Doch erstmals haben wir nun einen Anreiz, den Arbeitstag aus Eigeninteresse effizienter zu gestalten: Wer heute sowieso acht oder neun Stunden im Büro bleiben muss, weil Kollegen und Chef auch noch da sind, hat keinen Grund, seine Arbeit schneller zu erledigen. Wer sich aber künftig den Tag beliebig einteilen kann, der wird sehr wohl versuchen, seine Aufgaben schnell abzuarbeiten, um dann frei zu haben. Zum Glück haben wir alle noch erhebliche nicht genutzte Produktivitäts- und Effizienzreserven. Dazu später mehr. In den USA erlösen große Konzerne wie Google oder Best Buy ihre Mitarbeiter von Schreibtischzwang und Stechuhr. Auch in Deutschland sind es innovative Branchenführer wie SAP, BMW, IBM oder die Deutsche Bank, die begriffen haben, dass Arbeit nicht gleich Anwesenheit ist, dass Spaß und Flexibilität zu mehr Kreativität führen. Nennen wir diese Art der neuen Arbeitsorganisation und der daraus resultierenden Gewinne für Arbeitgeber und Arbeitnehmer »Easy Economy«.

Dieses Buch will den Weg aufzeigen zu einer effizienteren und besser gelaunten Art, Leben und Arbeit miteinander zu verbinden. Obwohl die gegenwärtige Situation in all ihrer Tristesse angeprangert werden muss, ist meine Grundhaltung konstruktiv und optimistisch. Alle Voraussetzungen, durch moderne Arbeitstechniken eine ausgeglichene Work-Life-Balance zu erreichen, sind da. Wir müssen sie nur nutzen.

## Nach der Telearbeit

Der Begriff »Telearbeit«, von dem in diesem Buch regelmäßig die Rede ist, klingt bereits etwas angestaubt. Immer wieder wird auch behauptet, das Konzept habe seine beste Zeit bereits hinter sich und sei im Grunde gescheitert. Das liegt vor allem an der begrifflichen Verengung dieser Definition auf »Menschen, die zumindest teilweise am Computer zu Hause arbeiten, statt ins Büro zu gehen«. Die Wirklichkeit ist komplexer und aufregender. Der an der Universität Tokio lehrende Architekt Martin van der Linden hat sie auf den schönen Nenner »Post-Telework-Condition« gebracht, zu deutsch: der Zustand nach der Telearbeit. Gemeint ist eine Berufswelt, in der die Technologie es möglich macht, zu jeder Zeit und an jedem Ort zu arbeiten und in der die Menschen dies darum beim Kunden tun, in Flugzeugen, Zügen, zu Hause oder auch im Büro. Van der Linden: »Die Wahrnehmung und das Konzept des Büros durchleben einen dramatischen Wandel. Die klare Trennung zwischen Telearbeit und

Büroarbeit verwischt immer mehr, während wir das Entstehen der Post-Telework-Condition beobachten.«

Die Trendforscher der britischen Future Foundation bestätigen dies in ihrer Prognose fürs Jahr 2020: Die reguläre Telearbeit werde bis zu diesem Zeitpunkt durchaus zunehmen, wenn auch nicht so stark wie das in der Vergangenheit teilweise vorausgesagt wurde. Der Grund: »Wir stellen fest, dass die eigentlich zugrunde liegende Idee von ›Telearbeit‹ zunehmend veraltet ist, beruht sie doch auf einem Konzept aus der Industriegesellschaft, dass nämlich Arbeit und Zuhause zwei unterschiedliche Orte sind.« Die Foundation schlägt für die vielen unterschiedlichen und neuen Arbeitsformen, die künftig massiv zunehmen werden, den Begriff »FreE-Working« vor. Er bezeichnet die große Anzahl von Arbeitnehmern, »die Technologie nutzen, um an einer Vielzahl von Orten außerhalb ihres eigentlichen Arbeitsplatzes zu arbeiten – wenn sie denn überhaupt noch einen solchen haben.«

Auch Hermann Hartenthaler, der in den »T-Labs« für die Telekom Innovationen wie das Büro der Zukunft erfindet, beobachtet den globalen Trend, in flexiblen Strukturen zusammenzuarbeiten, an verschiedenen Orten auf der Welt, zu verschiedenen Zeiten: »Wenn man mit Kollegen in den USA oder Asien kollaboriert, muss man oft frühmorgens oder spätabends arbeiten. Das macht man natürlich gern von zu Hause aus.« Die Grenze zwischen Privat- und Arbeitsbereich, zwischen Arbeiten im Büro, zu Hause oder unterwegs löse sich zunehmend auf: »Wir haben zum Beispiel eine kleine Box entwickelt, wenn man die zu Hause an den Laptop anschließt, hat man nicht nur Zugang ins Firmennetz, sondern sogar dieselbe Telefonnummer wie im Büro.« Dies sei nicht die starre Telearbeit der achtziger und neunziger Jahre mit großer Infrastruktur zu Hause, sondern flexibel und klein: »Ich habe meinen Laptop und da ist alles drauf.«

Uwe Schimanski, der bei IBM in den neunziger Jahren das so genannte »e-place«-Modell eingeführt hat (davon später mehr) und damit einer der Pioniere von zeit- und raumunabhängigen Arbeitsweisen ist, findet den Begriff »Telearbeit« ebenfalls veraltet und nennt den heutigen Zustand des Immer-und-überall-aktiv-Seins schlicht »Mobiles Arbeiten«.

Ob »Post-Telework-Condition«, »FreE-Working«, oder »Mobiles Arbeiten« – ich werde diese verschiedenen Ausprägungen der Einfachheit halber, und um Begriffsverwirrung zu vermeiden, weitgehend synonym verwenden, gelegentlich einfach von »Telearbeit« sprechen, oder eben allgemeiner von der »Easy Economy«. Gemeint ist dabei nicht nur die klassische Vorstellung des Angestellten, der auch zu Hause an den Rechner gehen darf, sondern gemeint sind alle Schattierungen und Ausprägungen neuer flexibler Arbeitsformen, die technischer Fortschritt und sozialer Wandel inzwischen möglich machen.

## Warum ich dieses Buch schreibe

Vor dem Frühstück – es gab Rührei und frische Mangos – bin ich heute am Strand Laufen gewesen. Die Sonne war gerade aufgegangen und spiegelte sich glitzernd im Meer bei Pranburi in Thailand. Meinen doppelten Espresso habe ich mit vor die Hütte genommen, jetzt logge ich mich ins schnelle W-Lan-Netz des Resorts ein, und beantworte zuerst ein paar dringende Mails. Ich sitze – entschuldigen Sie das Klischee, aber so sieht es hier wirklich aus – unter einer Palme, schaue aufs Wasser. Der Wind kühlt angenehm, nachher werde ich schnorcheln gehen. Die Schlagzeilen in Deutschland: Koalitionskrach und Blitzeis. Ich schließe die Website von Google-News schnell wieder und dann – arbeite ich.

Die Generation unserer Eltern – vor allem die Väter – hat fast ihr ganzes Leben in Büros verbracht. Viele Menschen meiner Altersgruppe haben sich versprochen, es besser zu machen, flexibel zu bleiben, sich nicht vom Arbeitstrott dominieren zu lassen, lieber ungewöhnlich zu leben. Aber irgendwann mit Mitte Dreißig sind sie dann eines Morgens aufgewacht und haben gemerkt: Gar nichts machst du besser. Gehst jeden Tag ins Büro, sitzt da vor dem Computer, gehst wieder nach Hause. Mir ging es ähnlich. Zum Glück bin ich Journalist und also tat ich, was Journalisten in einer solchen Situation tun: Sie recherchieren. Muss das Leben so sein, funktioniert Arbeit eben so? Kann eine Gesellschaft nur durch Stechuhren zusammengehalten werden? Oder geht es auch ganz anders? Wenn ja, wie und wo? Heraus kam dieses Buch.

Ich habe meine These beim Schreiben gleich getestet: Kann ich heutzutage arbeiten, wann und wo ich will? Ein Teil dieses Buches entstand darum unterwegs auf der ganzen Welt. Ich habe auf der Terrasse einer Finca auf Ibiza geschrieben. In einer tief verschneiten, einsamen Holzhütte in Norwegen nach einem Tag Langlauftraining. Am Pool eines Designhotels in Bangkok, bevor es mit dem Wassertaxi ins Restaurant ging. Im Hof eines Damaszener Hauses in Damaskus, neben dem Laptop eine Tasse mit Kardamom-Kaffee. Und eben an diesem einsamen Strand in der Nähe des königlich-thailändischen Badeortes Hua Hin.

Naja, sagen Sie: Für einen freiberuflichen Journalisten und Buchautor ist das wohl ein bisschen einfacher als für einen festangestellten Büromenschen. Stimmt natürlich – und auch wieder nicht. Denn wenn Sie die Botschaft dieses Buches beherzigen, können Sie bald ganz ähnlich arbeiten. Sie müssen sich diese Freiheiten nur nehmen – geschenkt wird Ihnen vermutlich nichts. Sie müssen dabei Schritt für Schritt vorgehen und strategisch klug.

## Executive Summary: Das erwartet Sie

Wenn ich bei der Recherche für dieses Buch Menschen erzählt habe, dass ich herausfinden möchte, wie man sich aus dem Bürotrott befreit – aus der Tretmühle des morgens aufstehen ... duschen ... den immer gleichen Weg zur Arbeit gehen ... an den immer gleichen Schreibtisch ... den Tag mit seinen immer gleichen Konferenzen und Büroritualen ... abends wieder nach Hause ... essen .... Sofa ... fernsehen ... schlafen ... und am nächsten Tag von vorn ... das richtige Leben passiert derweil irgendwo da draußen – als ich das also Menschen erzählte, hat eigentlich jeder wissend genickt. Und dann gleich rationalisiert: Klar, kenn' ich. Aber was soll man machen? Bei uns ist gerade so viel zu tun. Der Chef fordert immer mehr. Den Kollegen geht es auch nicht besser. In drei Monaten ist Urlaub ... eine Leier der Sachzwänge, die fast immer gleich klang.

Vielleicht muss man also gar nicht erklären, was an Büroarbeit nervt. Ich will es trotzdem kurz tun, denn jenseits der diffusen täglichen Unzufriedenheit gibt es jede Menge spannender Fakten zu diesem Thema, die Sie wahrscheinlich noch nicht kennen. Ich werde also im ersten Drittel des Buches zeigen, was alles falsch läuft in unserem Arbeitsalltag. Das wird nicht schön, manchmal sogar regelrecht deprimierend. Halten Sie durch. Die Belohnung folgt. Denn das zweite Drittel wird zeigen, wie es besser geht. Es werden Unternehmen präsentiert, die ihren Mitarbeitern extrem große Freiheit einräumen. Es sind sehr erfolgreiche Unternehmen, die verstanden haben, wie Arbeit in Zukunft funktioniert. Neben einer kurzen Kulturgeschichte der Kreativität und verblüffenden Erkenntnissen zum Zusammenhang von Arbeitszeit und Effektivität kommen Ökonomen und Zeitmanagement-Forscher ebenso zu Wort wie mutige Unternehmer, die Flexibilität fördern – und vom Ergebnis begeistert sind. Wissenschaftler berichten von Einfällen, die den Menschen beim Abwasch kommen, Personalchefs vom Produktivitätszuwachs durch Heim- und Halbtagsarbeit, Psychologen vom Zusammenhang zwischen Muße und Kreativität, Sozialwissenschaftler von Zukunftskonzepten, um unseren überreglementierten Arbeitswahn zu beenden. Nicht zuletzt erzählen immer wieder Angestellte von ihren Erfahrungen mit den neuen Arbeitsmodellen.

Ihnen werden in diesem Buch Menschen begegnen, die tagsüber einkaufen gehen, zum Sport, ins Kino oder mit ihren Kindern eine Bootstour unternehmen. Obwohl sie hoch bezahlte Jobs haben und fest angestellt sind. Diese Menschen sind keine Aussteiger – im Gegenteil. Sie sind Profis, die ihren Unternehmen wertvolle Dienste erweisen. Sie sind auch keine Freiberufler, keine Mitglieder der »Digitalen Bohème«, die mit ihrem MacBook im großstädtischen Straßencafé sitzen und entweder an vagen Projekten laborieren oder ihr Blog schreiben. Es sind Festangestellte mit Steuerkarte, Urlaubsanspruch und Lohnfortzahlung im Krankheitsfall. Ihre Arbeitgeber haben erkannt, dass hervorragende, kreative Mitarbeiter immer vor allem Freiheit brauchen, um zu funktionieren. Ihre Vorgesetzten haben verstanden, dass Arbeit etwas ist, das man tut – nicht ein Ort, an den man sich begibt. Ihre Personalchefs haben eingesehen, dass man Leistung nicht über Anwesenheit messen kann und dass Unternehmen viele Millionen in Bürogebäude stecken, die ihre Mitarbeiter unglücklich machen.

Sie alle haben erkannt, dass Menschen gerne ins Büro gehen – aber nicht jeden Tag. Dass Menschen gern arbeiten – aber dass ihr Leben nicht nur aus Arbeit besteht. Dass Vertrauen besser ist als eine Stempeluhr und dass Menschen zur Hochform auflaufen, wenn man ihnen erlaubt, die Arbeit ihrem Lebensrhythmus anzupassen und nicht umgekehrt. Es sind – kurz gesagt – die neuen Freiangestellten.

Im letzten Drittel gebe ich ein paar praktische Tipps, wie Sie selbst dahin kommen. Wie Sie als Angestellter Ihrem Chef klar machen, dass Sie da ein paar Ideen hätten, wie Sie Ihre Arbeit noch viel besser erledigen können. Wie Sie als Abteilungsleiter oder Teamchef Ihre Leute motivieren können wie nie zuvor. Wie Sie als Manager oder Geschäftsführer mehr Produktivität, mehr Mitarbeiterzufriedenheit und weniger Fluktuation erreichen und nebenbei noch Immobilienkosten senken. Und wie Sie – egal in welcher Position Sie arbeiten – künftig viel öfter sagen können: »Morgen komm ich später rein.«

# Kapitel 1

# Was uns die Arbeit vermiest

> »Das Konzept des Büros kann als einer der beständigsten
> Begriffe in jeder Kultur gesehen werden, denn Regierungs-
> systeme oder Herstellungsprinzipien mögen sich bis zur
> Unkenntlichkeit verändern, aber in jeglicher Organisation
> menschlicher Wesen, die über die kleinste Gruppe hinaus
> geht, zeigen sich das Wort Büro und die Idee, die es
> repräsentiert als stabile Komponenten der Sprache.«
>
> *The Architects Journal, 1973*

## Die Effizienzkiller: Meetings, E-Mail und Telefon

Wir verbringen in unserem Leben durchschnittlich zwei Wochen nur mit Küssen, sechs Wochen mit Vorspiel beim Sex, 16 Stunden mit dem Orgasmus. Wir treiben im Schnitt 19 Monate lang Sport, neun Monate lang spielen wir mit unseren Kindern. In unserer Lebensbilanz stehen 16 Monate Wohnungsputz und zwei Wochen Beten. Wir sitzen sechs Monate auf der Toilette. Und sieben Jahre im Büro.

Das scheint Ihnen noch kurz? Dann bedenken Sie, dass dies ein Durchschnittswert ist, der Rentner, Arbeitslose, Invalide sowie Hausfrauen und -männer mit einrechnet. Die Tatsache ist deprimierend, aber unbestreitbar: Keine Tätigkeit außer Schlafen (24 Jahre und vier Monate) nimmt den modernen Menschen so sehr in Anspruch wie seine Arbeit für den Lebensunterhalt, für keine wendet er als Erwachsener mehr Zeit und Energie auf und an keinem Ort – für etwa die Hälfte aller Erwerbstätigen ist es der Schreibtisch – verbringt er mehr wache Zeit. Effektiv ist das in der Regel nicht. Vor allem die verordnete Aufmerksamkeitspflicht, nach der im Büro das jeweils Neue immer am wichtigsten ist, wirkt desaströs. Eine aktuelle Studie zeigt: Büromenschen verbummeln im Durchschnitt 2,1 Stunden pro Tag durch Ablenkungen. Die University of California fand heraus, dass sich Wissensarbeiter im Schnitt elf Minuten mit einer Aufgabe beschäftigen, bevor ihre Aufmerksamkeit durch einen Anruf, eine Mail oder Kollegen einem anderen Thema zugeführt wird. Dann dauert es durchschnittlich 25 Minuten, bevor sie sich wieder der alten Aufgabe widmen können. Derweil kommen aber neue Aufgaben hinzu, die so wichtig scheinen, dass die alte vollkommen in Vergessenheit gerät. Testpersonen hatten in ihrem fragmentierten Arbeitsalltag zwölf verschiedene Projekte gleichzeitig zu erledigen. »Angesichts der Auswirkungen der ständigen Unterbrechungen auf die Produktivität von Unternehmen ist es überraschend, dass Manager so wenig beunruhigt sind«, sagt Jonathan B. Spira, Chefanalyst des New Yorker Technikberatungsunternehmens Basex. Der amerikanische Psychiater Edward Hallowell nennt die ständige Ablenkung im Büro »Attention Deficit Trait (ADT)« – eine Folge kommunikativer Überlastung. Wer ADT hat, zeigt Symptome wie leichte Aggression, innere Unruhe und Konzentrationsstörungen.

Das vielleicht überzeugendste Experiment veranstaltete der Psychiater Glenn Wilson von der University of London im Jahr 2005. Wilson ließ drei Gruppen im IQ-Test gegeneinander antreten: Eine Testgruppe war ungestört, die zweite wurde während des Tests durch E-Mails und Telefonanrufe abgelenkt, die dritte hatte kräftig Marihuana geraucht. Erwartungsgemäß schnitten die Bekifften um durchschnittlich vier IQ-Punkte schlechter ab als die nüchternen ungestörten. Das schlechteste Ergebnis erzielten jedoch die Abgelenkten: Wer zwischendurch E-Mails und Telefonanrufe bekam, lag im Ergebnis noch mal sechs IQ-Punkte hinter den Testpersonen mit psychoaktiven Substanzen im Blut. »E-Mail verursacht heute die meisten Probleme in unserem Arbeitsalltag«, fasst Karen Renaud von der Universität Glasgow eine Studie zusammen, für die sie die Computer von 177 Menschen überwachte. Die Probanden checkten ihr elektronisches Postfach bis zu vierzigmal pro Stunde. Ein Drittel gab an, sich durch die Masse an E-Mails und den Druck, diese schnell zu beantworten, gestresst zu fühlen. Kommt Ihnen das irgendwie bekannt vor? Wie Sie sich gegen dieses kommunikative Dauerfeuer selektiv abschotten, lesen Sie im Kapitel »5=9 Stunden«.

Dass dieses permanente Büro-Multitasking Geld kostet, liegt auf

der Hand. Für die US-Wirtschaft bezifferten Forscher des Beratungs-
unternehmens Basex den Schaden auf jährlich etwa 588 Milliarden
Dollar. Wissenschaftler des Henley Management Colleges kamen
nach der Befragung von 180 Führungskräften aus Deutschland,
Großbritannien, Dänemark und Schweden zu dem Schluss, dass
Manager im Durchschnitt allein dreieinhalb Jahre ihres Lebens mit
unwichtigen oder überflüssigen E-Mails verplempern.

Ähnlich unproduktiv sind in der Regel die ewigen Meetings. Experten bestätigen, was wir eigentlich alle wissen. Gerd Gigerenzer
vom Max-Planck-Institut für Bildungsforschung: »Zieht man eine
Sitzung in die Länge, wird die Chance immer größer, dass zweitklas-
sige Lösungen vorgeschlagen und am Ende gewählt werden.« Scott
Adams, der Erfinder der »Dilbert«-Comics, nennt ganz oben auf seiner Büro-Hassliste den Typen der »absichtsvollen Sadisten«. Diese
»setzen exzessiv lange Sitzungen an, egal zu welchem Thema, aber
ohne klares Ziel. Es gibt keine Toilettenpausen (funktioniert am besten in Kombination mit Kaffee) und sie berufen Meetings am liebs-
ten am Freitagabend oder in der Mittagspause ein.« Um die Rolle
eines absichtsvollen Sadisten zu spielen, so Adams, kombiniere man
am besten Ernsthaftigkeit und Hingabe mit einer soziopathischen
Geringschätzung für das Leben anderer Menschen.

Aber im Ernst: 20 bis 30 Prozent der Besprechungen könnte man
sich allein deshalb schenken, weil der Chef eigentlich schon vorher
weiß, welches Ergebnis er erreichen will, hat die Kieler Manage-
mentberaterin Angelika Behnert herausgefunden. Bei einer Umfrage unter 800 leitenden Angestellten in Deutschland, Österreich
und der Schweiz gaben 2006 61 Prozent der Befragten an, die meisten Meetings seien unproduktiv, wenn nicht ganz vergebens.

## Das Schreibtischparadox

Dieses Ergebnis dürfte niemanden überraschen, der sich abends
ausgelaugt und entnervt aus dem Büro nach Hause schleppt. Mit
sinnlosen Besprechungen, schlecht organisierten Projekten oder
unproduktivem Warten auf den Feierabend, mit unnötigen E-Mails,

ausufernden Telefonaten, und übermäßig plauderigen Kollegen vergeudet der moderne Arbeitnehmer mindestens ein Drittel seiner Bürozeit (mehr zu den Details dieser Rechnung später). Ein Paradox: Wir gehen jeden morgen ins Büro um unseren Job zu machen. Dabei ist es – genau betrachtet – vielleicht der schlechteste Ort, um konzentriert zu arbeiten. Übereifrige Kollegen verschaffen allen anderen Extraarbeit, Sensible brauchen täglich Zuwendung und Streicheleinheiten, Klassenclowns verlangen nach Publikum, um von ihren Wochenendexzessen zu erzählen, Selbstverliebte lassen jeden im Großraumbüro noch am kleinsten Fortschritt ihres jeweiligen Projekts teilhaben. Den Luxus, sich vor diesem Kommunikations-Tsunami in ein Einzelbüro zurückzuziehen, genießen gerade mal 33 Prozent der deutschen Beschäftigten. 27 Prozent teilen sich die Arbeitswabe mit einem Kollegen, die restlichen 40 Prozent ertragen Mehrpersonenbüro oder Großraum, so eine Studie des Instituts für Arbeitswirtschaft und Organisation (IAO) in Stuttgart. Nicht immer sind die Menschen, deren Nähe wir hier zwangsweise ertragen, die produktivsten, motiviertesten oder – mal ehrlich gesagt – cleversten Zeitgenossen.

Selbst die klugen und netten Kollegen stehlen unsere Arbeitszeit. Eva Busse, eine promovierte deutsche Journalistin, die für verschiedene große Zeitungen und Zeitschriften gearbeitet hat und inzwischen in London lebt, beschreibt das so: »Die produktivste Zeit im Büro waren für mich immer die ersten zwei, drei Monate, wenn man noch nicht so viele Menschen kennt. Danach fangen die sozialen Kontakte an. Man muss sich dafür interessieren, was dieser Kollege am Wochenende gemacht hat oder beim Liebeskummer von jener Kollegin mitfühlen. Man verbringt viel Zeit am Kaffeeautomaten und muss dann abends länger bleiben, weil man seine Arbeit nicht fertig bekommen hat.«

Aus gutem Grund persiflieren erfolgreiche TV-Serien wie das britische *The Office* den Büroalltag als Ansammlung von Irrationalität, Menschenfeindlichkeit und Zeitverschwendung. Ebenso wie die deutsche Fassung *Stromberg* artikuliert sie offensichtlich ein tief sitzendes Unwohlsein vieler Menschen mit dem absurden Angestellten-Alltag. Auch in Büchern wird das Büro immer wieder als wenig erbaulicher Ort charakterisiert. »Die graue, trostlose Umgebung, die Leute, die man sich als Kollegen nicht ausgesucht hat, die deprimierenden Kantinen, die Rauch- und Trinkverbote, die herablassenden ›Firmenleitsätze‹ an den Wänden.« Der britische Schriftsteller Tom Hodgkinson erinnerte sich 2007 in seinem Bestseller *Anleitung zum Müßiggang* an jene Zeit, als er für einen »richtigen Job« im Büro arbeitete: »Ich erfuhr, dass keineswegs Vergnügen, Zufriedenheit und Geld, sondern Miesepetrigkeit, Not und Groll der einzige Lohn für mein Sklavendasein waren.« Kurz: »Ich würde sagen, die ganze Erfahrung war reine Zeitverschwendung, außer, dass mir klar wurde, wie ätzend langweilig und freudlos ein Büro sein kann.«

Die französische Autorin Corinne Maier landete 2004 einen Bestseller, als sie in ihrem Buch *Die Entdeckung der Faulheit* die verbreitete Kultur des Nichtstuns und der inneren Kündigung in Unternehmen ihres Heimtlands amüsant analysierte. Alain de Botton schilderte 2006 in *Statusangst*, wie Ehrgeiz und Ambition das Leben des sozialen Aufsteigers vergiften. Und der deutsche Journalist Jakob Schrenk beschrieb 2007 in *Die Kunst der Selbstausbeutung* wie unser soziales Leben weitgehend in der Firma stattfindet und wir vor lauter Arbeit unser Leben verpassen. Dilbert-Erfinder Adams schließlich, der in seinen Comics den kompletten Irrsinn des Bürolebens karikiert, bekommt pro Tag über 200 E-Mails von Lesern. Die einen loben die Treffsicherheit seines Witzes, die anderen wollen ihn mit neuem Material aus der eigenen Firma versorgen. In seinem Buch *Das Dilbert Prinzip*, das ausnahmsweise aus mehr Text als Zeichnungen besteht, gibt Adams seinen Anhängern ganz praktische Tipps, wie sie in der amerikanischen Bürovariante, dem durch Trennwände unterteilten Großraum namens »Cubicle«, überleben. Zu den Grundfähigkeiten gehört demnach: Informationen zurückhalten, falsche Ratschläge geben, Kollegen systematisch entmutigen, sowie ihnen die eigene Arbeit aufdrücken und Lob für die Leistungen anderer kassieren. Adams: »Das Büro ist für ›Arbeit‹ geschaffen worden, nicht für Produktivität. ›Arbeit‹ kann definiert werden als ›alles, was man lieber nicht täte‹. Produktivität ist etwas grundsätzlich anderes.«

Viele kennen das: Nicht selten wird im Büro viel Energie darauf verschwendet, Arbeit zu vermeiden, Intrigen zu spinnen, Kollegen zu kritisieren und noch mehr darauf, über den Chef und überhaupt alles zu meckern. »Negative Emotionen sind hochgradig ansteckend«, sagt Christian Dormann, Organisations- und Wirtschaftspsychologe an der Universität Mainz in einem Interview mit der *Wirtschaftswoche*: »Das ist wie bei einem Virus.« Es brauche nur eine kritische Masse an Griesgramen und Neurotikern im Betrieb, damit sich das gesamte Gruppenklima verschlechtert. Psychische Störungen sind mittlerweile die dritthäufigste Ursache für Krankmeldungen.

»Büro ist Krieg«, so Stromberg-Darsteller Christoph Maria Herbst lakonisch. Etwas realistischer kann man wahrscheinlich festhalten: Büros sind – wie alle sozialen Kristallisationspunkte – in erster Linie Ort der Politik. Hier werden Karrieren verhandelt und Aversionen gepflegt. Hier spinnen wir Romanzen und pflegen Freundschaften. Oder daddeln einfach nur an Computerspielen und versenden private E-Mails. Das muss nicht schlecht sein, im Gegenteil: Wenn wir schon so viel Zeit im Büro verbringen, dass es eigentlich unsere gesamte Lebenswirklichkeit und all unsere zwischenmenschlichen Kontakte definiert, dann dürfen wir dort auch lieben, hassen, spielen, flirten. Es behaupte nur keiner, dass es dabei in erster Linie ums Arbeiten geht.

## Der tägliche Weg zur Arbeit

Erstmal müssen wir ja von zu Hause an den Schreibtisch kommen. Haben wir uns morgens aus dem Bett gequält, geduscht und vernünftig angezogen, einen Blick in die Zeitung oder auf das iPhone geworfen und dabei schnell im Stehen gefrühstückt, folgt die erste harte Aufgabe des Arbeitstages: Verlassen Sie das Haus, kommen Sie irgendwie ins Büro! Egal ob mit dem Auto im morgendlichen Berufsverkehrsstau, durch den Regen zur Bus- oder U-Bahnhaltestelle und dann zusammengepfercht in einem Abteil mit hustenden Fremden – die meisten von uns können sich angenehmere und produktivere Arten vorstellen, die erste Stunde des Tages zu verbringen. Kommen wir schließlich erschöpft bei der Arbeit an, wäre es nach dieser Tortur eigentlich Zeit für die erste Pause. Kurz: Das Pendeln ist keine große Freude und ziemlich unvernünftig ist es auch noch.

Der durchschnittliche deutsche Arbeitnehmer braucht zwischen 10 und 30 Minuten zur Arbeit und legt dabei eine Strecke von 20 Kilometern zurück. Mehr als die Hälfte benutzt den eigenen PKW. Auch wenn Sie kein dogmatischer Klimaschützer sind, dürfte ihnen die Zahl von 1,7 Tonnen $CO_2$ missfallen, die jeder Pendler dabei jährlich produziert. Zwei Österreichische Studien zeigen, dass zehn Millionen so genannte »Flexi-Worker«, die pro Woche ein bis zwei Tage von zu Hause aus arbeiten, elf Millionen Tonnen $CO_2$ pro Jahr weniger verbrauchen würden. Bereits durch einen Tag Teleworking pro Woche, so der Verkehrsclub Österreich, würde ein einzelner Pendler bei einem Arbeitsweg von 20 Kilometern 295 Kilogramm $CO_2$ im Jahr einsparen. Zum Vergleich: Dafür können Sie zu Hause 1000 Tage lang neun Stunden pro Tag das Licht anlassen.

Der tägliche Weg zur Arbeit verschmutzt aber nicht nur die Umwelt, sondern macht auch unglücklich. Daniel Kahnemann, Nobelpreisträger für Wirtschaftswissenschaften, wollte 2004 herausfinden, wie sich die Stimmung von Menschen im Lauf eines Tages verändert. Er befragte 909 berufstätige amerikanische Frauen, bat sie ihren Tag in Abschnitte einzuteilen, einzuschätzen, wie sie sich in jeder Situation fühlten und dafür eine Punktzahl von 0 bis 10 zu vergeben. Am unangenehmsten erschien den Befragten die tägliche Fahrt zum Arbeitsplatz und zurück. Das Pendeln wurde mit nur 2,6 Punkten bewertet, nahm aber im Schnitt 1,6 Stunden in Anspruch. Die Deutschen haben auch nicht mehr Spaß an der Hetze zum Schreibtisch. Die Ökonomen Alois Stutzer und Bruno S. Frey haben aus den umfangreichen Daten des »Sozioökonomischen Panel« errechnet, dass die Lebenszufriedenheit proportional zur Länge des Arbeitsweges sinkt. Pendler, die eine Stunde zum Job brauchten, gaben auf einer Skala von 1 bis 10 eine um 0,31 Punkte niedrigere Lebenszufriedenheit an als jene, die nur zehn Minuten für den Weg zur Arbeit brauchten. Frey und Stutzer sprechen deshalb von einem »Commuting Paradox«, da die Menschen immer mehr Zeit für eine Tätigkeit aufwenden, die sich negativ auf ihr allgemeines Glücksempfinden auswirkt.

Zur Arbeit zu pendeln macht krank, müde und verursacht Stress. Eine 2006 von der Arbeiterkammer (AK) Wien in Auftrag gegebene Studie belegt das prägnant: Fünf von zehn der befragten Frauen und vier von zehn Männern empfinden das tägliche Pendeln als Belastung. Wer mehr als 90 Minuten für die Anreise zum Arbeitsplatz braucht, klagt bereits vormittags über Zeitdruck und Übermüdung. Bahn- und Buspendler leiden aufgrund langer Fahr- und Wartezeiten und häufigem Umsteigen an Erschöpfung. Am stärksten entnervt waren Arbeitnehmer, die täglich mit dem Auto zur Arbeit fahren. 39 Prozent gaben an, auf dem Weg ins Büro »eher hohen Stress« zu spüren. »Starke Belastungen können zu Bluthochdruck, Schweißausbrüchen und Konzentrationsmangel führen. Und am Abend sind Pendler oft müde, inaktiv, verschlossen und können ihre Freizeit nicht genießen«, so das Fazit von Sylvia Leodolter, Leiterin der AK-Verkehrsabteilung in Wien.

Als wäre all das nicht schon schlimm genug, spielt uns unser Gehirn beim Pendeln noch einen zusätzlichen Streich, denn der Weg zur Arbeit kommt uns noch länger vor, als er womöglich sowieso ist: Je öfter man eine Strecke zurücklegt, desto länger kommt einem diese vor. So wurden Studenten befragt, wie lang der Weg zur Uni sei. Wer schon länger studierte, schätzte die Distanz deutlich höher ein. Vermutet wird, dass wir uns mehr Orientierungspunkte einer Strecke einprägen, wenn wir sie häufiger zurücklegen und dass wir dadurch diese Strecke als länger empfinden.

Weil das Thema Pendeln so viele Menschen angeht, stürzen sich auch die großen Medien immer wieder darauf – voller Mitgefühl für die Betroffenen, doch in der Regel ohne Lösungsvorschlag. »Der ganz normale Pendler-Wahnsinn« titelte die Zeitschrift *Stern* in einer großen Geschichte 2007. »Stau, Stress, verlorene Lebenszeit. Eigentlich irre. Dennoch: für viele ein Leiden ohne Ausweg«, so die Zeitschrift. Das wäre natürlich eine ganz und gar deprimierende Analyse – zum Glück trifft sie nicht zu.

Allein zeitliche Flexibilisierung entzerrt den täglichen Pendelwahn. Wenn sich Stephen Alstrup morgens auf den Weg zur Arbeit macht, ist der Bahnsteig fast leer, die Abteile der S-Bahn ebenso.

Denn Alstrup, der seine eigene Softwarefirma namens Octoshape leitet, geht in der Regel erst zwischen elf und zwölf Uhr an den Schreibtisch. »Früher am Tag bin ich zu nichts zu gebrauchen«, erzählt er. »Da kann ich nur Kaffee trinken und in die Gegend starren.« Konsequenterweise hat sich der Däne Alstrup einer neuen sozialen Bewegung angeschlossen, die 2007 in seinem Heimatland gegründet wurde: Die »B-Society« kämpft für die Rechte der Spätaufsteher. Wenn Alstrup gegen 11.30 Uhr ins Büro kommt, ist meist nur ein Mitarbeiter dort, der tatsächlich gern früh aufsteht – der einzige A-Typ bei Octoshape – sowie vielleicht noch ein extremer Nachtarbeiter, der gerade seine Spätschicht beendet. Alle anderen kommen, wann sie mögen, teils erst um 15.30 Uhr, jeder nach seinem eigenen Rhythmus. Durch den morgendlichen Berufsverkehr müssen sie sich garantiert nicht drängeln.

## Politisches Lobbying für Telearbeit

Nicht nur den Arbeitsbeginn zu verschieben, sondern Arbeitnehmer ganz vom täglichen Weg ins Büro zu erlösen, würde eine unfassbare Emanzipation des Menschen von den täglichen Einschränkungen in Raum und Zeit bedeuten. Es würde den allmorgendlichen Horror in überfüllten U-Bahnen und Bussen ebenso vermeiden wie Verkehrsstaus im Berufsverkehr. Im Schnitt 2 500 Kilometer Arbeitsweg spart jeder, der sonst mit dem eigenen PKW ins Büro fährt, wenn er stattdessen auf Telearbeit umsteigt. Würden genügend Arbeitnehmer von zu Hause arbeiten, führte das zu einer deutlichen Abflachung der Verkehrsspitzen.

Die britische Telework Association hat sich genau das zum Ziel gesetzt. Gegründet 1993, ist sie Europas größte Lobbygruppe mit dem ausschließlichen Ziel, alle möglichen Formen von Telearbeit zu befördern – also Arbeit, die von zu Hause oder unterwegs aus getan wird. Die Telework Association hat über 7 000 Personen und Organisationen als Mitglieder und gerade wieder eine Petition an die britische Regierung gerichtet, Telearbeit stärker zu unterstützen. Ein Hauptargument: »Sie kann ein effektiveres und populäreres Mittel sein, Verkehrsstaus und Luftverschmutzung zu reduzieren als Maut und Vignetten – vorausgesetzt, die Regierung will tatsächlich das Verhalten der Menschen ändern und nicht lediglich mehr Steuern einnehmen.«

Ihr holländisches Pendant, die E-work Foundation, ist da schon einen Schritt weiter. Gesponsert von Großkonzernen wie der Rabobank und dem Netzwerkausrüster Cisco, führte nicht zuletzt ihre politische Einflussnahme dazu, dass die traditionell liberalen und fortschrittlichen Niederlande weltweit die meisten Telearbeiter haben: Nach Angaben der E-work Foundation waren es im Jahr 2007 21 Prozent der arbeitenden Bevölkerung, im Vergleich zu 17 Prozent in den USA und 7 Prozent im EU-Durchschnitt. Die Mission der holländischen Lobbyisten steht dennoch erst am Anfang: »Wir werden unsere Anstrengungen fortsetzen, Telearbeit zu verbreiten«, so verkündet die 1995 aus einem Anti-Stau-Projekt des Verkehrsministeriums entstandene Stiftung auf ihrer Website: »Denn Verkehrsstaus und die Anzahl von Fahrzeugen auf den Straßen nehmen zu, während technische Infrastruktur wie UMTS und Breitband das E-working immer einfacher werden lassen.«

Auch deutsche Forscher sehen die Lösung des Dilemmas in flexibleren und freieren Arbeitsweisen: Prognosen des Berliner Instituts für Zukunftsstudien und Technologiebewertung sagen voraus, dass bei konsequenter Nutzung neuer Kommunikationstechnologien innerhalb von zehn Jahren der Berufsverkehr in Deutschland um bis zu 30 Prozent sinken könnte. Eine Million Telearbeitsplätze, so das Institut der deutschen Wirtschaft in Köln, würden den Verkehr um jährlich vier Milliarden Kilometer Fahrleistung entlasten.

Weder historisch noch biologisch sind wir dazu verdammt, uns jeden Morgen zur gleichen Zeit aus dem Bett zu quälen, um an einen Schreibtisch am anderen Ende der Stadt zu kommen. Das Büro ist eine gewachsene Kulturtechnik, und unterliegt als solche der ganz normalen Evolution sozialer Normen. Auch wenn es natürlich lange Zeit viele gute Gründe gab, ins Büro zu gehen: Hier fanden wir die Arbeitsmittel, die wir uns zu Hause niemals hätten leisten, geschweige denn Platz für diese schaffen können. Hier gab es den

Kopierer, den wir täglich benutzten, die Akten, in die wir schauten, die Ablagen und Archive mit denen wir arbeiteten, und die Kollegen, mit denen wir den Tratsch vom Wochenende austauschen mussten.

Heute klingt all das nach Schreibmaschine und Tageslichtprojektor, nach Linoleumboden und Kantine, also hoffnungslos altmodisch. Heute haben wir online Zugang zu den meisten Informatio nen und Archiven, sind Dokumente elektronisch, ist der Aktenlauf durch den digitalen Workflow ersetzt, die vielen großen Bürogeräte durch einen kleinen Computer und die Kollegen erreichen wir per Handy, Skype oder E-Mail besser als in der Kaffeeküche. Kurz: Das gute alte Büro mit Einzelzimmern rechts und links vom Gang ist eine Institution des letzten Jahrhunderts. Und damit werden auch Arbeitsweg und Rush-Hour obsolet. Nicht nur Umweltschützer werden das für eine gute Nachricht halten.

## Kapitel 2

# Burn-out und Bore-out

»Jeder Erfolg hat seinen Preis.«

*Oliver Stone, Wall Street*

### Weshalb wir immer zu viel oder zu wenig zu tun haben

Eigentlich ist es ein Unwort aus den achtziger Jahren: Der »Burn-out« gehört zu lieb gewonnenen Management-Klischees wie der moralische Verfall, den der amerikanische Schriftsteller Bret Easton Ellis in seinem Buch *American Psycho* anprangert oder das irrationale Machtgehabe der *Business-Class*, über die sein Schweizer Kollege Martin Suter so unterhaltsam parliert. Burn-out, also die besonders ausgeprägte berufliche Erschöpfung, das scheint als ästhetisches Phänomen so passé wie Michael Douglas' Hosenträger im Wirtschaftsfilm-Klassiker *Wall Street* von 1987. Als 30 Jahre später zwei Wissenschaftlerinnen eine Studie unter Führungskräften zum Thema Burn-out und dem viel beschworenen Gegenmittel, der Work-Life-Balance unternahmen, sprach einiges dafür, dass die erfolgreichen Manager dieses Thema als reines Medien- oder Mode-Phänomen abtun würden. Umso überraschender ist das Ergebnis der Umfrage, die Ruth Stock-Homburg, BWL-Professorin an der Technischen Universität Darmstadt, mit ihrer Kollegin 2007 unter 42 aktiven und ehemaligen deutschen Topmanagern durchführte: 38 der Befragten räumten der Work-Life-Balance eine große Relevanz ein. Klischee oder nicht – die deutschen Führungskräfte haben offenbar ordentlich Stress.

»Das Thema Work-Life-Balance hat in den vergangenen Jahren an Brisanz gewonnen«, sagt Ruth Stock-Homburg. Sie schätzt die Kosten für den Ausfall von Topmanagern, die an Burn-out-Symptomen leiden, jährlich auf mehrere Millionen Euro. Dagegen hilft Schwitzen und Kuscheln: Über 50 Prozent der befragten Manager brauchen körperliche Bewegung, um richtig abschalten zu können – Sport stellt für sie den wichtigsten Ausgleichsfaktor zum Job dar. An zweiter Stelle kam mit 15 Nennungen die Familie. Beides lässt sich mit ständiger Anwesenheitspflicht im Büro kaum vereinbaren. Mehr als die Hälfte der Studienteilnehmer fordert denn auch eine Ergebnis- statt Anwesenheitsorientierung in ihren Firmen. »Im Gegensatz zu anderen Ländern wird in Deutschland gern danach geschaut, welches Auto abends noch auf dem Parkplatz steht«, so Stock-Homburg im *manager magazin*.

## Weniger Freiheit = mehr Stress

Doch nicht nur Manager und Führungskräfte fühlen sich durch die ständige Schreibtischsitzerei ausgebrannt: Vor allem der ganz normale Arbeitnehmer ist den Anforderungen seines Berufslebens offenbar immer weniger gewachsen. Das legen zumindest die Ergebnisse der größten Untersuchung nahe, die je zum Thema Arbeitsbelastung in Auftrag gegeben wurde: Über mehrere Jahre untersuchten Forscher die Gesundheit, Arbeits- und Lebensumstände von rund 10 000 britischen Staatsbediensteten mittleren Alters. Der wichtigste Unterschied in der Stressempfindlichkeit: Je autonomer die Befragten handeln konnten, je mehr Kontrolle sie über ihr Leben, ihre Entscheidungen und ihre Arbeit hatten, desto geringer war ihre Stressanfälligkeit.

Das Ergebnis wurde durch übereinstimmende Studien aus den USA, Schweden und England bestätigt: Nicht Selbstständige oder leitende Angestellte stehen an der Spitze der Belastungsskala, sondern Angestellte der unteren Hierarchiestufen. Ihr Arbeitstag ist zwar vielleicht kürzer als der ihrer Vorgesetzten, aber Aufgaben, Termine, Arbeitseinteilung und Arbeitstempo sind ihnen vorgeschrieben – Freiheit und Flexibilität kommen in ihrem Berufsleben kaum vor. Je geringer aber die Kontrolle über das eigene Handeln und je kleiner der Entscheidungsspielraum, desto größer der Stress und desto gravierender seine gesundheitlichen Folgen. »In den vergangenen Jahren spielte das bei 30 bis 40 Prozent meiner Patienten eine Rolle«, erzählt Heike Orth, Psychologin aus der Nähe von Neckargemünd, der *ZEIT*. Sie hat sich auf das Thema Burn-out spezialisiert und ist damit so erfolgreich, dass sie kürzlich eine zweite Praxis im benachbarten Mannheim aufgemacht hat: »In den Großkonzernen ist der Druck besonders hoch«, sagt sie: »Die Angst ist groß, allein einmal zu sagen: Ich bin jetzt zwei Wochen im Urlaub, oder Ich schaffe die Überstunden nicht.« Laut Krankenkassen melden sich Mitarbeiter seltener krank, dafür mehren sich die psychischen Probleme.

## Burn-out und Entschleunigung

Für viele liegt das Problem in der schieren Zeitnot. Weil wir so viele Stunden im Büro verbringen, wird alles Übrige – Einkaufen, Hausarbeit, Freunde und Familie – zum rasant abgewickelten Rahmenprogramm. Unser Alltag ist bis in die letzte Sekunde durchgeplant. Geht dabei etwas schief, gerät gleich alles aus der Bahn. Wir werden immer hektischer und unduldsamer: In der Schlange stehen macht uns rasend, eine besetzte Telefonleitung, ein langsamer Computer oder ein trödelnder Passant lassen uns vor Wut kochen. Derweil merken wir nicht, dass wir selbst unter diesem ständigen Geschwindigkeitswahn leiden: Menschen schlafen heute im Durchschnitt eine Stunde weniger als vor hundert Jahren; der Umsatz an Beruhigungsmitteln und Antidepressiva steigt jährlich um 10 Prozent. »Die körperlichen Belastungen stagnieren, die psychischen Belastungen nehmen dramatisch zu«, sagt der Hamburger Arbeitswissenschaftler Alfred Oppolzer dem *stern*. Klagten 1990 noch 48 Prozent aller Berufstätigen über Zeitmanagement, sind es heute schon 58 Prozent. Jeder Dritte fühlt sich sogar in seinem Privatleben unter Zeitdruck.

Ein paar Jahre lang sah es so aus, als würde alles entspannter: Das Yuppie-Ideal des dauergestressten Managers hatte nach dem Zusammenbruch der New Economy eine kurze Zeit lang ausgedient. »Entschleunigung« lautete das Schlagwort des neuen Jahrtausends, Yoga-Kurse wurden belegt und Sabbaticals gebucht – nicht selten, weil der gut bezahlte Job zusammen mit den Aktienoptionen sowieso futsch war. Nun galt eher die Karikatur des Schriftstellers Martin Suter, eines ehemaligen Werbers. Er beschreibt den Cheftyp des »heimlichen Stressers«, der zu seinem Terminkalender greift »wie ein Trinker zum Flachmann«. Clevere Führungskräfte entdeckten jene »drei K« für sich, mit denen der Spiegel süffisant das amerikanische Schlagwort der Quality Time erklärt: »Kinder, Küche, Kirche«.

Unternehmensberater wie der Heidelberger Lothar Seiwert entdeckten die Langsamkeit. Der Experte für Zeitmanagement arbeitet für Firmen wie IBM, SAP oder Daimler und sagt: »Wir müssen wieder lernen, dass Zeit nicht Geld, sondern Lebensqualität ist.« Im eigenen Unternehmen hatte er dazu eine praktische Idee – Seiwerts Mitarbeiter haben freitags frei. Nicht ganz uneigennützig, denn an diesem Tag bleibt auch der Chef schön lange im Bett liegen. Klingt alles sehr gemütlich, aber in Zeiten von Wirtschaftskrisen, Globalisierungsdruck und Debatten um Managergehälter auch ein wenig unzeitgemäß. Angesagter unter Leistungsträgern ist heute zunehmend, sich wieder am anderen Ende des Stressspektrums zu positionieren.

### Wissensarbeiter als Extremjobber

Überlegen Sie mal, wie viele Gäste Ihrer letzten Geburtstagsparty Arbeitskollegen waren. Könnte es sein, dass Sie dabei sind, ein pseudosoziales Netz aus beruflichen Kontakten mit dem Leben zu verwechseln? Vielleicht gehören Sie ja auch zu den »Extremjobbern«, einem neuen Phänomen, für das gerade Wissensarbeiter besonders anfällig sind. Geprägt wurde dieser Begriff in einer Studie, die die Unternehmensberater von Kienbaum Management Consultants und die Zeitschrift Harvard Business Manager 2007 unter 142 deutschen Führungskräften durchführte:

»Spätestens seit Managementvordenker Peter Drucker Ende der sechziger Jahre Wissen als wichtigsten Produktionsfaktor und Wissensarbeiter als entscheidende Ressource bezeichnet hat, wird intellektuell fordernde Kopfarbeit für Unternehmen immer wichtiger. Anspruchsvolle Kopfarbeit zieht Mitarbeiter an, die eine ähnlich gute Ausbildung haben, einen vergleichbaren gesellschaftlichen Hintergrund und die sich intellektuell ebenbürtig sind. Der Arbeitsplatz wird so für viele Menschen zum Zentrum ihres sozialen Lebens. Dort finden sie ihre besten Freunde, dort haben sie ihre anregendsten Begegnungen. Unter diesen Umständen macht es nur wenig Spaß, nach einem langen Arbeitstag in eine Wohnung mit leerem Kühlschrank und einem vernachlässigten, quengelnden Teenager zurückzukehren – Extremjobbern fällt es dann nicht sonderlich schwer, noch etwas länger im Büro an der Budgetplanung zu arbeiten.«

Der Begriff Work-Life-Balance bekommt so eine ganz andere Pointe: Bloß nicht zu lange weg sein vom Schreibtisch. Die Welt da draußen wird zunehmend unübersichtlich, anstrengend, gar Furcht einflößend. Wenn wir uns an Csikszentmihalyis Glückstheorie des Flow erinnern – also des konzentrierten Erfüllens anspruchsvoller Aufgaben –, verwundert es nicht, dass viele dieser Menschen in ihrer Arbeit kurzfristig Spaß und Erfüllung finden. Dass diese Extremjobber mittelfristig für eine Renaissance des guten alten Burn-out-Syndroms sorgen dürften, ebenso wenig.

Auch die Soziologieprofessorin Arlie Russell Hochschild von der University of California kennt diesen Effekt: Sie hat Familien untersucht, in denen beide Partner anspruchsvolle Jobs haben, und einen Wertewandel entdeckt. Bei ihnen vertauschen sich die Rollen von Freizeit und Arbeit: Das Zuhause sorgt für Stress und Schuldgefühle gegenüber den Angehörigen, die Arbeit wird zu einem Ort, an dem erfolgreichen Mitarbeitern Bewunderung und Respekt entgegengebracht werden. Naheliegend, dass solche Menschen ihren Lebensmittelpunkt ins Büro verlagern.

Es sei nicht das »böse Kapital«, das die Wissensarbeiter zu Überstunden zwinge, sagt auch die deutsche Ökonomin Sabine Wolf, sondern oft die Begeisterung der Beschäftigten für ihre Arbeit. Die von ihr befragten Bremer Flugzeughersteller, Satellitentechniker und

Mitarbeiter von Energieerzeugern arbeiteten oft freiwillig über 40 Stunden pro Woche. Wolfs Fazit: »Den Druck transportieren die Beschäftigten vielfach selbst.«

## Bore-out: Ein öder Job ist auch nicht besser

Interessanterweise ist es aber mindestens so auslaugend, zu wenig zu arbeiten wie zu viel. Komplementär zum klassischen Burn-out entdecken clevere Forscher neuerdings auch den Bore-out. Über dieses Phänomen haben die zwei Schweizer Unternehmensberater Philippe Rothlin und Peter Werder ein Buch mit dem Titel *Diagnose Bore-out. Warum Unterforderung im Job krank macht* geschrieben. Drei Elemente kennzeichnen ihrer Einschätzung nach die Situation: Unterforderung, Desinteresse und Langeweile. »Wir gehen davon aus, dass rund 15 Prozent der im Dienstleistungssektor Beschäftigten betroffen sind«, erklärt Werder. »Nur Menschen, die an einem Schreibtisch arbeiten, können einen Bore-out bekommen«, ergänzt Rothlin. Werder nennt unterschiedliche Ursachen: »Die einen haben von Anfang an den falschen Beruf gewählt und rutschen über das Desinteresse in den Bore-out hinein.« Die anderen seien zwar im richtigen Beruf, aber am falschen Ort.

Viele Betroffene halten sich die Arbeit systematisch vom Leib, zum Beispiel mit der Komprimierungs-Strategie: Man gibt zu Beginn eines Projektes richtig Gas, ist schnell fertig, verrät das aber nicht, sondern liefert erst zum Abgabetermin. So gewinnt man ein paar freie Tage, in denen man online den nächsten Urlaub organisiert oder bei YouTube Videos anschaut. »Es gibt ein wahnsinnig attraktives Angebot, mit dem ich mich am Arbeitsplatz vergnügen kann«, so Peter Werder. Das Internet sei aber nicht die Ursache für den Bore-out, sondern nur ein Beschleuniger. Eine andere populäre Methode, Arbeit vorzutäuschen, ist die strategische Verhinderung: Man ruft seinen Kollegen, den man für die Erledigung einer Aufgabe braucht, genau dann an, wenn er mit Sicherheit in einem Meeting sitzt. »Dahinter steckt die Mär vom süßen Nichtstun, die Illusion, es sei toll, im Büro freie Zeit zu haben«, sagt Rothlin. Doch in Wahrheit fühlen sich die Betroffenen schnell schlecht, sind gereizt und abends müde, obwohl sie nicht gearbeitet haben.

Klingt nach einem neuen Trendleiden wie Mobbing? Für manche Kommentatoren ist die Aufregung um den so genannten Bore-out ein Schwindel oder zumindest kräftige Übertreibung. Die *Frankfurter Allgemeine Zeitung* (*FAZ*) hat bei Ärzten und Unternehmen nachgefragt und durchaus harte Belege für die Alltagserfahrung gefunden, die wohl jeder Büroarbeiter so schon kennen gelernt hat: »Das Phänomen Bore-out spitzt sich zu«, sagt da zum Beispiel Manfred Nelting, Ärztlicher Direktor der Gezeiten Haus Klinik in Bonn. Er nennt unter anderem die wachsende Zahl der Beschäftigungsgesellschaften, in die Mitarbeiter abgeschoben werden, die im Unternehmen eigentlich überflüssig sind: »Es ist sinnlos, einfach nur Akten hin- und her zu tragen. Die Folge können durchaus schwere Depressionen oder andere« gesundheitliche Schwierigkeiten sein«, fügt er hinzu. Sogar Selbstmorde kämen angesichts der Sinnlosigkeit der übertragenen Aufgaben in solchen Situationen vor. Eine Unternehmenssprecherin der Deutschen Bank erklärte der *FAZ*: »Wir haben zu diesem Thema bisher keine Statistiken. Allerdings sehen wir seit vielen Jahren einen Bedarf beim Thema Stress, der durch Über-, aber auch durch Unterforderung entstehen kann. Diese Probleme haben zugenommen, und um entsprechenden Belastungen vorzubeugen, haben wir eine Reihe an Angeboten, die die Gesundheit unserer Mitarbeiter fördern.«

### Der volkswirtschaftliche Verlust durch Langeweile

Was immer man von solchen Modebegriffen hält, die nicht selten nur das Medienbedürfnis nach immer neuen Schreckensschlagzeilen füttern – eins steht fest: Der volkswirtschaftliche Verlust durch Langeweile im Büro und ineffiziente Arbeitsabläufe ist nachweislich enorm. Laut Gallup-Institut verlieren deutsche Unternehmen jährlich 220 Milliarden Euro durch mangelnde Motivation von Mitarbeitern. Der jüngste Engagement-Index des Marktforschungsunternehmens zeigt, dass 87 Prozent der deutschen Beschäftigten keine echte Verpflichtung gegenüber ihrer Arbeit empfinden. Der gesamtwirtschaftliche Schaden durch solche negativen Einstellungen geht in dreistellige Milliardenbeträge.

Ähnlich erschreckend klingen die Zahlen des Arbeitsklima-Barometers 2008 des IFAK Instituts aus Taunusstein: Fast zwei Drittel (63 Prozent) der Arbeitnehmerinnen und Arbeitnehmer fühlen sich ihrem Arbeitgeber nur mäßig verbunden; 22 Prozent haben innerlich bereits gekündigt, und nur 15 Prozent bekunden eine hohe Verbundenheit mit dem Arbeitgeber. Mitarbeiterinnen und Mitarbeiter, bei denen die Bindung schwach ausgeprägt ist, zeigen geringere Eigeninitiative und weniger Verantwortungsbewusstsein in ihren Unternehmen. Beschäftigte, die nur eine geringe Bindung zu ihrem Arbeitgeber aufweisen, fehlen durchschnittlich 9,3 Tage pro Jahr; bei hoher Bindung sind es nur 5,9 Tage. Außerdem verbringen »Ungebundene« am Arbeitsplatz mehr Zeit mit arbeitsfernen Dingen. Mitarbeiterbindung hingegen steigert die Innovationsfähigkeit der Unternehmen. Erwerbstätige mit hoher Bindung zum Arbeitgeber bringen im Durchschnitt fast zwanzig Ideen und Verbesserungsvorschläge im Jahr ein. Bei Erwerbstätigen ohne Bindung sind es nicht mal halb so viele. Arbeitnehmer, die sich nur wenig mit dem Unternehmen identifizieren, denken auch eher über einen Arbeitsplatzwechsel nach. So stimmte bei der Befragung nur ein Drittel derjenigen, die sich nicht an die Firma gebunden fühlen, der Aussage uneingeschränkt zu: »Ich habe die Absicht, auch in einem Jahr noch für mein derzeitiges Unternehmen zu arbeiten.« Für die Studie wurden im März und April 2008 repräsentativ ausgewählte Arbeitnehmer in Deutschland telefonisch befragt.

Wie Motivation, Produktivität und Kreativität von Mitarbeitern in der Easy Economy dadurch steigen, dass ihre Arbeitgeber ihnen mehr Freiheit, Flexibilität und Eigenverantwortung zugestehen, wird im zweiten Teil des Buches Thema sein. Aber was bringen die klassischen Motivationsideen der guten alten New Economy, die heute in vielen Unternehmen Einzug gehalten haben? Tischtennisplatte, kostenlose Massage, frisches Obst für alle ...

Kapitel 3

# Die Narkotika

»Jede Stunde, die er dem Büro entzogen wurde,
machte ihm Kummer.«

*Franz Kafka, Der Prozess*

## Kicker, Massage, Obstkorb: Das Feigenblatt der Incentives

Die stressigsten Jobs sind oft zugleich die komfortabelsten. Im einen
Büro gibt es morgens frisch gepressten Vitaminsaft für alle am Emp-
fang, mit Essensgutscheinen kann man im Öko-Deli um die Ecke
Wraps und Salat kaufen, die Mitgliedschaft im Fitnessstudio kostet
nichts und noch auf der Firmentoilette sind kleine Fernseher installiert, auf denen man die Börsenkurse von n-tv checken kann. Beim
nächsten steht ein Kickertisch in der Teeküche, im Kühlschrank finden sich französisches Wasser und deutsches Bier für alle. Im dritten gibt es umsonst Obst, so dass man für den Nachmittags-Snack
gar nicht mehr aus dem Haus muss. Wenn die langen Schreibtisch-
stunden den Nacken verspannen, bucht man 20 Minuten beim
Masseur, der ins Büro kommt – natürlich kostenlos für alle Mitarbeiter. Der Kaffeevollautomat brüht hervorragenden Cappuccino
und Espresso – und ist dementsprechend ständig umlagert. Wenn es
abends spät wird, lässt der Chef Pizza oder Sushi kommen.

Schöner lässt es sich eigentlich nicht arbeiten, oder? Selbstverständlich sind bei derartigen Jobs die Schreibtische geräumig, die
Räume durchdesigned, die Stühle ergonomisch. Manche Arbeitgeber versuchen mit solchen Extras – gut gemeint, aber häufig hilf-
los – der Frustration und Überarbeitung gegenzusteuern: »Firmen
holen für ihre Mitarbeiter Lebensberater oder Masseure ins Haus,
ordern Bügeldienste oder bauen für Belegschaften einen komplet-

ten Kindergarten auf«, schreibt die *ZEIT* und analysiert zum Jahreswechsel 2007/2008: »Offerten zur Entspannung im Büro und zur Auflockerung grauer Arbeitsalltage sind eine ertragsstarke Wirtschaftsbranche geworden.« Sogar das sonst streng karriereorientierte Magazin *Wirtschaftswoche* brachte eine Serie über die Nachteile von Stress und legte einer Ausgabe eine beruhigende Musik CD bei. Und doch ... glücklich machen diese neudeutsch »Goodies« oder »Incentives« genannten Nettigkeiten eigentlich niemanden. Denn auf der anderen Seite der Gleichung stehen in der Regel knochenbrecherische Arbeitszeiten. Überstunden sind normal, die Chefs essen selbst am Schreibtisch, wer zwischendurch mal einkaufen geht, kann sicher sein, per Handy gefragt zu werden, wo er gerade steckt. Ambiente und Ausbeutung hängen oft zusammen.

## Das Wohlfühlbüro als Lebensersatz

Zu durchsichtig ist die Motivation der Arbeitgeber: Gebe deinen Angestellten eine angenehme Umgebung sowie gutes Essen, Getränke und harmlose Möglichkeiten kurzzeitiger Ablenkung – und sie werden das Büro überhaupt nicht mehr verlassen wollen. Die Mittags-, mindestens aber die nachmittägliche Kaffeepause kann entfallen. Die permanente Versorgung mit Koffein sorgt für einen durchgehend hohen Leistungspegel. Vitamine, Massage und eine Grundbegeisterung für körperliche Fitness senken Krankmeldungen auf das unvermeidliche Minimum. Kurz: Der kluge Chef macht das Büro zum zweiten, zum besseren Zuhause. Wenn mir meine Kollegen sowieso den Freundeskreis ersetzen, weil ich andere Menschen kaum noch zu Gesicht bekomme, dann kann ich mangels Alternativen spät am Tag auch noch länger mit ihnen zusammen sitzen, über – na was wohl? – die Arbeit sprechen, oder eben schlicht: bis in die Nacht arbeiten. Das Wohlfühlbüro wird so zum Lebensersatz.

In dieser verbreiteten Wellness-Konstruktion finden effizienzsteigernde Arbeitgeberperfidie und durchaus gut gemeinte rheinisch-kapitalistische Unternehmerverantwortung aufs Schönste zusammen. Das hat für den Mitarbeiter auch Vorteile: Schafft der

Betrieb eine gute Espressomaschine an, spart der moderne Angestellte den regelmäßigen Weg zum Coffeeshop. Und das Unternehmen verhindert, dass der Latte-Macchiato-Nachschub jedes Mal
eine Arbeitsunterbrechung von gut 20 Minuten verursacht.
Insofern will natürlich niemand die Annehmlichkeiten zeit-
genössischer Büro-Innovationen wieder zurücknehmen. Doch es
lohnt ein kurzer Blick auf die historische Perspektive, um zu verstehen: Die Infrastruktur von Büros war schon immer auf Leistungs-
steigerung ausgerichtet. Nach Stempel, Schreibmaschine und Telefon hilft heute eben der Espressovollautomat, noch mehr Arbeit aus
den Mitarbeitern herauszuholen.

## Eine kurze Kulturgeschichte des Büros

Wer den Begriff »Büro« im Lexikon nachschlägt, erfährt, dass dieser
sich aus dem französischen »Bureau« ableitet, welches wiederum
vom altfranzösischen »Bure« oder »Burel« (zu deutsch etwa: »gro-
ber Wollstoff«) stammt, mit dem Schreibtische oder -pulte füher
bespannt waren. Eine Ausstellung im Paderborner Heinz Nixdorf
Museumsforum zur Kulturgeschichte des Büros definiert es als
jenen Ort, »an dem Menschen Informationen sammeln, verarbeiten, archivieren, von anderen erhalten und weitergeben«. Bis heute
sind die Kulturtechniken Rechnen und Schreiben dazu notwendig.
Erst in jüngster Zeit, so die Kuratoren, seien auch PC-Kenntnisse un-
erlässlich geworden.
Die Entwicklung des modernen Büros nahm ihren Ausgang in
der Renaissancezeit. Seit dem Ende des Mittelalters hatte sich ein
stetig wachsender Fernhandel entwickelt und von Italien ausge-
hend kamen neue Formen der Buchhaltung und Finanzierung auf.
Der zentrale Arbeitsraum im Kaufmannshaus war Mittelpunkt der
gesamten Geschäftsvorgänge. Die Kontrollierbarkeit der Geschäftsvorgänge und die Vorausplanung erforderten ein erhöhtes Maß
an schriftlicher Niederlegung und Verwaltung. Daher wurde der
Schreibtisch des Kaufmanns zum wichtigsten Möbel seines Kontors.
Gänsekiel, Tintenfass, Schreibpult und Münzwaage waren die wich-

tigsten Utensilien. Die stetig steigende Menge an Schriftstücken wurde noch nicht alphabetisch, sondern nur chronologisch geordnet in Geschäftsbüchern niedergeschrieben oder lose aufgestapelt. Das 19. Jahrhundert war nicht nur eine Epoche der Industrialisierung und Massenfabrikation, sondern auch jene Ära, in der die moderne Verwaltungsarbeit erfunden wurde. Steigendes Steueraufkommen, umfangreiche Planungs- und Überwachungsaufgaben und das Sozialversicherungswesen ließen besonders in Preußen einen bürokratischen Apparat entstehen, der zum Vorbild für andere Staaten, aber auch für Großunternehmen der freien Wirtschaft wurde. Leitbild für die bürokratische Arbeit war das Militär, darum prägten Korrektheit, Disziplin und bürokratische Zweckmäßigkeit den Arbeitsalltag: Sauberes Schreiben mit Stahlfeder, Federhalter und Tintenfass war unerlässliche Voraussetzung für Amtstätigkeiten. Stempel, Vordrucke und das Vervielfältigen von Schriftstücken mit der Kopierpresse erleichterten die zunehmende Gleichartigkeit und Wiederholbarkeit der Verwaltungsvorgänge.

Die Büroarbeit wurde räumlich immer stärker spezialisiert: Das Schreiben, Kopieren, Rechnen, Kassieren, Ablegen fand nun zunehmend in eigenen Räumen statt. Die Arbeit des einzelnen wurde stärker bürokratisch kontrolliert und reglementiert – so wurde nun erstmals das Essen am Arbeitsplatz verboten. Die Einführung von Gaslicht, später von elektrischer Beleuchtung, verbesserte die Lichtverhältnisse in den oft düsteren Büros erheblich und ermöglichte längeres Arbeiten. Mechanisierung der Büroarbeit und neue Kommunikationsformen wie das Telefon hielten erst zu Beginn des 20. Jahrhunderts Einzug in deutschen Amtsstuben.

Die USA waren – wie auch heute noch so oft – auch damals technische Vorreiter: 1874 kam hier mit der Sholes & Glidden die erste serienmäßig hergestellte Schreibmaschine auf den Markt. Zu einem nennenswerten Einsatz im Büro gelangte sie in den achtziger Jahren, als sich auch eine immer stärkere funktionale Gliederung der Verwaltung durchsetzte. Es entstanden selbstständige Abteilungen wie Auftragsannahme, Kalkulation, Versand und Buchhaltung. Innerhalb dieser Einheiten kam es zu einer ausgeprägten Hierarchisierung der Funktionen. Koordiniert und kontrolliert von Managern verrichtete die Mehrzahl der Beschäftigten Teilarbeiten, deren Bedeutung für das Ganze ihnen leider meist verborgen blieb.

Die steigende Korrespondenz und die Zunahme interner Aufzeichnungen und Berichte führten weltweit zu einer Flut von Schreibarbeiten. Mit der Maschine konnte nicht nur schneller geschrieben werden, mit ihr war es auch möglich, im gleichen Arbeitsgang mehrere Durchschläge für die Ablage zu erstellen. Die Beherrschung der Schreibmaschine war zunächst eine Qualifikation – doch mit der Zeit standen die Typisten mit ihrer rein ausführenden Tätigkeit, am unteren Ende der sich neu formierenden Angestelltenpyramide.

Mechanisierung und Rationalisierung waren in den zwanziger Jahren des 20. Jahrhudnerts nicht nur Begriffe aus der industriellen Produktion, sie kennzeichneten auch die Veränderung der Büroarbeit. Zwischen 1907 und 1925 hatte sich im Deutschen Reich die Zahl der Angestellten knapp verdoppelt. In den wachsenden Verwaltungen der Großbetriebe setzte sich mit dem Einsatz von Büromaschinen die Aufgliederung in Abteilungen fort. Neben der mechanischen Buchhaltung oder der Telefonzentrale gehörte hierzu vor allem ein zentralisierter Schreibdienst. Vornehmlich Frauen nahmen diese neue Erwerbsmöglichkeit in der Großstadt wahr. Die einseitige und laute Arbeit im Schreibsaal führte häufig zu Beeinträchtigungen der Gesundheit wie Nervosität, Schwindel, Erschöpfung, Sehnenscheidenentzündungen und Schwerhörigkeit. Auch Klagen über den enormen Arbeitsdruck findet man in zeitgenössischen Berichten – quasi die Vorläufer des modernen Burn-out-Syndroms.

In den fünfziger Jahren wurden bald auch in kleineren Büros verstärkt moderne Geräte wie Buchungsmaschinen, Diktiergeräte oder Vervielfältiger eingesetzt, die die schon recht verbreiteten Schreib- und Rechenmaschinen ergänzten. Neben den typischen Büromaschinen erfuhren auch die kleinen Hilfsmittel der täglichen Büroarbeit immer größere Verbreitung. Hefter, Locher und Anspitzer wurden zu Massenartikeln. Dies veränderte die Arbeitsabläufe und

-strukturen dramatisch. Das Schlagwort der damaligen Zeit – nicht nur im Bürobereich – war »Rationalisierung«. Dabei wurde an Erfahrungen aus Großbüros der zwanziger Jahre angeknüpft, die man auf kleinere Betriebe übertrug. Ziel war es, Arbeitsabläufe zu optimieren und die Arbeitskräfte möglichst »rationell« einzusetzen. Ein Mittel hierzu war die Zergliederung der Arbeitsschritte, sodass die Arbeitsteilung immer weiter vorangetrieben wurde. Die Arbeit im Büro sollte wie die Abläufe in der Produktion als Fließarbeit organisiert werden.

Heute definiert der Verband Büro-, Sitz- und Objektmöbel (bso) den Begriff Büro als »abgeschlossene Räume mit speziellen Einrichtungen und geeigneten Arbeitsmitteln zur Durchführung von Verwaltungstätigkeiten allgemeiner Form«. Dieser klassischen Beschreibung hafte »der Aspekt des Statischen und Unproduktiven an«, so der Verband selbstkritisch, der das Klischee weiter ausführt: »Im Gegensatz zur Fabrik, in der Wertschöpfungsprozesse ablaufen, wird im Büro nur verwaltet, um Ordnung und Überblick zu behalten.« In Wirklichkeit habe sich aber eine gewaltige Veränderung in der Bürowelt vollzogen. Sie werde immer mehr »zur markt- und kundenorientierten Dienstleistungs- und Ideenwerkstatt«. Der bso beschreibt die zeitgenössische Art der Büroarbeit folgendermaßen: »In erfolgreichen Unternehmen werden Teams gebildet, deren Ziel es ist, neue innovative Produkte zu entwickeln, immer wieder aufs Neue jeden Bereich des Unternehmens zu durchleuchten, Chancen der Kunden- und Produktivitätsorientierung zu nutzen, die Qualität der Produkte und Dienstleistungen des Unternehmens zu steigern und jede Form der Verschwendung zu bekämpfen. Hierfür steht der ständige Informations- und Erfahrungsaustausch – in kommunikationsförderlichen Räumen – im Vordergrund.«

Die im Team erarbeiteten Konzepte müssten jedoch auch konkretisiert werden. Hierfür würden neben den kommunikativen, offenen Bereichen auch »konzentrationsförderliche« Arbeitsräume benötigt, in denen der Einzelne ungestört »Detaillierungsarbeit leisten kann«. Kurz: Die heutigen Büroformen und -funktionen seien »vielschichtig«.

## Das hierarchische und das verspielte Büro

Sehr häufig anzutreffen ist diese Vielfalt allerdings noch nicht. Vorbild des in Deutschland heute am weitesten verbreiteten Bürokonzeptes, des Einzelbüros, sind die im 16. Jahrhundert in Florenz gebauten Uffizien, von denen sich das englische Wort für Büro ableitet: »office«. Typisch für diese Raumaufteilung sind auch fast 500 Jahre später Mittelflure, an denen sich geschlossene Büroräume mit einem oder mehreren Arbeitsplätzen reihen. Solche Zellenbüros haben unter Arbeitsforschern keinen besonders guten Ruf, weil sie Isolation und Bürokratie fördern, lange Wege provozieren, die Kommunikation und Zusammenarbeit behindern, wenig flexibel sind. Wenn Sie sich fragen, warum Sie dann trotzdem den ganzen Tag in so einem Ding sitzen – wundern Sie sich nicht: Zellenbüros sind in Deutschland noch immer die beliebteste Büroform, theoretisch weil sie dem Einzelnen Individualität und Rückzugsmöglichkeiten bieten. Praktisch kommen sie jedoch bei uns meist als Doppelzimmer vor. Dabei gelten diese als die Büroform mit der geringsten Produktivität – unter anderem wegen der andauernden gegenseitigen Störungen der Zimmergenossen.

Allerdings stehen die vor allem in den USA und Großbritannien populären Großraumbüros bei Forschern ebenfalls in der Kritik. Klar, sie haben Vorteile bei Zusammenarbeit, Flexibilität und Flächenwirtschaftlichkeit. Dagegen stehen aber geringere Individualität und vor allem sind sie häufig so laut, dass manche Insassen sogar Lärmschutzkopfhörer tragen, um konzentriert arbeiten zu können. Als Kompromiss gilt neuerdings das so genannte Kombibüro: standardisierte Einzelzimmer um eine Kommunikationszone, in der Gemeinschaftseinrichtungen wie Kopierer und Besprechungsmöglichkeiten untergebracht sind. Dazu am besten Glaswände, denn die bringen Tageslicht in die ehemals dunklen Flure.

»Welche Anforderungen werden heute an zukunftsfähige Bürokonzepte gestellt? Und welche Auswirkungen haben neue Arbeitsmethoden und Organisationsstrukturen auf Arbeitsplatzgestaltung und Standortauswahl?« Dies sind laut dem Verband der Büromöbelhersteller die Fragen, die die Branche derzeit umtreiben. Die Deutsche Gesellschaft für Immobilienfonds (DEGI) führte zu ihrer Beantwortung eine bundesweite Umfrage unter Projektentwicklern, Beratungsunternehmern und Büroeinrichtern durch. Mehr als zwei Drittel der Befragten »sehen in dem Faktor Flächeneffizienz für die Zukunft die übergeordnete Planungsprämisse. Allerdings werde die Effizienz künftig stärker von der Flexibilisierung der Arbeitswelt geprägt«, so die *FAZ* in ihrem Fazit. Mit anderen Worten: Sind die mobilen Mitarbeiter nicht immer im Büro, kann der Arbeitgeber Platz einsparen. Der Freiangestellte tauscht künftig mehr Flexibilität gegen den eigenen Schreibtisch.

Zwischen 70000 und 80000 Stunden im Leben verbringt der Durchschnittsmensch am Arbeitsplatz – es sei »also höchste Zeit, dass das oft starre, hierarchische Büro endlich einer ästhetischen Bürolandschaft weicht, in der unterschiedlichen Menschen das gemeinsame Arbeiten so leicht wie möglich fällt. Teamarbeit und Kommunikation stehen im Vordergrund, und innovative Unternehmen reagieren längst weltweit darauf«, so die *Rheinische Post* euphorisch in einem Artikel. Narrativ, nachbarschaftlich und nomadisch lauteten die Trends für das Büro des 21. Jahrhunderts. Ausgemacht haben sie die britischen Forscher Jeremy Myers und Philip Ross in ihrem Buch *Bürodesign Heute*. Die Autoren sehen das Büro als letzte physische Manifestation in einer zunehmend virtuellen Welt, in der die Angestellten von überall her zusammenarbeiten.

Mit der New Economy in den späten neunziger Jahren hielten Spielzeuge Einzug ins Arbeitsumfeld: Tischtennisplatte, Kicker und Videospiele, Roboter und ferngesteuerte Hubschrauber, dazu eine elaborierte Getränkeauswahl und gesunde Snacks, lässige Freizeitkleidung statt Schlips, scheinbar flache Hierarchien statt autoritärer Strenge. Der Schriftsteller Douglas Coupland beschrieb dieses Millieu in seinem 1996 erschienen Roman *Mikrosklaven* treffend als eine Gruppe tendenziell lebensuntüchtiger junger Microsoft-Mitarbeiter, die ununterbrochen programmieren, Mikrowellenpopcorn essen, Doom spielen, Trampolin springen und über Lego-Steine diskutieren.

Als Google-Gründer Sergey Brin 2005, mehr als ein Jahr nach dem Börsengang seiner Firma und auf dem vorläufigen Höhepunkt einer unfassbaren Erfolgsgeschichte, zu einem Magazininterview erschien, trug der vielfach dreistellige Millionär kurze Sporthosen und Adiletten. Der damals 32-Jährige hatte gerade noch auf dem Beachvolleyballfeld seiner Firma gespielt. Wundern tut so etwas heute eigentlich niemanden mehr. Brin stand im selben Jahr auf Platz Eins jener exklusiven Liste, die die Zeitschrift *Vanity Fair* jeden Herbst zusammenstellt: »The New Establishment«. Mit Börsencrash und dem Platzen der Internet-Blase schien all diese Leichtigkeit vorüber. Doch heute sprechen Wirtschaftsexperten von einer »New New Economy«, gelten Geschäftsmodelle fürs Internet allgemein wieder als sexy. Das neue Neue Establishment trägt immer noch keinen Schlips. Vor allem aber sind die extravaganten Spielzeuge und die leicht vulgäre aber lustige Technikangeberei der frühen Jahre wieder da: Auf dem Gelände der Google-Zentrale gibt es neben kostenloser Eiscreme und Massagen auch digitale Toiletten, auf denen sich Sitztemperatur und Wasserdruck per Fernsteuerung regeln lassen. Dass Google-Mitarbeiter sich auf diesem Campus wohl fühlen, darum länger arbeiten und weniger Wert auf Freizeit legen, liegt auf der Hand. Warum Google dennoch ein vorbildliches Unternehmen ist, das die Kreativität seiner Mitarbeiter stimuliert, indem es ihnen erhebliche Freiheiten einräumt, sehen wir in Kapitel 10. Was uns zunächst interessieren soll, ist die Frage zweier verblüffender Kontinuitäten.

Erstens: Egal, ob Gänsekiel oder Kopierpresse, Schreibmaschine oder Kaffeevollautomat – Büroausstattung dient immer nur einem Zweck: der Erhöhung der Produktivität der Mitarbeiter. Obstkorb, Massageliege und Kickertisch bilden da keine Ausnahme. Der Arbeitgeber wird diese Investition nur tätigen, wenn er als Gegenwert eine nachweisliche Steigerung des Outputs erwarten kann. Dass die längere Anwesenheit im komfortableren Büro aber letztlich weder der Kreativität noch der Motivation zuträglich sind, sehen wir später.

## Der Boss im Batman-Kostüm und der Pool im Büro

Was genau bedeutet das eigentlich: Spaß am Arbeitsplatz? Ist der gute alte Bürohumor gemeint, der die Menschen früher dazu animierte, kopierte Sprüche an die Pinnwand zu heften, wie den Klassiker: »Hetzen Sie mich nicht. Ich bin auf der Arbeit, nicht auf der Flucht«? Oder ist es der neue, leicht spießige E-Mail-Humor, der mit Vorliebe ältere Kollegen dazu bringt, endlos weiterklickbare Powerpoint-Charts herumzuschicken, auf denen dann in kruder Typografie und mit »amüsanten« Fotos eine meist lasche Pointe transportiert wird? Sind es die Youtube-Filme, die sich Kollegen gemeinsam anschauen und dabei Stunden an Arbeits- und – in der Konsequenz – auch Freizeit vernichten? Ist es vielleicht gar der Insiderhumor, der sich in absurden übersteigerten Business-Persiflagen wie »Powerpoint-Karaoke« äußert oder – laut den Machern der an solchen Themen stets interessierten Website www.riesenmaschine.de – in synchronem Rotieren auf Drehstühlen, Flash-Mobbing am Wasserspender, Morsen mit der Schreibtischlampe und Klingelton-Jam-Sessions?

Humor am Arbeitsplatz haftet oft etwas leicht Muffiges, manchmal Verzweifeltes, immer irgendwie Zerstreutes an. Haben diese Menschen denn nichts Besseres zu tun? Müssen sie nicht entweder tatsächlich arbeiten oder – falls nein – wollen sie nicht lieber nach Hause gehen? Verordneter Spaß im Büro ist einer der großen Zeitvernichter der Neuzeit und ein Feind der Easy Economy. Doch er ist auch ein Markt: Die amerikanische Business-Zeitschrift *Inc.* widmete Ende 2007 eine Sonderausgabe dem Phänomen »Fun«. Titelzeile: »Spaß ist der neue Grundwert«. Eine ganze Industrie sei entstanden, die Unternehmen spielerische Motivationshilfen organisiert, von Kochklassen über Improvisationstraining bis zu Trommelkursen. »Spaß zieht nicht nur Mitarbeiter an, er hilft ihnen auch, die Firmenkultur kennen zu lernen«, so *Inc.* Der Profit, den Lego-Baukästen, Riesenrutschen, Filmnächte und Kostümfeste im Büro erwirtschaften, sei nicht immer zu quantifizieren. Aber *Inc.* hat 300 Manager amerikanischer Unternehmen interviewt, die angeblich einen Großteil ihrer Innovationskraft aus dem Faktor Spaß ziehen.

Da ist der Chef einer medizinischen Beratungsfirma mit 76 Millionen Dollar Jahresumsatz, der eine Kundenpräsentation im Batman-Kostüm hielt, weil er eine Wette verloren hatte: Oder das Software-Unternehmen, das einen besonders großen Auftrag abzuarbeiten hatte und allen Mitarbeitern die Überstunden versüßte, indem es die Fernsehserie *Survivor* nachahmen ließ, mit Zelten im Konferenzraum und martialischen Kopftüchern. Oder der Swimming-pool-Hersteller, auf dessen Gelände 20 Prozent der Fläche für Freizeitaktivitäten reserviert sind: für Volleyball- und Basketball-Plätze, vier von den Mitarbeitern selbst dekorierte Schlafräume und – natürlich – mehrere Swimming-Pools.

Doch das Magazin warnt auch davor, eine miese Unternehmensmoral mit aufgesetzten Gimmicks verbessern zu wollen. Partys mit lustigen Hüten sind für Mitarbeiter eher beleidigend und wirken leicht grotesk, wenn die Stimmung im Unternehmen nicht grundsätzlich gut ist. Das endet dann eher wie in der Fernsehserie *Stromberg*, wo der Chef seinen menschenverachtenden Mangel an Sensibilität mit besonders derben Späßen auf Mitarbeiterkosten mischt und sich dabei noch wie ein besonders lockerer Vorgesetzter fühlt. Greg Daniels, Drehbuchautor der amerikanischen Stromberg-Variante beschreibt den Chef so: »Er ist ein Verkäufertyp, will unterhaltsam sein und sich an die Menschen anpassen, mit denen er redet. Er arbeitet aber als Manager und das erfordert ganz andere Fähigkeiten. Das merkt er jedoch nicht, also hat er jede Menge Gimmicks und Witze, die er sich nachts ausdenkt, um sie am nächsten Tag im Büro anzuwenden.« Daniels hält nichts von Ausflügen oder anderen organisierten Unterhaltungsaktionen im Büro, glaubt dass diese in der Regel »grässlich« sind, und rät Chefs, die ihren Mitarbeitern etwas Gutes tun wollen, »die ganze Zeit, die in Spaßaktivitäten investiert wird, zu nehmen und den Leuten einfach früher frei zu geben.«

Jerry Greenfield, Mitgründer von Ben&Jerry's, der ikonische Eiscreme-Hersteller mit rebellischem Anti-Establishment-Image und dem markigen Firmenmotto »If it's not fun, why do it?«, äußert sich in einem Interview zu dieser Kontroverse:

JERRY GREENFIELD: »Wenn man zehn, elf oder sogar zwölf Stunden bei der Arbeit verbringt, sollte das nicht etwas sein, was man verabscheut oder gar hasst – es sollte Spaß machen. Wir nutzen einen Teil des Geldes, das sonst in Marketing und Werbung geht, für Spaß am Arbeitsplatz wie die ›Joy Gang‹, die Elvis-Lookalike-Wettbewerbe organisiert oder den Arbeitern der Spätschicht Lasagne kocht. Spaß ist großartig für Kreativität. Er schafft eine Atmosphäre, die den Mitarbeitern sagt: Es ist ok, Sachen auszuprobieren. In normalen US-Unternehmen heißt die Entwicklungsabteilung R&D, also Research and Development. Unsere heißt Bizarre&D.«

*Nichts gegen diesen ganzen Spaß-Aspekt, aber wollen Arbeitnehmer heute nicht lieber pünktlich nach Hause gehen, statt auf ein Kostümfest mit dem Chef?*

GREENFIELD: »Man muss die Kirche im Dorf lassen: Flexible und mobile Arbeit funktioniert nicht in der Produktion und wir stellen immerhin Eis her. Aber die Leute in unserer Marketing- oder Entwicklungsabteilung arbeiten auch von zu Hause aus. Es klingt zunächst komplizierter, seinen Mitarbeitern mehr Flexibilität einzuräumen, aber es lohnt sich: Die Leute werden mit ihrer Arbeit glücklicher sein und darum werden sie einen besseren Job machen.«

## Mehr Freiheit = höhere Motivation

Offenbar sind es weniger nette Extras, Spaßaktivitäten und eine angenehme Arbeitsatmosphäre, die die Menschen motivieren, sonden schlicht mehr Freiheit. Die Zufriedenheit von flexiblen und mobilen Arbeitnehmern liegt deutlich über jener von monoton ins Büro gezwungenen (siehe Kapitel 8) – egal, ob diese dabei noch bespaßt werden oder nicht. Das liegt an einem Phänomen, das Psychologen extrinsische und intrinsische Motivation nennen. Als extrinsisch motiviert bezeichnet man Tätigkeiten, die nicht um ihrer selbst willen ausgeübt werden, sondern zum Beispiel für Geld oder Anerkennung. Bei der intrinsischen Motivation – die übrigens stärker und nachhaltiger ist – liegt der Anreiz für ein Verhalten hingegen in der Person selbst. Um bei der Arbeit intrinsisch motiviert zu sein, brauchen wir ein Gefühl von Autonomie und Selbstbestimmung. Wir erleben uns als wirksam, als Urheber von Veränderungen in unserer Umwelt. Wir fühlen uns als Herr unserer selbst, haben Freude an der eigenen Aktivität. Empfinden wir uns aber als Spielball äußerer Kräfte, ist die eigene Aktivität entwertet und wir können nur noch extrinsisch motiviert werden.

Hier kommt dann auch wieder Csikszentmihalyis Flow ins Spiel. Intrinsische Motivation drückt sich laut seiner Lehre in der freien Hingabe an eine Sache aus, dem völligen Absorbiertsein der voranschreitenden Handlung. Zu leichte Aufgaben führen zu Langeweile, zu anspruchsvolle rufen Angst hervor. In der Mitte liegt das Ideal – Flow bringt den Unterschied zwischen Arbeit und Spiel zum Verschwinden.

Ein Beispiel für gelungenen Flow findet sich schon in einem Brief Wolfgang Amadeus Mozarts:

>»Wenn ich recht für mich bin und guter Dinge, [...], da kommen mir die Gedanken stromweis und am besten. Woher und wie, das weiß ich nicht, kann auch nichts dazu. Die mir gefallen, die behalte ich im Kopfe, und summe sie auch wohl vor mich hin, wie mir andere wenigstens gesagt haben. Halte ich das nun fest, so kommt mir bald eines nach dem anderen bei, wozu so ein Brocken zu brauchen wäre, um eine Pastete daraus zu machen nach Kontrapunkt, nach Klang der verschiedenen Instrumente et cetera. Das erhitzt mir nun die Seele; wenn ich nämlich nicht gestört werde, da wird es immer größer, und ich breite es immer weiter und heller aus, und das Ding wird im Kopf wahrlich fast fertig, wenn es auch lang ist, sodass ich's hernach mit einem Blick gleichsam wie ein schönes Bild oder einen hübschen Menschen im Geist übersehe, und es auch gar nicht nacheinander, wie es hernach kommen muss in der Einbildung höre, sondern wie gleich alles zusammen. Das ist nun ein Schmaus. Alles das Finden und Machen geht in mir nur wie ein schönstarker Traum vor; aber das Überhören, so alles zusammen, das ist doch das Beste.«

Das ist die Beschreibung eines nicht nur befriedigenden, sondern offensichtlich lustvollen Arbeitsprozesses, wie ihn leider die meisten Arbeitnehmer nur selten erleben. Eine Studie im Auftrag des Bundesarbeitsministeriums, für die 37 000 Beschäftigte in 314 Unternehmen befragt wurden, ergab 2006, dass die Deutschen immer unzufriedener mit ihren Jobs sind. Der Anteil der »völlig« Zufriedenen sank seit 2001 um etwa 10 Prozentpunkte. »Das Niveau der Arbeitszufriedenheit hat doch erkennbar abgenommen«, stellt das *Personalmagazin* angesichts dieser Zahlen recht nüchtern fest.

Folgt man Csikszentmihalyi, ist das kein Wunder: Besonders zufrieden sind für ihn jene Menschen, die selbst darüber bestimmen, wann und wie sie arbeiten, die dabei ihre eigenen Kontrolleure sind »und es im Übrigen für ebenso richtig halten zu sagen, sie hätten in ihrem Leben noch keinen einzigen Tag lang gearbeitet, wie andererseits zu sagen, sie hätten in jeder Minute ihres Lebens gearbeitet«. Diese Menschen seien bei der Arbeit, egal ob sie gerade duschen, Auto fahren oder eine Spaghettisoße zubereiten, so Csikszentmihalyi: »In Gedanken setzen sie sich ständig mit irgendeinem Problem auseinander, wälzen es hin und her, untersuchen es aus immer wieder anderem Blickwinkel. Allerdings erscheint ihnen diese intensive Tätigkeit so mühelos wie das Atmen.« Traditionell sind diese glücklichen Menschen, die eindeutig sehr viel Spaß und Freude bei ihrer Arbeit empfinden, zum Beispiel Künstler, Schriftsteller, Wissenschaftler, Erfinder und Unternehmer. Für solche »Kopfarbeiter, die ihre Ziele und ihr Schrittmaß selbst bestimmen – ist das, was sie tun, um ihren Lebensunterhalt zu verdienen, so sehr Teil ihrer Persönlichkeit, dass es nicht mehr als eine gesellschaftliche Konvention ist, wenn man es als Arbeit bezeichnet«, so Csikszentmihalyi.

### Fremdbestimmt = spaßfrei

In vielen Berufen ist es mit der Selbstbestimmtheit, der intrinsischen Motivation, damit auch dem Flow und dem Spaß nicht so weit her. Zwei der von Csikszentmihalyi genannten Gründe dafür interessieren uns hier: 1. der Mangel an Steuerungsmöglichkeiten und 2. der Umgang mit der Zeit, der von Rhythmen bestimmt ist, die nicht beim Arbeitnehmer liegen. Zum ersten Punkt schreibt er: »Ein Arbeitnehmer, dem noch der kleinste Schritt vorgegeben ist, verliert rasch das Interesse an seiner Arbeit.« Die beiden häufigsten Klagepunkte im Zusammenhang mit der Berufstätigkeit beträfen die

Monotonie der jeweiligen Tätigkeit und die Konflikte mit Vorgesetzten. Der zweite Punkt ist essenziell. Die unflexible Arbeitszeit, die mit der Industriellen Revolution unseren Tagesablauf und unsere Lebensplanung zu diktieren begann, brachte einen Zeitrahmen mit sich, »in dem die Arbeitenden die Kontrolle über ihre psychische Energie einbüßten – ob nun tatsächlich Arbeit da war, die erledigt werden musste, oder nicht«. Das gilt heute noch für die meisten Büroarbeiter.

Doch auch für Csikszentmihalyi ist Hoffnung in Sicht. Die neuen Entwicklungen in der Kommunikationstechnologie haben die Begriffe Arbeitsplatz und Arbeitszeit theoretisch sehr stark relativiert: Der mit dem betrieblichen Rechner vernetzte häusliche PC gestattet es immer mehr Arbeitnehmern, ihr Tempo selbst zu bestimmen. So arbeitende Menschen können beschließen, »zum Angeln zu fahren, wann immer sie wollen«. Doch der Wissenschaftler sieht ein großes Hindernis auf dem Weg, solche flexiblen Arbeitsformen für viele zu ermöglichen. Die dominante Unternehmenskultur beurteilt Menschen, die Karriere machen wollen, immer noch nach der Menge der Überstunden: »Während die extrinsischen Belohnungen innerhalb der Organisation (Bezahlung, Beförderung, Einfluss) in der Regel direkt proportional der Menge an Zeit sind, die man in betriebliche Ziele investiert, stehen intrinsische Belohnungen (das Gefühl eine Arbeit gut, mit Geschick und Phantasie ausgeführt zu haben) häufig gerade im umgekehrten Verhältnis dazu.« Der Stress für Wissensarbeiter nehme daher weiter zu und es werde wohl noch eine Weile dauern, bis Unternehmen ein durchdachtes – sprich flexibleres und freieres – Zeitmanagement installierten.

Zeit für ein kleines Zwischenfazit: In der Easy Economy geht es darum, wieder Spaß an der Arbeit zu finden. Darum auch das dem ersten Kapitel vorangestellte Motto: If it's not fun, why do it? Aber wir wollen Spaß am Arbeitsplatz weder definieren als vom Chef vorgeschriebene Unterhaltungsmaßnahmen noch als von Mitarbeitern initiierte Albereien. Weder als New-Economy-Gimmicks, die uns nur von der Arbeit abhalten noch als Luxus-Incentives, mit denen uns der Chef ja doch nur an den Schreibtisch ketten will. Sondern: Spaß bei der Arbeit entsteht dann, wenn wir wie Erwachsene behandelt werden. Wenn wir selbst entscheiden können, wie wir am effektivsten funktionieren. Spaß ensteht aus dem Gefühl der Kontrolle über die eigene Zeit und über die eigene Leistung. Spaß bedeutet, eine anspruchsvolle Aufgabe mit möglichst hoher Eigenverantwortung und Selbstbestimmtheit auszuführen – wann, wo und wie man will – und dann ganz schnell Angeln zu gehen.

# Kapitel 4

# Was stimmt da nicht?

»Gerade als es so aussah, als würde uns die Kombination
aus langen Arbeitswegen, verschmutzter Luft, verstopften
Straßen und langen Meetings umbringen, schenkte uns
Mutter Natur die Alternierende Telearbeit.«

*Scott Adams, Das Dilbert Prinzip*

## Warum der alte Arbeitstag nicht mehr funktioniert

Ein anonymes Bürohaus von außen in einem beliebigen amerikanischen Business District. Ein Geschäftsmann, gut gekleidet, graue Schläfen, stürmt aus der Eingangstür. Er holt kurz Luft, reißt sich die Krawatte vom Hals, schleudert sie auf den Boden. Mit dem offenen Hemdkragen sieht der Anzug an ihm plötzlich ausgesprochen lässig aus. Ohne sich noch einmal umzuschauen, lässt er das Gebäude hinter sich und – daran besteht kein Zweifel – eine triste Existenz als Schreibtischsklave voller Monotonie und Langeweile. Er macht sich auf – auch das ist sofort klar – in ein besseres Leben: aufregend, unberechenbar, sexy. Der Film *Ocean's Eleven* beginnt emotional und berührt damit den weichen Punkt wohl jedes Büroarbeiters. Wie dieser Mann wollen wir uns den Schlips dramatisch herunterreißen, damit endlich das wahre Leben beginnt. Wir wollen sein wie er: Frei von der täglichen Wiederkehr des ewig Gleichen. Vermutlich schadet dabei nicht, dass der Mann von George Clooney gespielt wird, also bei der Rebellion auch noch gut aussieht. Und dass er – wie der Zuschauer bald erfährt – ein charmanter Meisterdieb, Lebenskünstler und Frauenheld mit dem etwas albernen Namen Danny Ocean ist.

Auch Lars Johansen wäre wohl gern wie Danny Ocean. Sein Tag beginnt jeden Tag um sechs. Wenn sein Wecker klingelt, kämpft er sich aus dem Bett, trinkt eine Menge wirklich starken Kaffee und schafft es gerade so, zum Arbeitsbeginn um sieben Uhr an seinem Schreibtisch zu sitzen. Aber jeden Morgen hat er dasselbe schlechte Gefühl: Es ist falsch, dass die soziale Konvention Menschen zwingt zu arbeiten, bevor ihr Gehirn angefangen hat, vernünftig zu funktionieren. Johanson: »Unsere Gesellschaft ist an einen Punkt gekommen, an dem wir unsere Jobs nicht mehr zeitlich und räumlich einschränken müssen. Also sollte sich die Gesellschaft ändern.«

Darum ist er der dänischen B-Society beigetreten, die wir schon im Kapitel über den Weg zur Arbeit kennen gelernt haben. Gegründet Anfang 2007 hatte sie nach wenigen Monaten bereits mehr als 5500 Mitglieder, Ableger in Norwegen, Finnland, Schweden und Frankreich, sowie jede Menge Aufmerksamkeit von Medien, Politikern und Gewerkschaften. Die Idee ist einfach: Wer morgens, so wie Johanson, nicht aus den Federn kommt, gehört zu den B-Typen, wer früh und dynamisch den Tag beginnt, ist ein A-Typ. Laut Schlafforschern gehören nur 10 bis 15 Prozent der Bevölkerung zur letzteren Kategorie, die dennoch den Rhythmus des üblichen Arbeitstags diktiert. Bis zu 25 Prozent sind B-Typen, also Langschläfer, der Rest fällt irgendwo zwischen die beiden Gruppen. Ich wollte mehr darüber wissen und habe Camilla Kring, die Gründerin der B-Society, interviewt:

*Frau Kring, ein Verein für Menschen, die gern lange schlafen – ist Ihre B-Society ein Spaß oder ein ernsthafter Versuch, die Gesellschaft zu ändern?*

CAMILLA KRING: Die B-Society ist sehr ernst gemeint. Ich glaube, es ist möglich, unsere Idee in der ganzen Welt umzusetzen. Wir werden von Wissenschaftlern der Universität Uppsala und der University of Surrey unterstützt, außerdem von Politikern und Arbeitgebern. Die Stadtverwaltung Kopenhagen bietet bereits spezielle Jobangebote für chronische Spätaufsteher an. Der dänische Familienminister ist auf unserer Seite und mit der Ingenieurs-Gewerkschaft haben wir einen Kongress über die Zukunft der Arbeit organisiert.

*Was ist falsch am alten 9-to-5-Arbeitstag?*

KRING: Wir erleben derzeit einen Konflikt, in dem wir vergeblich versuchen, die alten Strukturen der Industriegesellschaft an die völlig unterschiedlichen Bedürfnisse der Wissensgesellschaft anzupassen. Wenn Dänemark und andere Länder wirklich – wie sie behaupten – von Innovationskraft, Kreativität, Konzepten und Wissen leben wollen, müssen wir gleichzeitig individuelle Lebenssituationen schaffen, die den veränderten Arbeitsprozessen angepasst sind.

*Was haben Sie bislang konkret erreicht?*

KRING: Es gibt jetzt zum Beispiel die B-Hochschule HF Efterslægten in Kopenhagen, an der der Unterricht morgens erst nach zehn Uhr beginnt. Wir zertifizieren Unternehmen, die den Arbeitsrhythmus von B-Typen akzeptieren und respektieren. Und wir haben zusammen mit der Firma »Livejob« die erste Online-Jobdatenbank für B-Typen eingerichtet. Für Stellen beispielsweise, in denen man oft mit den USA zu tun hat und darum häufig erst nach 18 Uhr arbeitet, sind B-Typen die Idealbesetzung.

*Geht es Ihnen nur um verschiedene Schlafmuster, oder steckt mehr dahinter?*

KRING: Ich sehe einen grundsätzlichen gesellschaftlichen Paradigmenwechsel bezüglich der Art, wie wir Arbeit und Freizeit definieren. Der streng geregelte Arbeitstag ist überflüssig, seit uns die Technologie ermöglicht, von zu Hause aus zu arbeiten. Warum sind die Arbeitszeiten nicht viel flexibler?

## Wissensarbeiter brauchen Freiheit

Auch Nicholas Negroponte, visionärer Vordenker der US-Wirtschaft, sagte in einem Interview, das ich bereits im Jahr 2003 mit ihm führte: »Es geht nicht darum, rund um die Uhr zu schuften. Immer mehr Berufstätige haben flexible Arbeitszeiten, arbeiten von zu Hause, integrieren Arbeit in ihr tägliches Leben.« Klingt gut. Die deutsche Büropraxis zumindest sieht in der Regel anders aus. Doch manche Unternehmen haben diese Lektion bereits gelernt und ihre Angestellten preisen die neugewonnene Flexibilität.

Frank Hartmann betreut beim Softwarekonzern SAP weltweit Wirtschafts- und Finanzmedien:»Wenn Sie als Unternehmen heute die besten Leute rekrutieren wollen, müssen Sie flexible und mobile Arbeitsformen anbieten. Vielleicht wohnt ein guter Mann in einer anderen Stadt und will nicht umziehen. Dann sagt man eben, wenn der Job es erlaubt: Ok, Du arbeitest drei Tage die Woche von zu Hause aus.« Hartmann selbst kam von der eher konservativen Deutschen Börse zu seinem neuen Arbeitgeber und wunderte sich anfangs: »Wie erreiche ich denn hier jemanden? Die Kollegen sind ja gar nicht da.« Der 37-Jährige lernte schnell: Kommuniziert wird bei SAP über E-Mail und Handy, über Wikis und Software wie WebEx, die es erlaubt, bei Online-Konferenzen Teilnehmer in Echtzeit aus der Ferne hinzuzuschalten. »Man verabredet sich zum Telefonieren, jeder hat einen Blackberry – und Internetzugang sowieso«, so Hartmann: »Leute zu erreichen ist kein Problem.« Zwar könne man nicht mehr einfach über den Flur und den Kollegen schnell etwas fragen, »aber dass das in klassischen Büros immer geht, ist ja auch eine Illusion: Wie oft ist derjenige, den ich sprechen möchte, gerade auf einem Termin, in einer Konferenz oder unterwegs«.

Nach einigen Monaten dachte sich Frank Hartmann: Wenn das möglich ist und der Arbeitsablauf das erlaubt, will ich auch so arbeiten! Er wohnt in Frankfurt, pendelte jeden Tag fast 90 Minuten zum Firmensitz ins knapp 100 Kilometer entfernte Walldorf. Als er sah, dass sein Vorgesetzter ebenfalls tageweise aus Hamburg oder seinem Hauptwohnsitz München arbeitete, war ihm klar, dass das kein Problem ist und er fragte seinen Chef. Ergebnis: »Er hat sofort Ja gesagt.« Seitdem arbeitet Hartmann einen Tag pro Woche von zu Hause aus und ist dadurch »auf jeden Fall produktiver. Ich kann dort zum Beispiel an Konzepten arbeiten, ohne dass dauernd das Telefon klingelt, oder wichtige Journalisten treffen – die sitzen sowieso alle in Frankfurt und nicht in Walldorf.« Diese Flexibilität sei »ein effektives Motivationsinstrument« seitens des Arbeitgebers, so Hartmann, aber eben auch unumgänglich: »Feste Arbeitszeiten – das Thema ist durch. Wenn das Unternehmen 150 Prozent verlangt, muss es dem Mitarbeiter diesen Vertrauensvorschuss geben. Nur so können Unternehmen dem Globalisierungsdruck standhalten und gleichzeitig ihre Mitarbeiter motivieren.«

## Designed in California, made in China

Spannend ist, dass diese Art zu arbeiten nicht nur in IT-Unternehmen oder für klassische Kreative funktioniert. Vielmehr hilft ein gesamtwirtschaftlicher Paradigmenwechsel vielen freiheitsliebenden Arbeitnehmern. Zugegeben – wer am Band steht und Autos zusammenbaut, kann das nicht von zu Hause aus tun. Aber – so bitter das für das produzierende Gewerbe sein mag – unflexible Produktionsjobs werden zunehmend in Schwellenländer verlagert. Wertschöpfung in entwickelten Industrienationen wie Deutschland erfolgt in der Regel über hochqualifizierte Wissensarbeiter. Ausnahmen wie die florierende Autoindustrie bestätigen die Regel.

Das Beispiel des iPod illustriert dies pointiert: Dieser MP3-Player ist ein globales Vermarktungsphänomen, ein Design-Geniestreich und – darauf hat Apple-Chef Steve Jobs immer wieder hingewiesen – in erster Linie eine Software. Erst die geniale Vernetzung des Geräts mit der geschlossenen Plattform des iTunes-Stores gab Apple den Hebel, die Musikindustrie zu etwas zu bringen, was sie jahrelang abgelehnt hatte: ihre Archive zu erschwinglichen Preisen übers Internet verfügbar zu machen. Die Hardware, also Gehäuse und Festplatte des iPod, wird in China hergestellt – aber der Produktionsstandort ist beliebig. Der eigentliche Marktwert besteht aus Design, Software und Marketing.

Die zukünftigen Erwerbstätigen, so eine Studie deutscher Arbeitsforscher von 2006, werden vor allem aus den so genannten TIME-Branchen (Telekommunikation, Informationstechnologie, Medien und Entertainment) kommen. »Durch TIME-Anwendungen in den Informations- bzw. Dienstleistungssektoren wird es zu weiteren Verschiebungen von Arbeitsplätzen kommen, insbesondere zu Lasten der Sektoren Landwirtschaft oder Produktion«, so die Autoren. »Schätzungen gehen davon aus, dass die Erwerbstätigkeit in den Informationsberufen von 14 Prozent im Jahre 1907, 18 Prozent im Jahr 1950 auf 60 Prozent im Jahre 2010 anwachsen wird.« Was bedeutet das für unseren Arbeitsalltag? Die Wissenschaftler geben Camilla Krings B-Society recht: »Galt bisher die Maxime ›Arbeiten in einer

festen Struktur, am fixen Ort und zur bestimmten Zeit‹ (›Old Work‹),
so erlauben innovative Informations- und Kommunikationstechnologien das ›Arbeiten mit wem, wo und wann man will‹ (›New Work‹).
Flexible Arbeitszeiten, verstärkte Projekt- und Prozessorientierung
oder zunehmend mobilere Arbeitsweisen in virtuellen Netzwerk-
strukturen sind auffällige Kennzeichen dafür.« Gesucht werden
künftig vor allem Experten, die per Definition mobil und flexibel
arbeiten.

Der amerikanische Soziologe Richard Florida, der den Begriff der
»Kreativen Klasse« bereits 2002 prägte (mehr dazu in Kapitel 9), er-
läuterte mir dieses Phänomen ein Jahr später in einem Interview:
»Es ist eine universelle Klasse, weil jeder Mensch grundsätzlich
kreativ ist. Arbeitnehmer sind heute mobil, wechseln regelmäßig
ihre Jobs. Darum müssen Unternehmen Strategien entwickeln, um
kreative Mitarbeiter – die leicht gelangweilt sind – zu gewinnen und
zu halten. Eine gute Bezahlung ist wichtig, aber vor allem brauchen
sie Stimulation und Herausforderung.« Sowie Freiheit und Flexibilität, könnte man hinzufügen. Dass moderne High Potentials ungern
fremdbestimmt Bürozeit absitzen, weiß auch die Ikone der deutschen Managementberatung Fredmund Malik: »Kopfarbeiter sind
entweder Selbstorganisierer und Selbstmanager, oder sie sind in-
effektiv.« Negroponte ergänzte in unserem Gespräch: »Ein Gehirn-
chirurg oder Pizzabäcker muss natürlich dort sein, wo der Patient ist
oder der Teig. Aber viele Jobs sind heutzutage mobil, erfordern nur
einen Bildschirm, der überall sein kann. Ist es nicht ironisch, dass
so viele Leute täglich ins Büro gehen, nur um auf einen Monitor zu
schauen?«

Der Mann hat Recht.

# Kapitel 5

## Wir Freiangestellten

»Die Zukunft ist schon längst angekommen –
sie ist nur noch nicht gleichmäßig verteilt.«

*William Gibson*

### Reif für die Insel

Sally Quigg kann ihr Glück noch gar nicht fassen. Raus aus London, aus dem ständigen Verkehrsstau, weg vom miesen Wetter und den absurden Mietpreisen. Seit Anfang 2008 arbeitet Sally von Teneriffa aus, ist mit ihrem Lebensgefährten in eine kleine Finca gezogen, geht am Strand spazieren, isst Paella, lässt sich von der Sonne die englische Herbstmelancholie wegzaubern. Sally ist keine Aussteigerin, im Gegenteil. Die quirlige Britin arbeitet für Arup, einen der größten Baukonzerne der Welt. Wenn Star-Architekten spektakuläre Entwürfe planen, wie zum Beispiel in Peking die olympische Arena von Herzog & de Meuron, die Zentrale des Fernsehsenders CCTV von Rem Kohlhaas oder das neue Flughafenterminal von Norman Foster, dann lässt Arup diese spektakulären Träumereien Wirklichkeit werden. Berechnet Statik, Material, entwickelt neue Technologien und – ganz profan – baut. Arup ist ein internationaler Gigant mit rund 9 000 Mitarbeitern und 86 Büros in 37 Ländern. Allerdings nicht auf Teneriffa. Genau da will Sally aber leben. Zum Glück, sagt sie, arbeitet sie für ein globales Unternehmen, das gewohnt ist, Mitarbeiter in vielen verschiedenen Ländern und Zeitzonen zu koordinieren. Also wird Sallys Finca ab sofort einfach behandelt wie ein kleines Außenbüro: Arup setzt ihr ein Videokonferenzsystem ins Arbeitszimmer. Mit den Kollegen in aller Welt hat sie auch von

London aus nie anders kommuniziert. Ob sie künftig bei der Besprechung noch Sand zwischen den Zehen hat, sieht ja keiner.

Ab und zu wird Sally in die Zentrale oder andere Büros kommen müssen, aber weil sie das langfristig planen kann, nimmt sie Billigflieger. Wenn sie – wie jetzt gerade in Shanghai – eine Baustelle besichtigt, fliegt sie eben statt aus London von Teneriffa. »Ehrlich gesagt, hätte ich auch nicht gedacht, dass es so einfach ist«, gesteht sie, »aber bisher habe ich kein Problem entdeckt.« Sally ist trotzdem nervös – vor Freude: »Teneriffa«, murmelt sie immer wieder, und dann, mit einem breiten Lächeln: »Nie wieder U-Bahn, nie wieder Nebel.«

Den Begriff der »Wissensarbeiter«, für die flexibles Arbeiten schon heute in greifbare Nähe gerückt ist, darf man durchaus weit fassen. Er gilt auch für Menschen wie den Berliner Ingenieur Robert Hoffmann, dessen Arbeitgeber »Proaut« hochspezialisierte Produkte fertigt – er stellt so genannte Handlingautomaten für Elektronikfertigung her. Hoffmann kann mindestens einen Tag pro Woche von zu Hause oder unterwegs aus arbeiten: »Nur das Ergebnis zählt. Zwischendurch gehe ich einkaufen oder mache die Wäsche. Dank Skype und Internetflatrate bin ich immer mit dem Büro verbunden. Ich kann mich direkt ins Firmennetzwerk einwählen und so arbeiten, als wäre ich im Büro. Das ist technisch erst seit Kurzem möglich.« Hoffmann sieht als Hauptgrund für seine neu gewonnene Flexibilität das Internet: »Wenn man nicht per Flatrate immer online wäre, würde es nicht gehen.« Er sieht in dieser Art zu arbeiten ein Zukunftsmodell, das ihm »ein riesiges Stück Freiheit« liefert, aber von anderen Unternehmen »definitiv noch zu wenig« eingesetzt wird. Tatsächlich könne er »jede Tätigkeit, für die ich sonst im Büro am Rechner sitze« von überall erledigen.

Das Management von Proaut war anfangs skeptisch, als Hoffmann und seine Kollegen vor zwei Jahren nach derart flexiblen Arbeitszeiten gefragt haben. Der Kompromiss: »Mehr als einen Tag pro Woche sollen wir erstmal nicht außerhalb des Büros arbeiten, wir müssen erreichbar sein und unsere Abwesenheit vorher ankündigen.« Theoretisch, so Hoffmann, könnte er auch mal eine Woche lang von Mallorca aus seine Aufgaben erledigen. Aber das würden weder Chefs noch jene Kollegen gern sehen, die diese Freiheit nicht haben. Von den vierzig Proaut-Mitarbeitern käme flexible Arbeit für zwölf in Frage, schätzt Hoffmann, von denen wiederum erst vier das Arrangement nutzen.

Dabei liegen die Vorteile für ihn auf der Hand: »Wenn ein Handwerker kommt, muss ich mir nicht extra einen Tag frei nehmen. Ich spare die Anfahrtszeit – immerhin eine halbe Stunde pro Weg. Ich bin zu Hause oft produktiver, weil ich den Bürolärm nicht habe. Und wenn ich abends mal Überstunden mache, sitze ich nicht allein im dunklen Büro.« Seinem Chef hat er die Sache genau so schmackhaft gemacht: Zeitersparnis, Produktivitätsgewinn, höhere Motivation. Und ihm – ganz wichtig – einen Rückweg aus der Testphase eröffnet: »Wenn's nicht klappt, kann er die Regelung ja wieder kassieren.« Bislang klappt's. Und Hoffmann würde, sagt er, zu keinem Arbeitgeber wechseln, der ihm diese Flexibilität nicht bietet.

## Die Arbeit wird flach

Zum ersten Mal können Festangestellte ihren Tag ähnlich strukturieren wie Freiberufler. Ein dritter Weg der Arbeitsorganisation tut sich auf, die Freianstellung. Unser Kapital sind der Inhalt unseres Kopfes, unseres Adressbuchs und unserer Computerfestplatte – nicht das starre Regelwerk des Bürotags. Angesichts massiv gefallener Kollaborationskosten braucht heute niemand zwingend eine Unternehmensplattform, um erfolgreich am Wirtschaftsleben teilzunehmen. Die von Thomas Friedman beschriebene »flache Welt« hat einen enormen technologischen Emanzipationsprozess des Einzelnen von den Unternehmen ausgelöst. Der amerikanische Journalist und Bestseller-Autor Friedman erklärt in seinem Buch *Die Welt ist flach*, wie frühere Entwicklungsländer dank moderner Technologien zunehmend auf gleicher Augenhöhe mit Industrienationen um Aufträge konkurrieren. Die von ihm korrekt identifizierten technischen Umwälzungen sind unter anderem:

- zunehmende Verbreitung von Workflow-Software und digitalem Dokumentenmanagement, die es Mitarbeitern ermöglicht, an einem Projekt zu arbeiten, ohne am selben Ort oder auch nur auf demselben Kontinent zu sein,
- weltweite Standardisierung von Geschäftsunterlagen und Dokumenten dank Internet und PDF,
- die Möglichkeit für jeden Menschen, dank schneller Online-Verbindungen das Ergebnis seiner Arbeit »hochzuladen«, also von einem beliebigen Ort aus Kollegen, Kunden oder dem Arbeitgeber zur Verfügung zu stellen.

Wirtschaftswissenschaftler wie der Harvard-Shootingstar Pankaj Ghemawat haben Friedman widersprochen und bestehen darauf, dass trotz Globalisierung »die Märkte nach unterschiedlichen Regeln funktionieren« und »der Großteil aller Aktivitäten nach wie vor lokal geschieht«, dass also zum Beispiel »Telefongespräche, Internetverkehr oder Investitionen zu 90 Prozent innerhalb der Landesgrenzen bleiben«. Vielleicht hat Friedman mit der gleichmacherischen Tendenz der Technologie für Volkswirtschaften übertrieben. Es wäre ja auch zu schön, wenn Entwicklungsländer einfach so durch ein paar Glasfaserkabel den Fortschritt der westlichen Welt aufholen könnten.

Uns interessiert hier aber nicht der volkswirtschaftliche, sondern der technologische Aspekt von Friedmans Argument. Und der bleibt nicht nur unwidersprochen, er lässt sich auch noch besser auf Individuen anwenden als auf Nationen: Der fest angestellte Wissensarbeiter kann heute in der Tat von überall am Arbeitsprozess teilnehmen und er kann dies zu fast beliebigen Zeiten tun. Die Zeitverschiebung zwischen Indien und den USA ermöglicht ja gerade Effekte wie den von Friedman genüsslich beschriebenen, dass ein Amerikaner abends dem Steuerberater seine Unterlagen gibt, der sie nach Indien schickt, Feierabend macht – und am nächsten morgen sind sie fertig bearbeitet zurück in seinem E-Mail-Eingang. Umgekehrt geht das übrigens auch: In einer Werbung des Bürogeräteherstellers Ricoh muss ein asiatischer Angestellter über Nacht dem Chef eine riesige Präsentation anfertigen. Er scannt einfach alle Vorlagen ein, mailt sie an Kollegen in Indien und Europa – und am nächsten Morgen hat er das vermeintlich Unmögliche geschafft: Er legt dem verblüfften Vorgesetzten die fertige Hochglanzpräsentation vor. Und sieht dabei nicht mal übernächtigt aus, weil die Arbeit in anderen Zeitzonen erledigt wurde.

Die Entkoppelung der Arbeit von Ort und Zeit ist eine enorme Entwicklungschance für Länder wie Indien und China, birgt aber ebenso ein erhebliches Emanzipationspotenzial für Wissensarbeiter in entwickelten Ländern wie Deutschland. Diese Entwicklung ist tatsächlich neu – die technischen Mittel stehen seit vielleicht drei Jahren komfortabel zur Verfügung, wirklich professionell kann man so erst arbeiten, seitdem breitbandige Internetanschlüsse flächendeckend geworden sind. Manchmal dauert der Fortschritt eben länger als man denkt: Erst im dritten Quartal 2007 meldete die Bundesnetzagentur, dass über 47 Prozent aller deutschen Haushalte einen schnellen Online-Zugang haben. Der amerikanische Wirtschaftswissenschaftler Bill Jensen, der im Kapitel über Effizienzsteigerung noch zu Wort kommen wird, sagt es so: »Noch vor einigen Jahren mussten die Menschen von Unternehmen umgeben sein, die die Plattform für eine Zusammenarbeit darstellten. In Zukunft wird niemand mehr eine Unternehmensorganisation brauchen, um zu kooperieren, teilzunehmen oder etwas zu erschaffen. Die Menschen können sich erstaunlich gut selbst organisieren. Die Zukunft der Zusammenarbeit am Traumarbeitsplatz wird wesentlich dadurch bestimmt, wie viel Mehrwert sie für den Einzelnen bereithält.«

## Kollaboratives Arbeiten

Interessanterweise führt die neue Unabhängigkeit des Angestellten von der Infrastruktur der alten Büros keineswegs zu Vereinzelung und mangelnder Kommunikation. Im Gegenteil: Das Internet ermöglicht plötzlich eine neue Stufe der produktiven Zusammenarbeit, die noch vor wenigen Jahren undenkbar gewesen wäre. Hinter Schlagworten wie »Web 2.0«, »Social Software« und »Wiki« verbirgt sich eine handfeste wirtschaftliche Revolution: Dank internationaler Datenstandards, schneller Onlineverbindungen und immer effizienterer Workflow-Software lassen sich globale Experten-Netzwerke und hochqualifizierte Mitarbeiter in fremden Ländern ebenso leicht rekrutieren wie eigene Angestellte von der Anwesenheitspflicht im Büro befreien.

Der amerikanische Wirtschaftsexperte Don Tapscott hat das 2006 zusammen mit Anthony D. Williams in seinem Bestseller *Wikinomics* zuerst beschrieben: Auf der ganzen Welt verstreute Individuen können heute anspruchsvolle Produkte gemeinsam erstellen, ohne am selben Ort anwesend zu sein. Beispiele sind die Online-Enzyklopädie Wikipedia und Open-Source Software wie Linux oder Firefox. Diese werden zwar in Teamarbeit produziert, aber durch die kollektive Leistung vieler Einzelner, die vor ihren jeweiligen Computern sitzen und sich vielleicht nie gegenseitig zu Gesicht bekommen. Auch traditionelle Unternehmen wie der Chemie-Markenartikler Procter&Gamble nutzen derartige kollaborative Arbeitsweisen: 50 Prozent der neuen Produkt- und Serviceideen kommen von außerhalb des Unternehmens. Auf einer »Innocentive« genannten Plattform arbeiten weltweit 90 000 freiberufliche Wissenschaftler gegen Geldprämien an der Forschung und Entwicklung neuer Produkte für den Konzern.

Individuen, die fest angestellt arbeiten, können sich ebenfalls derart globalisieren. Als Tapscott den Softwarechef von IBM, Steve Mills, besuchte, befand dieser sich gerade in zwanzig verschiedenen Chats mit Kunden und Kollegen aus aller Welt. Mills: »Wenn die Computer schnell genug sind und genügend Bandbreite zur Verfügung steht, fühlt sich alles, was fern liegt, nah an – für mich ist die ganze Welt nah. Ich muss nicht in einem Raum physisch anwesend sein, um mich zu beteiligen.« Heute, so Tapscott, nutze bereits eine ganze Generation junger Arbeitnehmer »webgestützte Werkzeuge auf eine ganz neue Art«. Dieser Umgang wirke auf ältere Kollegen oft verblüffend, könne aber Firmen, die ihren Arbeitsstil an die neuen Errungenschaften anpassten, echte Vorteile bringen. Tapscott: »Werkzeuge wie Blogs, Wikis, Chatrooms, Peer-to-peer-Netzwerke und Podcasting ermöglichen es den einzelnen Mitarbeitern, produktiver als je zuvor zu kommunizieren und zu kooperieren.« Dies wiederum bedeute einen qualitativen Sprung in der betrieblichen Zusammenarbeit.

Gleichzeitig zeichnet sich in manchen Unternehmen ein unguter dialektischer Prozess ab: Während externe – oft freiberufliche – Subunternehmer mit hohen Flexibilitätsgraden kreative Arbeiten zuliefern, sitzt ein Kern von fest angestellten Managern noch länger in den Büros und organisiert den digitalen Bienenschwarm des mobilen Crowdsourcing. Diesen Festangestellten ähnliche Freiheiten zu ermöglichen wie ihren Zulieferern muss Ziel der Easy Economy ein. Realistisch ist das. Tapscott hat für sein Buch viele Wirtschaftsführer interviewt – die meisten von ihnen waren sich einig, dass für Unternehmen die größten Chancen darin liegen, mit neuen Philosophien der Arbeitsplatzgestaltung zu experimentieren: »Die Beschäftigten bauen ihre eigenen selbst organisierten Verbindungen auf und bilden bereichsübergreifende Teams, die in der Lage sind, als globale Belegschaft in Echtzeit zu interagieren.« Eine solche Dezentralisierung der Arbeit und der Arbeitsplätze werde in den nächsten Jahren der bestimmende Trend sein.

Tapscotts Fazit: Das Büro und die Firmenzentrale würden nicht verschwinden. »Aber es wird immer weniger zwingende Gründe geben, monolithische reale Arbeitsplätze zu organisieren, auf denen sich die überwältigende Mehrheit der Inhaber täglich einfinden muss.« Das sieht auch Frank Frößler so. Der wissenschaftliche Mitarbeiter am Centre for Innovation, Technology and Organisation am University College Dublin hat untersucht, wie zum Beispiel die Nutzung der Internet-Videotelefonie Skype ein Unternehmen verändert. Ergebnis: Kollaborative Technologien sorgen sogar für mehr und bessere Kommunikation unter Mitarbeitern als der gute alte Flurfunk im physikalischen Büro. »Anstatt Informationen in Datenbanken abzulegen nimmt der Mensch wieder eine zentralere Stelle in der Organisation von Arbeit ein. Fragen werden durch kurze Chatnachrichten geklärt, Meetings so organisiert, und teilweise auch komplexe Aufgaben gelöst. Man kooperiert intensiv in Bereichen, in denen man es vorher nicht getan hätte und kann im Idealfall so ein besseres Verständnis von der Arbeitsumgebung und den Problemen erlangen.«

Damit dies zustande komme, seien allerdings Voraussetzungen nötig: Das Management müsse eine selbstständige Arbeitsweise etablieren, nur dann würden die Mitarbeiter proaktiv Informationen austauschen. FRößler: »Das bedeutet auch, dass sich die Rolle des Managements verändert. Es geht darum, Rahmenbedingungen zu schaffen und diese durchzusetzen anstatt der klassischen Kontrollrolle.« Mitarbeiter auf der anderen Seite müssten innovativ sein und offen für Experimente mit neuen Arbeitspraktiken. »Ich habe es in einer Fallstudie, in der Skype erfolgreich implementiert wurde, erlebt, dass die Unternehmensgrenzen bedeutungslos wurden. Leute haben intensiv mit Skype kommuniziert und es ist ein starkes Zusammengehörigkeitsgefühl zwischen allen Beteiligten entstanden. Dabei hat es keine Rolle gespielt, ob die Leute im gleichen Büro oder getrennt voneinander arbeiteten, ob sie zur gleichen Firma gehörten oder nicht.« Insbesondere durch die Nutzung von Gruppenchats seien alle Beteiligten in den Informationsfluss eingebunden und hätten ein gutes Kontextverständnis.

Frößler glaubt, dass sich durch die Nutzung derartiger Technologien die Rolle des Büros ändert – es wird von der Pflichtveranstaltung zum freiwilligen Treffpunkt: »Menschen haben in Büros die Möglichkeit sich zu treffen, Erfahrungen auszutauschen, zu lernen, ihr soziales Netzwerk zu erweitern und Beziehungen zu stärken.« Längerfristig würden aber die meisten Berufsgruppen wohl nur noch etwa die Hälfte ihrer Arbeitszeit im Büro verbringen.

### Virtuelle Unternehmen und Teams

Die logische, wenn auch radikale Folge aus ortsungebundenen, kollaborativen Arbeitsumgebungen ist das virtuelle Unternehmen. Ohne Firmensitz, ja ohne zentrales Büro funktioniert es als frei flottierender Verband selbstständiger Einheiten. Es besitzt keine oder kaum Immobilien, Möbel, technische Infrastruktur, es besteht, frei nach der Gesellschaftsdefinition des einflussreichen Soziologen

Niklas Luhmann, (fast) nur noch aus Kommunikation. Das virtuelle Unternehmen ist die idealtypische ökonomische Entsprechung der Wissensgesellschaft – und wie alle Ideale ist es in der Praxis ausgesprochen selten anzutreffen.

Doch auch hier gilt wie für Online-Shopping und nomadische Beschäftigungsverhältnisse: Vieles, was mit dem Platzen der Internetblase totgesagt wurde, wird nun – einige Jahre später – doch noch Realität. Und so gibt es tatsächlich bereits virtuelle Firmen, wenn auch noch eher im Technikbereich. Das Unternehmen Collanos vertreibt eine Software, die es Menschen und Firmen ermöglicht, weltweit versteut an Projekten zusammenzuarbeiten, so als säßen sie im selben Büro. Das Unternehmen führt selbst vor, wie das geht: Collanos stammt ursprünglich aus der Schweiz, aber seine Mitarbeiter sind verstreut über den ganzen Globus; »es arbeiten von dort Leute mit, wo Fähigkeiten, Lust und Motivation vorhanden sind, bei diesem Projekt mitzumachen«, so Geschäftsführer Peter Helfenstein. Management und CTO sitzen immer noch in der Schweiz, Entwickler und Programmierer sind in der Ukraine, Bulgarien, Indonesien und Indien, in den USA gibt es Marketing- und PR-Funktionen – ein virtuelles Unternehmen ohne Zentrale. Der persönliche Kontakt zwischen Mitarbeitern ist die Ausnahme. Nur die indischen und ukrainischen Mitarbeiter treffen sich noch in einem Büro (»vor allem in Indien ist die Kultur stärker hierarchisch geprägt und autoritärer und man braucht ein repräsentatives Office«) – allein schon, weil die Mitarbeiter zu Hause keine geeigneten Räume haben. Die Chefs in der Schweiz hingegen müssen sich schon richtiggehend verabreden, wenn sie alle zusammen an einem Ort sein wollen.

Collanos hat sogar eine internationale »virtuelle Weihnachtsfeier« übers Internet gemacht, bei der jeder Mitarbeiter einem anderen zwei virtuelle Geschenke machen durfte. »Das war etwas absurd aber auch ein sehr amüsantes, schönes Erlebnis«, erinnert sich Helfenstein. Die Vorteile der ortlosen Arbeitsweise liegen für ihn in »Mobilität und Globalisierung, Effizienzsteigerung, Sparpotenzialen, dem Zugang zu qualifizierten Arbeitskräften weltweit und der zusätzlichen Nähe zu Kunden überall auf der Welt dank neuer Kommunikationskanäle«.

Technologie sieht Helfenstein dabei nicht als Ursache der Veränderung, sondern als Werkzeug, Unternehmensbedürfnisse zu befriedigen, die vorher bereits existierten: »Wir müssen in der Lage sein, mit jedem jederzeit von überall arbeiten zu können – flexibel, günstig und zeitverzugslos für unsere Kunden und Ansprechpartner. Durch die Globalisierung und den immer stärkeren Wettbewerb wird 9-to-5 eine Illusion, ein Wettbewerbsnachteil.« Die New Economy sei zwar ein Technologie-Hype gewesen, so Helfenstein. In dieser Zeit hätten die technologischen Möglichkeiten mehr geboten als die Kunden wollten. »Aber heute haben Unternehmen, Mitarbeiter und Konsumenten die Vorteile der Globalisierung, der Mobilität und Flexibilität erkannt. Nun braucht es die Technologien, dies zu nutzen.«

Dazu bedürfe es zum Teil auch eines anderen Mitarbeitertypus: »Extrovertierte Persönlichkeiten, die den Kontakt nach außen aktiv suchen, dadurch motiviert werden, können besser mit solchen Modellen umgehen. Für mich ist es deshalb nicht verwunderlich, wenn in den USA die Adoption schneller vor sich geht.« Durch Flexibilität, Mobilität und Homeoffice falle natürlich die informelle Kommunikation, das Zusammentreffen in der Kaffeepause, der Raucherecke, oder beim Mittagessen nahezu weg, so Helfenstein: »Dies kann die Identifikation mit Team und Firma reduzieren und muss entsprechend durch gezielte Maßnahmen kompensiert werden, wie Teamnachmittage, Arbeit an einem Standort mit allen, oder Videotechnologie, die wie eine Gegensprechanlage alle Mitarbeiter weltweit permanent verbindet.« Physische Trennung könne zwar durch stärkeres virtuelles Zusammenkommen kompensiert werden. »Man muss sich allerdings zwischendurch doch mal sehen«, so Helfenstein. »Die Amerikaner kommen regelmäßig für eine bis zwei Wochen in die Schweiz, die Schweizer besuchen die Mitarbeiter von den USA bis Indien: Es hält etwa drei Monate, danach werden die Missverständnisse bei der Kommunikation wieder größer.«

Ob E-Mail, Kollaborationssoftware oder Wiki – die neuen Kommunikationstechniken erlauben es Unternehmen in jedem Fall, massiv an Infrastruktur zu sparen und gleichzeitig hochflexibel zu bleiben. Das Software-Unternehmen Coghead aus Kalifornien arbeitet so: Außer Laptops und Mobiltelefonen hat sie keine Sachwerte. Ein Büro in einem alten Lagerhaus bei Redwood City gibt es zwar noch, aber es wird auf Monatsbasis geleast. Server, E-Mailprogramme und ein Wiki werden von Drittanbietern übers Internet bereitgestellt. Coghead-Gründer Greg Olsen sagt, er könnte seine zwanzig Mitarbeiter innerhalb eines Tages umziehen, zum Beispiel im Falle eines Erdbebens oder eines Ausbruchs von Vogelgrippe. Man könne sich sein Unternehmen vorstellen wie einen Klan moderner Beduinen vor dem Sandsturm, so Olsen.

Holger Johnson, Geschäftsführer der deutschen Firma ebuero, erläutert diesen modernen Nomadismus aus Sicht seines Geschäftsmodells:

*Was genau bietet ebuero an und wer nutzt diesen Service?*

HOLGER JOHNSON: ebuero bietet Outsourcing aus dem Baukasten. Bei uns bekommt zum Beispiel der junge Anwalt ein eigenes Sekretariat, das täglich zwölf Stunden besetzt ist. Man kann auch eine 24-Stunden-Hotline buchen. Der Online-Shop stellt seine Forderungen bei ebuero ins Inkasso. Es gibt tausende von unterschiedlichen Nutzungsprofilen.

*Gemeinsam ist allen, dass sie virtuelle Firmen ermöglichen ...*

JOHNSON: Ich sitze gerade in einem Flieger von Asien nach Europa und schreibe Ihnen diese E-Mail. In Frankfurt werde ich sie gleich per UMTS versenden. Parallel synchronisiert sich mein Blackberry und ich werde ebuero sagen, dass ich jetzt wieder hier erreichbar bin, und mein Profil wechseln. Noch Fragen? Ich kann weder mit einem Schreibtisch, noch mit einem Büro etwas anfangen, sondern arbeite immer unterwegs. Mir leuchtet auch nicht ein, warum ich ausgerechnet an einem bestimmten Tisch in einem engen Büro die besten Ideen haben sollte ... und Werte entstehen nun einmal aus Ideen – die man auch umsetzt.

*Klingt nett, aber gibt es tatsächlich virtuelle Firmen in Deutschland?*

JOHNSON: Viele! Es gibt auch eine Reihe von ebuero-Kunden, die durch ebuero erst begriffen haben, wie frei sie eigentlich sind. Beispiel: Ein Unternehmensberater, der in Berlin wohnte und der seine Kunden eh immer nur per Flugzeug erreichte, wohnt jetzt auf einer schönen Mittelmeerinsel, hat in Deutschland nur noch ebuero und fliegt von der Insel zu seinen Terminen – oder lädt sie gleich dorthin ein.

*Ist das für Sie die Zukunft der Arbeit?*

JOHNSON: Technisch sind wir viel weiter als in der Vorstellungskraft. Was jetzt fehlt, ist Fantasie. Einfach mal aus dem Büro gehen, ein Notebook mit ins Cafe nehmen, dort jemanden treffen, während des Meetings das ebuero die Anrufe annehmen lassen und schauen, wie sich das anfühlt. Ich mache das seit sechs Jahren und es ist super!

Komplett virtuelle Unternehmen funktionieren vermutlich nur bis zu einer kritischen Größe und am besten in der Startphase, in der Gründer ihre Fixkosten begrenzen wollen. Die realistischere Variante für größere Unternehmen ist das virtuelle Team. Manche Teams arbeiten projektbezogen nur für ein paar Monate befristet zusammen, ähnlich einer Filmcrew. Diese Art zu arbeiten hat sich in vielen internationalen Unternehmen bereits heute etabliert, ermöglicht sie es doch, qualifizierte Mitarbeiter in verschiedenen Zeitzonen zusammenzuschließen. Don Tapscott geht noch einen Schritt weiter und würde solchen virtuellen Teams gar die Autonomie von selbstgesteuerten Kollaborationsnetzwerken wie Wikipedia einräumen: »Mit den richtigen Werkzeugen und genug Transparenz kann eine große und vielfältige Gruppe von Personen, die jeweils selbst bestimmen, welchen Beitrag sie zur Wertschöpfung leisten, mit einem Minimum an zentraler Kontrolle selbst komplizierte Aufgaben erledigen.«

## Die Zukunft der Arbeit

Wer wissen will, wie die Zukunft der Arbeit in Deutschland aussieht und wo sie heute schon begonnen hat, muss Dr. Wilhelm Bauer besuchen. Der Wissenschaftler leitet am Fraunhofer Institut in Stuttgart das Office Innovation Center (OIC), doch heute treffe ich ihn etwa 30 Minuten entfernt, im Hauptgebäude der Forschungseinrichtung.

Besucher gehen zunächst lange Gänge mit klassischen Einzel- oder Doppelbüros entlang, werden am Ende von einer freundlichen Sekretärin in einen kleinen Raum gesetzt, um bei Keksen und Filterkaffee aus der Thermoskanne auf den Arbeitsexperten zu warten. Mal diplomatisch formuliert: Wenn es das Büro der Zukunft schon geben sollte, hat das Fraunhofer Institut es zumindest hier noch nicht eingeführt. Fairerweise muss man sagen, dass das OIC selbst, das in einem anderen Stuttgarter Stadtteil liegt, ein hochmodernes Schaubüro ist, in dem alle Aspekte flexiblen Arbeitens vorgeführt und auch umgesetzt werden.

Dann kommt Wilhelm Bauer, ein smarter 51-Jähriger, der sehr verständlich formuliert, neue Erfindungen einfach mal »super« oder »klasse« findet und der stolz darauf ist, dass er seine Ideen in der freien Wirtschaft dem Praxistest unterzieht. Der Wissenschaftler ist kein Revolutionär im Elfenbeinturm, sondern denkt in pragmatischen Lösungen. Im Forschungsprojekt Office 21 untersucht er schon seit 1996, wie es weiter geht in Sachen Arbeit und Büro. Das Projekt finanzieren 25 Unternehmen wie Fujitsu/Siemens, Intel, die Telekom und Microsoft, aber auch Immobiliengesellschaften, die Deutsche Bank oder große Büromöbelhersteller, die alle wissen wollen, welche Auswirkungen der Wandel auf ihre Produkte hat.

Das klassische Bürogebäude mit langen Fluren und Einzel- oder Doppelzimmern, die davon abgehen, »ist out, das wird auch kaum noch gebaut«, so Bauer. Büros seien schon jetzt immer häufiger offene Strukturen: Der Arbeitnehmer hat dort nicht nur seinen Schreibtisch, sondern einen Meetingraum, Kreativraum, Konferenzraum mit Telekommunikation, einen Coffeeshop – viele Bereiche, in denen verschiedene Formen der Zusammenarbeit möglich sind (mehr dazu in Kapitel 12). Die Flexibilisierung, die zwischen den Gebäuden und der Außenwelt stattfindet, spiegelt sich auch in den Gebäuden und das bringt ganz konkrete Vorteile: BMW hat in Leipzig durch eine vom OIC konzipierte offene Bürostruktur die Zahl der internen Meetings drastisch reduziert.

Für Bauer wird es in Zukunft durchaus noch Bürohäuser geben – »Angestellte werden so etwas wie eine Homebase haben, aber sie sitzen da nicht mehr den ganzen Tag, schon gar nicht 9-to-5. Sondern oftmals viel kürzer, oft auch viel länger, oft gar nicht.« Bürohäuser werden in Zukunft in erster Linie Kommunikationsorte sein. Bauer: »Warum geht man da hin? Nicht um sein Notebook aufzuklappen – das kann man überall –, sondern um Kollegen oder Geschäftspartner zu treffen.« Die besten Ideen entstünden immer noch im Dialog und Austausch zwischen Menschen. Das geht zwar oft besser zeit- und ortsunabhängig über kollaborative digitale Techniken. Aber, so Bauer, »wenn's ans Eingemachte geht, gehört Vertrauen dazu«. Das wiederum hat viel mit kennen lernen zu tun und dazu bedarf es dann manchmal doch wieder der physischen Präsenz. Was heißt all das für die Art, wie wir künftig arbeiten werden?

*Wie genau ändert sich dadurch unsere Art zu arbeiten?*

WILHELM BAUER: In drei Dimensionen: Es gibt die zeitliche und die strukturelle Flexibilisierung der Arbeit – immer mehr Teamarbeit, Kooperation, Netzwerke. Und drittens die räumliche Flexibilisierung von Arbeit, also Arbeit an verschiedenen Orten. Wir sehen immer mehr flexible Formen von Arbeit, die vor allem das kreative und innovationsorientierte Miteinander von Menschen unterstützen. Wissensarbeit hat die Grenzen der Büros längst verlassen. Sie ist mobil, findet überall statt: in Lounges am Flughafen oder Bahnhof, zunehmend aber auch zu Hause.

*Ist es demnach altmodisch, noch jeden Tag acht Stunden ins Büro zu gehen?*

BAUER: Der 9-to-5-Arbeitstag – in Deutschland geht er traditionell vielleicht eher von acht bis 16.30 Uhr – ist klar ein Auslaufmodell. Durch Vernetzung und Teamorientierung ist in vielen Firmen das Büro nicht mehr die Entsprechung unserer Arbeit. Das gilt längst nicht mehr nur für Manager und klassische Kreative. Vor zwanzig Jahren kannte man eine solche Arbeitsweise eher im Vertrieb, heute erleben wir sie fast überall. Ein Beispiel: Die Mitarbeiter des Mercedes Technology Centers in Sindelfingen sind mal im Büro, mal im Labor, mal bei Entwicklungspartnern, mal in Besprechungen. Sie gehen über die Straße und treffen sich mit Dienstleistern, die ihre Firmen neben dem Daimler-Gelände haben. Sie machen abends länger, weil sie mit ihren Kollegen in Singapur und Los Angeles telefonieren. Sie sind aber auch kontinuierlich in der Welt unterwegs.

*Das sind arbeitspraktische Gründe. Was ist mit den individuellen menschlichen?*

BAUER: Die Menschen können ihr volles Leistungsvermögen dann entfalten, wenn sie reizvolle, anspruchsvolle und zugleich komplexe Aufgabenstellungen vorfinden. Hierzu ist es notwendig, dass Mitarbeiter über ein ausreichendes Maß an Selbstbestimmung, Selbstorganisation und die entsprechenden Handlungsspielräume verfügen. Es gibt Tag- und Nachttypen, es gibt Menschen, die lieber am Sonntag arbeiten, weil sie sagen, da ist ja eh nichts los, da habe ich lieber mal unter der Woche frei. All das kann man bei flexiblen Organisationsmodellen berücksichtigen.

*Wer in der Produktion oder als Verkäufer arbeitet, kann seinen Arbeitsplatz schlecht beliebig verlassen, auch Fluglotsen sollten zum Beispiel besser vor Ort sein. Für wen gilt diese flexible Arbeitsweise eigentlich?*

BAUER: Prognosen gehen davon aus, dass sich in den nächsten vier bis fünf Jahren die Anzahl der Beschäftigten, die regelmäßig Telearbeit durchführen, etwa verdoppeln wird. In einzelnen Ländern Europas – wie Schweden oder den Niederlanden – wird bis dahin schon jeder Vierte eine solche Arbeitsform wählen. Eine globale McKinsey-Studie von 2006 zeigt, dass so genannte komplexe Tätigkeiten – also keine Sachbearbeitung – in entwickelten Ländern wie Deutschland, den USA oder Großbritannien bereits jetzt 35 bis 45 Prozent aller Jobs ausmachen und dass ihr Anteil wächst. Wir sprechen also von bald der Hälfte aller Beschäftigten, die so flexibel arbeiten können. Beispiele wären Vertrieb, Softwareentwicklung, Marketing, Strategieabteilungen, Forschung und Entwicklung. Sogar öffentliche Verwaltungen denken über mehr Bürgernähe durch Flexibilisierung nach. Der klassische Sachbearbeiter wird immer weniger gebraucht, weil Prozesse rationalisiert, durch Technologie ersetzt oder beschleunigt werden.

*Was heißt all dies ganz praktisch für mich als Arbeitnehmer?*

BAUER: Die Arbeit kommt zu Ihnen. Die Funknetze und breitbandigen Netze, die wir heute überall auf der Welt haben, ermöglichen das. Das Web ist immer mehr die Arbeitswelt, weil es den Zugriff auf Daten ermöglicht – und das ist die Voraussetzung von Wissensarbeit. Dafür brauchen Sie heute nicht mehr eine Steckdose in einem Gebäude, wo sich der einzige Zugang zu den Daten befindet, sondern Sie haben diesen Zugang per Laptop und Handy von überall.

*Das bedeutet auch ein besseres Gleichgewicht zwischen Arbeit und Freizeit?*

BAUER: Auf jeden Fall. Man kann zum Surfen gehen, wenn der Wind bläst und nicht wenn die Stempeluhr es zulässt. Man kann dann arbeiten, wenn man dazu richtig Lust hat, wenn es gerade gut läuft oder wenn es eben viel zu tun gibt. Voraussetzung dafür ist, dass man sich selbst gut organisiert. Das ist ein fundamentaler Paradigmenwechsel: Ich arbeite mit wem, wann und wo ich will.

## Wie verbreitet ist die Easy Economy?

Quasi unbemerkt haben sich flexible Arbeitsformen auch bei uns immer mehr verbreitet. Nach Berechnungen des Instituts der deutschen Wirtschaft (IW) von 2006 wird Telearbeit von 18,5 Prozent der deutschen Unternehmen angeboten – 2003 waren es noch 7,8 Prozent, 2000 erst 4 Prozent. Diese Zahlen basieren auf der Befragung von Geschäftsführern und Personalverantwortlichen der Unternehmen selbst, sind also mit etwas Vorsicht zu genießen. In Dienstleistungsbetrieben und Industrieunternehmen ist Telearbeit am weitesten verbreitet. Spitzenreiter sind das Versicherungsgewerbe und Software-Hersteller. Großunternehmen praktizieren Telearbeit am häufigsten – laut einer Umfrage der Deutschen Industrie- und Handelskammer von 2004 gut jeder vierte Großbetrieb mit mehr als 1 000 Beschäftigten. Aber auch jedes 15. Kleinstunternehmen mit weniger als zehn Beschäftigten.

Die Europäische Union kommt im Sibis-Projekt (Statistical Indicators Benchmarking the Information Society) auf ähnliche Zahlen wie das IW: Hier überschlagen die Forscher auf der Basis von Umfragen unter Arbeitnehmern und IT-Verantwortlichen in Unternehmen, dass die Quote der Telearbeiter in Deutschland bei 17 Prozent liege. EU-weit sind es im Schnitt 7 Prozent, die von zu Hause aus und 4 Prozent, die mobil telearbeiten. Dramatisch mehr Arbeitnehmer würden allerdings gerne so leben: Satte zwei Drittel aller Befragten sind an einer Form der Telearbeit interessiert. Immerhin 32 Prozent sind EU-weit der Meinung, dass ihr Job dafür im Grunde auch in Frage käme. Kein Wunder: Nahezu alle Jobs, bei denen der Arbeitnehmer täglich vorm Computer sitzt, sind heute räumlich und zeitlich zu flexibilisieren. Und das werden immer mehr: 2004 arbeiteten schon 59 Prozent der 35,3 Millionen abhängig Beschäftigten in Deutschland mit einem Computer – in der Altergruppe der 30–44-Jährigen sogar 63 Prozent. IW-Mitarbeiterin Christiane Flüter-Hoffman berichtet im Interview, dass »sich Telearbeit längst noch nicht so weit verbreitet hat, wie es die Förderung durch die EU-Kommission und die Bundesregierung in den neunziger Jahren hätte vermuten lassen: Nicht einmal jedes fünfte Unternehmen in Deutschland bietet seinen Beschäftigten Telearbeit an.« Größte Barriere sei immer noch die Notwendigkeit eines neuen Führungsstils der Vorgesetzten, nämlich »Führen mit Zielvereinbarungen. Deutschland hängt noch viel zu sehr der Anwesenheitskultur nach, die USA sind da deutlich weiter.« Kann der Chef nicht genau definieren, was seine Mitarbeiter bis wann erledigen müssen, behelfen sich eben alle, indem sie den ganzen Tag im Büro Arbeit simulieren. Allerdings stehe uns in Deutschland, so die Forscherin, »ein Telearbeitsboom bevor«, denn: »Die Mitarbeiter gewinnen Zeitsouveränität, die Unternehmen profitieren von effizienteren Arbeitsabläufen und höherer Produktivität. Andererseits spielen weder die Kosten für Hardware oder Telekommunikationsverbindungen eine entscheidende Rolle.« Ihre Erfahrung: »In Firmen, die Telearbeit eingeführt haben, heißt es fast immer: Schade, dass wir nicht früher damit begonnen haben!«

Noch sehen Beschäftigte die Möglichkeit, zum Arbeiten nicht an ihrem Schreibtisch sitzen zu müssen, weitaus positiver als ihre Chefs. Laut einer europaweiten Studie der Marktforscher Coleman Parkes nutzen Manager die mobile IT deutlich weniger als ihre Mitarbeiter. Denn viele Entscheider sind offenbar vom Nutzen des mobilen Arbeitens noch nicht überzeugt – nur 39 Prozent der Führungskräfte glauben, dass es Effektivität und Effizienz deutlich verbessert. Anders ihre Untergebenen: Zwei Drittel der befragten Angestellten glauben an eine Steigerung der Produktivität, wenn sie auch von unterwegs aus arbeiten könnten. Die Chefs haben vermutlich Unrecht: Vieles deutet darauf hin, dass flexible Arbeitsweisen die Produktivität tatsächlich spürbar erhöhen (mehr dazu im Kapitel 11).

US-amerikanische Konzerne haben das dort auch gern als »postgeografisch« bezeichnete Büro mit deutlich mehr Begeisterung für sich entdeckt. Neben IBM gibt es AT&T, einen der weltweit größten Telefonkonzerne, bei dem ein Drittel aller Führungskräfte keinen festen räumlichen Arbeitsplatz hat. 41 Prozent der Manager sind reguläre Telebeschäftigte und arbeiten ein bis zwei Tage pro Woche von zu Hause aus. Nur jede zehnte Führungskraft praktiziert bei AT&T keine Telearbeit. Die Mitarbeiter geben bei Umfragen an, dadurch Familie und Beruf besser vereinbaren zu können, produktiver zu sein und sich stärker an das Unternehmen gebunden zu fühlen. Sun Microsystems, die unter anderem Hochleistungscomputer und Software verkaufen, lassen die Hälfte der Belegschaft arbeiten, wo sie will, sparen dadurch 300 Millionen Dollar pro Jahr an Immobilienkosten und den Mitarbeitern im Schnitt zwei Stunden Arbeitsweg. Das Programm nennt sich dort »Open Work«.

Schon im Jahr 2005 arbeiteten von den 135 Millionen Erwerbstätigen in den USA etwa ein Drittel oder 45 Millionen regelmäßig von zu Hause – allerdings zählte die Dieringer Research Group dabei jeden, der dies auch nur mindestens einmal im Jahr getan hat. Eine Studie der »Society for Human Resource Management« ergab für 2007, dass satte 56 Prozent der 590 befragten US-amerikanischen Unternehmen bereits irgendeine Form von flexibler Telearbeit anboten, im Vergleich zu 51 Prozent im Jahr 2006. Allerdings ist auch diese Zahl womöglich eher hoch angesetzt, da die Firmen sich selbst einschätzen konnten und vermutlich als besonders fortschrittlich dastehen wollten.

In jedem Fall steht fest, dass die Zahl mobiler Telearbeiter in den USA deutlich gestiegen ist. Im Vergleich: Im Jahr 2000 hatte die amerikanische Statistikbehörde US Census gerade mal 4,2 Millionen gezählt. Und der Trend setzt sich fort – für eine Immobilienstudie der Unternehmensberatung Boston Consulting wurden Geschäftsführer großer amerikanischer Unternehmen befragt. 85 Prozent waren der Ansicht, dass die Anzahl derart befreiter Mitarbeiter in den nächsten fünf Jahren erheblich steigen wird. Studienleiter Neel Bhatia sieht drei Gründe für den Wandel: »Erstens die Technologie. Zweitens die Kostenersparnis bei Büroimmobilien, drittens die bessere Mitarbeiterbindung.«

Chuck Wilsker, Präsident der amerikanischen Telework Coalition bemerkt dazu, dass sich die Motivation der Unternehmen, derartige flexible Modelle anzubieten, verändert habe. Während es in den neunziger Jahren auch aus Arbeitgebersicht vor allem um die erstmals verfügbare Internet-Technologie und das Thema Work-Life-Balance ging, käme heute die so genannte Business Continuity als Grund hinzu, also das ununterbrochene Fortsetzen des Geschäftsprozesses im Krisenfall. Sowohl die Angst vor Terroranschlägen nach dem 11. September 2001 als auch die Befürchtung einer Grippe-Pandemie im Nachgang von SARS lassen manche Arbeitgeber den Sinn eines zentralen Büros – das durch einen Anschlag lahmgelegt werden oder als Ansteckungshort für Krankheiten dienen könnte – in Frage stellen. In jüngster Zeit spielten auch die Klimakatastrophe und massiv steigende Benzinpreise eine Rolle, sowie die Einsparmöglichkeiten bei Immobilien und Betriebskosten.

### Wer arbeitet in der Easy Economy?

Interessanterweise stößt man immer wieder auf das Vorurteil, dass typische flexible Telearbeiter, die einen Teil der Woche nicht im Büro verbringen, entweder kaum qualifizierte Callcenter-Angestellte sind, berufstätige Mütter, die ihre Karriere im Grunde schon abgeschrieben haben oder vielleicht noch klassische Außendienstler. In Wahrheit ist das Bild bereits heute ein anderes: Wie eine Studie der Future Foundation aus dem Jahr 2005 belegt, sind es vielmehr besser ausgebildete Mitarbeiter mit mehr Berufserfahrung, die telearbeiten. Nach der weniger überraschenden Berufsgruppe »Kultur, Medien und Sport«, die die Rangfolge der Telearbeiter anführt, folgen Geschäftsleute und öffentlicher Dienst, Lehrkräfte und Forscher, Angestellte in den Bereichen Technologie und Bauwesen sowie Manager in Unternehmen. Auch sind es keineswegs – wie immer wieder behauptet – vor allem Freiberufler und Scheinselbstständige, die das erwartete Wachstum der Telearbeiter ausmachen: Vielmehr werde ihre Zahl auf der Basis veränderter Arbeitsbedingungen für Festangestellte ansteigen, nicht als Folge eines von manchen prognostizierten Zusammenbrechens der heutigen Arbeitsstrukturen. Anders gesagt. Wir werden nicht alle als »Free Agents« und »Digitale Bohème« in fragmentierten Jobbiografien unser prekäres Dasein fristen. Sondern es werden unsere Arbeitgeber sein, die uns freistellen. Vermutlich schadet es aber nicht, wenn wir ihnen dabei ein wenig Druck machen.

Flexible Arbeit, unabhängig von Ort und Zeit, ist heute bereits nicht nur technisch möglich, sondern wird die moderne Arbeitsform der nächsten Zukunft darstellen. Bevor Sie nun aber Ihrem Chef vorschlagen, ein paar Tage pro Woche von zu Hause aus zu arbeiten (oder, wenn Sie der Chef sind: Bevor Sie anfangen, Ihren Mitarbeitern mehr Freiheit einzuräumen), sollten Sie sich eine Frage stellen: Wer entscheidet eigentlich, dass ich so wahnsinnig viel Zeit am Schreibtisch – egal ob im Büro oder zu Hause – verbringe? Oft genug lautet die Antwort: Ich selbst. Ich erlaube mir nicht, Feierabend zu machen, weil so viel Arbeit da ist. Aber stimmt das wirklich?

# Kapitel 6

# 5 = 9 Stunden

»Wenn man ganz bewusst acht Stunden täglich arbeitet,
kann man es dazu bringen, Chef zu werden und 14 Stunden
täglich zu arbeiten.«

*Robert Frost*

## Wie wir in weniger Zeit mehr schaffen

Timothy Ferriss ist ein ziemlich bunter Hund. Auf seiner Website
zeigt er Fotos, auf denen er Tango in Argentinien tanzt, am Bungeeseil
über einem Abgrund baumelt oder seinen im Fitnessstudio gestählten Körper zur Schau stellt. Tim bezeichnet sich selbst als »seriellen
Unternehmer« und »Ultravagabunden«. Er spricht sechs Sprachen,
ist chinesischer Kickboxmeister, spielte in einer japanischen Fernsehserie mit, betreibt sein weltweit operierendes Unternehmen, das
mit Nahrungsergänzungsmitteln handelt, drahtlos von unterwegs
und das mit – im Jahr 2008 – gerade mal dreißig Jahren.

Ferriss, das merkt man schnell, weiß, wie man sich verkauft. Jahrelang waren seine Interessen so kapriziös, dass er sich selbst auf
Partys angeblich als Drogendealer vorstellte, um seinen luxuriösen
Lebensstil bei minimalem Arbeitsaufwand zu erklären. Dann erkannte er, dass gerade dieses scheinbare Paradox viele Menschen
interessierte. Seitdem hat er eine Mission: Er predigt die »4-Stunden-Arbeitswoche«. Wer seiner Lehre folgt, lebt angeblich wie die
von ihm entdeckten »neuen Reichen« – mit langen Urlauben, die
er »Mini-Ruhestände« nennt, mit schnellen Autos und abenteuerlichen Erlebnissen in fernen Ländern – und muss dafür nur vier Stunden pro Woche arbeiten. Nicht pro Tag, wohlgemerkt. Man könnte
Timothy Ferriss also als aufschneiderischen Spinner abtun, hätte er
über seine Theorie nicht ein Buch geschrieben, das es 2007 inner-

halb kürzester Zeit auf Platz eins der Wirtschaftsbuch-Hitliste des *Wall Street Journal* schaffte. Und dann auf Platz eins der Bestseller-liste der *New York Times*.

Hat er seine Leser mit einer knackigen aber inhaltsleeren Pointe geködert? Kann man so nicht sagen. Tatsächlich lesen sich die Thesen, die er in seinem Blog weiterspinnt, unterhaltsam und oft durchaus plausibel. Eins steht jedenfalls fest: Ferriss hat mit dem Versprechen, seine Landsleute von Bürotrott und Arbeitslangeweile zu erlösen, einen Nerv getroffen – und das nicht nur in den USA. Sein Buch wurde in 26 Sprachen übersetzt und in Ländern von Brasilien bis Thailand verlegt – in Deutschland erschien es unter dem Titel *Die 4-Stunden-Woche*. Bevor man sich aus dem Bürotrott ausklinken und luxuriös um die Welt reisen kann, muss man, so Ferriss, seine eigene Arbeit effizienter und effektiver gestalten. Es sind nicht nur unsere Chefs, die uns an den Schreibtisch ketten – wir sind es selbst. Schuld ist das zeit- und nicht leistungsabhängige Gehaltssystem. Wer für eine bestimmte Dauer der Anwesenheit im Büro bezahlt wird, hat keinen Anreiz, seine Arbeit schneller zu erledigen – ist er statt nach acht schon nach fünf Stunden fertig, muss er trotzdem vor seinem Computer sitzen bleiben und so tun, als würde er arbeiten. Bis auch die Kollegen und der Vorgesetzte gehen. Darum füllen wir unseren Tag immer mit Arbeit – egal, wie viel wir wirklich zu tun haben. Anders herum: Mit dem Ziel vor Augen, dass wir nach getaner Arbeit nicht sowieso noch bis zum Feierabend im Büro hocken müssen, gibt es für uns einen Anreiz, unsere Arbeit schneller und effektiver zu erledigen. Wenn niemand mehr die Zeit misst, die wir am Schreibtisch verbringen, haben wir das größtmögliche Interesse, diese Zeit so stark wie möglich zu reduzieren.

## Nicht alle Arbeit ist gleich wichtig

Der italienische Ingenieur, Soziologe und Ökonom Vilfredo Pareto untersuchte Anfang des letzten Jahrhunderts die Verteilung des Volksvermögens in Italien und fand heraus, dass etwa 20 Prozent der Familien rund 80 Prozent des Vermögens besitzen. Banken sollten sich also vornehmlich um diese 20 Prozent der Menschen kümmern und ein Großteil ihrer Auftragslage wäre gesichert. Daraus leitet sich die Pareto-Verteilung ab, die in vielen soziologischen und ökonomischen Zusammenhängen Anwendung findet: Sie besagt, dass sich Aufgaben am besten erledigen lassen, indem man sich auf die wichtigsten 20 Prozent konzentriert und die übrigen 80 Prozent vernachlässigt. Das heißt konkret: Wenn ich morgens im Büro ankomme und feststelle, dass ich heute zehn Dinge zu tun habe, dann ist es wahrscheinlich so, dass acht Dinge nicht irrsinnig wichtig sind, zwei aber kritisch. Genau diese zwei sind oft auch schwierig oder unangenehm, also schiebe ich sie auf und beschäftige mich übermäßig lang mit den acht weniger wichtigen. Das ist natürlich genau der falsche Weg.

Statt stundenlang nebensächliche E-Mails zu beantworten, nicht zeitkritische Routineaufgaben zu erledigen oder Unterlagen zu sortieren, müsste ich den einen Anruf beim wichtigsten Kunden machen. Das eine Gespräch mit meinem Chef führen. Mich verdammt noch mal zusammenreißen und das eine Konzept aufschreiben, das ich so lange vor mir herschiebe. Jeden Tag damit zu beginnen, zwei wirklich wichtige Dinge zu erledigen, erhöht die Effektivität ungemein. Vor jeder Aufgabe sollte ich mich fragen: Ist das jetzt wirklich wichtig oder mache ich es nur, um mich vor der wichtigen aber unangenehmen Sache zu drücken? Grundsätzlich ist ein guter Indikator für kritische Aufgaben, dass ich sie schon länger auf meiner To-do-Liste vor mir herschiebe. Wenn ich diese Regel anwende, werden viele der verbleibenden 80 Prozent Aufgaben noch unwichtiger – und teils ganz überflüssig werden. Sich auf die zentralen 20 Prozent zu konzentrieren, reduziert die Arbeitslast.

## Arbeit braucht so viel Zeit, wie für sie vorgesehen wurde

Das Parkinsonsche Gesetz hilft, die Aufgabenflut weiter unter Kontrolle zu bringen. Der britische Historiker Cyril Northcote Parkinson stellte in den fünfziger Jahren folgende zwei Lehrsätze auf, die heute als Parkinsonsche Gesetze bekannt sind: 1. Jeder Beamte oder Angestellte wünscht die Zahl seiner Untergebenen, nicht jedoch die Zahl seiner Rivalen zu vergrößern. 2. Beamte (oder Angestellte) schaffen sich gegenseitig Arbeit. Abgeleitet hatte er diese Lehren unter anderem aus einer etwas augenzwinkernden Beobachtung: Arbeit dehnt sich in genau dem Maß aus, wie viel Zeit für ihre Erledigung zur Verfügung steht – und nicht in dem Maß, wie komplex sie tatsächlich ist.

Diese Erkenntnis hat tatsächlich in eigentlich jedem Büro der Welt Gültigkeit: Alle beginnen ihren Arbeitstag zum Beispiel um genau neun Uhr und enden gemeinsam um 17 Uhr (in aufstrebenden Unternehmen und Agenturen eher um 20 oder 21 Uhr). Wie aber kann das sein? So viele verschiedene Menschen, so unterschiedliche Aufgaben, so viele individuelle Arbeitsstile und -geschwindigkeiten. Aber alle brauchen ziemlich exakt gleich lang? Die Antwort ist das Parkinsonsche Gesetz – und jeder, der sich daran erinnert, wie er an stressigen Tagen eine Aufgabe nach der anderen erledigt ohne Mittag zu machen aber an ruhigeren Tagen private Mails liest, im Web surft, mit Kollegen plauscht oder länger Pause macht, der weiß genau, was gemeint ist.

Die Lösung lautet: Sich selbst enge Deadlines setzen. Wenn ich für eine Aufgabe zwei Stunden habe, werde ich sie sehr konzentriert ausführen und das Ergebnis wird wahrscheinlich von hoher Qualität sein. Habe ich für dieselbe Aufgabe zwei Wochen, verzettele ich mich, arbeite immer mal wieder unkonzentriert daran, brauche tatsächlich viel länger, aber das Ergebnis wird wahrscheinlich sogar schlechter sein.

Die Kombination aus der Pareto-Verteilung und dem Parkinsonschen Gesetz ermöglicht es mir nun, meine Arbeit viel effektiver anzugehen: Wenn ich mich zunächst auf die wirklich wichtigen 20 Prozent meiner Aufgaben konzentriere und diese unter selbst gesetztem engen Zeitdruck erledige, habe ich vielleicht nicht – wie die Rechnung implizieren würde – nur noch 20 Prozent meiner vorherigen Arbeitsbelastung. Immerhin müssen ja auch die eher unwichtigen 80 Prozent in der Regel noch bearbeitet werden. Aber es sollte, mit gesundem Menschenverstand geschätzt, eine Reduzierung der Arbeitsbelastung von 20–30 Prozent dabei herauskommen.

## Abschalten, um produktiver zu sein

Amerikanische Arbeitnehmer – darin den deutschen sicher nicht unähnlich – verbringen laut einer Microsoft-Studie 45 Stunden pro Woche im Büro, aber bezeichnen 16 davon als unproduktiv. Einer AOL-Untersuchung zufolge arbeiten sie im Schnitt drei Tage wirklich und vergeuden zwei. Der Lifestyle-Berater Steve Pavlina notiert auf seiner Website detailliert, wie er seinen Arbeitstag verbringt und rät anderen, es genauso zu halten. Sein Ergebnis: Wir arbeiten sowieso nur wenige Stunden pro Tag wirklich. Pavlina: »Der durchschnittliche Festangestellte fängt nicht vor elf Uhr an, ernsthaft zu arbeiten und beginnt ab 15.30 Uhr, sich wieder zu entspannen.«

Auch wenn diese Zahlen übertrieben scheinen – die Tendenz stimmt. Als Gründe für den Zeitverlust nennt die AOL-Studie Internetsurfen – was, wenn man die Quelle bedenkt, einer Selbstanklage gleichkommt. Die Untersuchung von Microsoft sieht die Schuld eher beim Konferenzwahnsinn: Die Befragten gaben an, 5,6 Stunden pro Woche in Meetings zu sitzen, die über 70 Prozent für unproduktiv hielten. »Wir vergeuden nicht Zeit, *anstatt* härter zu arbeiten, sondern wir vergeuden Zeit, *weil* wir härter arbeiten«, folgert die *New York Times*, die diese Zahlen zusammentrug, und zitiert als Beleg Bob Kustka, einen Berater für Produktivität und Zeitmanagement: »Je länger man arbeitet, desto weniger effizient wird man.« Arbeitnehmer seien wie Sportler, die ihre Höchstleistungen in konzentrierten Ausbrüchen erbringen. Arbeitsenergie werde, so Kustka, ebenso wie physische Energie am besten »in Spurts eingesetzt, während denen wir hart und konzentriert an wenigen Aufgaben arbeiten und dann eine kurze Erholungspause einlegen«.

Nimmt man diese Erkenntnis zusammen mit der Pareto-Verteilung und der Parkinsonschen Regel, kommt man schon sehr nah an die ideale Arbeitssituation heran: Selbstbestimmt, hoch konzentriert und nicht abgelenkt an wenigen wichtigen Punkten zu arbeiten ermöglicht uns, Aufgaben für die wir unter normalen Bürobedingungen einen ganzen Tag gebraucht hätten, in vermutlich weniger als der Hälfte der Zeit zu erledigen. Die gewonnene Zeit sollten wir dann aber auch zur Erholung nutzen, zur Ablenkung oder indem wir neue Fertigkeiten erlernen, die nichts mit der Arbeit zu tun haben – Ferriss zum Beispiel paukt in seiner vielen Freizeit Fremdsprachen und trainiert Kampfsport. Ich selbst mache endlich wieder Musik, habe die Padi-Prüfung für Taucher absolviert, Skilanglauf gelernt, gehe wieder regelmäßig ins Fitnessstudio, lese Bücher und reise um die ganze Welt. Suchen Sie sich aus, wozu Sie Lust haben, aber – ein wichtiger Tipp: Nur zu faulenzen ist kein nachhaltiges Ziel für die Zeit, wenn Sie nicht mehr den ganzen Tag im Büro verbringen werden. Lernen Sie Neues, fordern Sie sich in bisher unbekannten Bereichen. Nebenbei setzen Sie so auch Kreativität frei, die dann beim Job wieder nützt.

»Früher hieß es: Je länger es dauert, desto härter arbeitet man«, erklärt Lynne Lancaster von der Unternehmensberatung BridgeWorks der *New York Times*: »Das neue Denken geht so: Wenn ich den Job perfekt beherrsche und schneller fertig bin als alle anderen – wieso kann ich dann nicht früher nach Hause gehen?« Gute Frage. Warum denn eigentlich nicht? Weil der Alltag im Büro, ehrlich gesagt, meist nicht so wirkt, als wäre das einfach möglich. Erstmal müssen wir also die täglichen kleinen Nervereien in den Griff bekommen.

### Ausbruch aus dem Teufelskreis im Büro

Was für ein Tag … Zu sagen, ich sei heute gestresst, wäre eine schamlose Untertreibung. Alle zehn Minuten schaufelt mein Mailprogramm fünf bis 15 neue Nachrichten in die Inbox. Mitarbeiter aus allen möglichen Abteilungen haben Fragen, Wünsche, setzen mich bei den absurdesten Konversationen in Kopie – lesen muss ich das alles trotzdem, könnte ja wichtig sein. Das Telefon klingelt abwechselnd mit dem Handy, manchmal auch gleichzeitig. Während ich versuche, den Ausdruck der Zahlenkolonnen aus unserer Buchhaltung zu verstehen, geht schon wieder die Tür auf und ein Kollege schaut Mitleid erregend: »Hast Du mal eine Minute?« Na gut, eine Minute. Als er geht, platzt der Chef rein: »ALARM! Wir haben eine GANZ schwierige Situation! Du musst SOFORT ...«

Noch vor einem Jahr war das für mich ein ganz normaler Arbeitstag. Aber was heißt hier arbeiten? Wenn mich doch mal jemand gelassen hätte. Über die katastrophalen Auswirkungen von zu viel Ablenkung im Büro habe ich schon im ersten Kapitel geschrieben. Jetzt soll es um die Lösung gehen. Sie ist im Grunde einfach, aber extrem schwer in die Praxis umzusetzen. Sie lautet schlicht: Weniger kommunizieren. Das klingt in Zeiten ständiger Erreichbarkeit anachronistisch und ist doch die modernste Form des Umgangs mit all unseren Smartphones, Instant Messengern, Mail-Accounts. Nicht kommunizieren – das können wir in der Regel nur sehr schlecht und zwar hauptsächlich aus zwei Gründen: Angst und Sucht. Angst, wichtige Informationen zu verpassen. Angst, dass es Ärger gibt, wenn man die E-Mail nicht sofort beantwortet. Angst vor dem Vorgesetzten, der einen nicht erreichen konnte. Und Sucht. Nach Anschluss. Nach Neuigkeiten. Nach Ablenkung von was auch immer ich jetzt eigentlich dringend machen müsste. Die Kehrseite des totalen Stresstags ist der langweilige Tag im Büro. Der Tag der Routineaufgaben, an denen ich alle zwei Minuten auf den Abrufknopf der E-Mail klicke. Die Sucht, wenn ich nach Feierabend im Restaurant noch mit dem Blackberry Nachrichten checke – das Gerät wird in den USA auch »Crackberry« genannt, in Anlehnung an die Droge mit dem höchsten Abhängigkeitspotenzial – oder wenn ich im Urlaub unbedingt das nächste Internetcafé finden muss, um mich auf dem Firmenserver einzuloggen.

Untersuchungen wie die von Bill Jensen zeigen, dass jeder aus dem Teufelskreis der ständigen Ablenkung und Überlastung ausbrechen kann. Der amerikanische Wirtschaftswissenschaftler erforscht Arbeitsreduzierung – so fand er in empirischen Studien unter Arbeitnehmern zwischen 1998 und 2003 heraus, dass die häufigste Tätigkeit in Büros das Weiterschieben von Arbeit an andere ist. Jensens ebenso praktische wie verblüffende Handlungsanweisungen: Bis zu 50 Prozent aller Meetings schwänzen, 75 Prozent der E-Mails löschen, viel öfter Nein sagen. Jensens Untersuchungen ergaben, dass fast alle Menschen, die in Büros arbeiten, an Informationsüberflutung leiden – bis auf erfahrene Führungskräfte. Diese filtern Kommunikation erbarmungslos und können darum relativ eigenständig über ihre Zeit bestimmen. Das heißt: Die Angst, Sie könnten gefeuert werden, weil Sie E-Mails nicht beantworten, ist unbegründet. Wahrscheinlich werden Sie eher befördert, wenn Sie effizienter kommunizieren. Jensen empfiehlt folgende Filter für den täglichen Gebrauch: Wenn nicht sowohl der Absender als auch die Betreffzeile bei Ihnen die Reaktion auslösen: Das muss ich sofort oder zumindest heute noch lesen! – löschen. Dies sollte die Mails in Ihrer Inbox um etwa die Hälfte reduzieren.

Wenn die Mitteilung keine Aktivität von Ihnen erfordert und keine kurzfristigen Termine nennt – löschen, egal von welchem Absender sie kommt. Es besteht eine 69-prozentige Wahrscheinlichkeit, dass Sie die gleiche E-Mail noch einmal bekommen und eine 48-prozentige Wahrscheinlichkeit, dass Sie ein drittes Mal zu Ihnen kommt. Nun sollten etwa 75 Prozent der eingegangenen Mails gelöscht sein. Erfüllt eine E-Mail die folgenden Kriterien nicht – löschen Sie sie oder antworten Sie dem Absender mit der Bitte, die fünf Kriterien auszuführen, damit Sie die Aufgabe erledigen können. Dann haben Sie – nach Jensen – Ihr E-Mail-Aufkommen um 90 Prozent reduziert: Gehört die Aufgabe zu den laufenden Projekten? Sind die nächsten Schritte klar erkennbar? Wird deutlich, was als Ergebnis herauskommen soll? Steht dabei, wie und womit Sie den Auftrag erledigen werden? Kommt für Sie etwas dabei heraus?

Fragen Sie sich vor jedem Meeting: Wie groß ist der Nutzen, den ich daraus ziehen kann? Wie groß ist der Mehrwert, den ich einbringen kann? Wenn mich heute ein Bus überführe, fände das Meeting auch ohne mich statt? Selektieren Sie Ihre Teilnahme danach. Ihre Zeit ist begrenzt. Verabschieden Sie sich vom blinden Gehorsam, immer teilnehmen zu müssen. Meiden Sie alle regelmäßigen Meetings. Monatliche oder wöchentliche Konferenzen sind oft konzipiert, um die Zeit auszufüllen, die dafür angesetzt wurde.

In Büros sind alle immer damit beschäftigt, Arbeit auf andere abzuwälzen. Lernen Sie, nein zu sagen, sonst sind Sie das Opfer dieser perfiden aber menschlichen Masche. Hören sie auf Ihre innere Stimme. Wenn Sie häufiger nein sagen, riskieren Sie nicht Ihre Karriere. Bei guten Kollegen, Freunden und allen, die wissen, dass Sie zu oft ja sagen, können Sie die direkte Strategie anwenden: »Nein, trotzdem danke.« Oder: »Nein, habe zu viel zu tun, tut mir Leid.« Bei Vorgesetzten und Kunden empfiehlt Jensen die indirekte Strategie: »Können Sie mir das näher erklären?« Oder: »Darüber müssen wir erst mal reden.« Fragen Sie viel öfter: »Warum?« Finden Sie heraus, was Ihnen der Chef nicht gesagt hat, erforschen Sie Alternativen oder vereinbaren Sie ein nächstes Gespräch. Sie werden damit nicht unbedingt die Arbeit los, aber Sie schaffen eine Atmosphäre von Respekt und Partnerschaft. Sie gelten nicht mehr als ständiger Ja-Sager, als Opfer.

## Informationsdiät und Kommunikationspausen

Miriam Meckel ist Professorin für Corporate Communication an der Universität St. Gallen und geschäftsführende Direktorin des Instituts für Medien- und Kommunikationsmanagement. Man sollte also meinen, sie kommuniziere gern und sei moderner Technologie gegenüber aufgeschlossen. Doch neuerdings schwärmt sie vom »Glück der Unerreichbarkeit« und dem »Lob der Kommunikationspause«. Sie hat auch gleich ein Buch darüber geschrieben, in dem sie fordert, wir müssten lernen, »richtig und sozial verträglich« mit neuen Technologien umzugehen und schließt: »Es bedarf der gelegentlichen Sendepause, um auf Information Kommunikation folgen zu lassen«. Das ist nicht nur ein populärer Ratschlag an subjektiv informationsüberflutete Zeitgenossen, sondern vor allem ein nützliches Instrument im Kampf um mehr Freiheit und Flexibilität in der Festanstellung. Denn was haben Sie davon, wenn Sie sich aus den Zwängen von Meetings, Kollegenmails und Anwesenheitspflicht befreit haben, um dann zum immer erreichbaren Sklaven von iPhone, Blackberry und heimischer E-Mail zu werden?

»Menschen mögen das Gefühl, beschäftigt zu sein«, sagt der Produktivitätsexpterte Mark Ellwood: »Und viele messen dieses Gefühl daran, wie häufig sie in ihrer Tätigkeit unterbrochen werden.« Aber es gebe einen Unterschied zwischen »beschäftigt aussehen« und »produktiv sein«, so Ellwood. Wenn Angestellte tatsächlich jede Minute ihres Arbeitstages aufzeichneten, fänden die meisten heraus, dass sie viel mehr Zeit mit unwichtigen Nebensächlichkeiten verbringen als sie dachten und viel weniger mit ihren Kernaufgaben. Der Psychologe und Managementberater Ken Siegel ermutigt seine Klienten, E-Mail-freie Tage im Büro einzuführen. Mails zu beantworten, sagt er, ersetze in zu vielen Unternehmen die wirkliche Arbeit. »Menschen können den ganzen Tag mit E-Mails zubringen«, so Siegel. »Die meisten Büroangestellten arbeiten in einem Muster ständiger Ablenkung.« Miriam Meckel erklärt im Interview, sie sei durchaus gut erreichbar, möchte aber selbst bestimmen, wann. Ihre Mails beispielsweise checke sie per Blackberry morgens, mittags und abends. Das klingt noch nicht nach einer wirklichen Kommunikationspause, ist aber natürlich ein Anfang. Wer wirklich Zeit für andere Aktivitäten freischaufeln möchte, wählt einen radikaleren Ansatz.

Timothy Ferriss, der Vorkämpfer der 4-Stunden-Woche, propagiert eine deutlich striktere Informationsdiät: Auf dem Telefon läuft eine Ansage, man sei nicht zu erreichen – bitte Nachricht hinterlassen, ich rufe zurück. Und dann wirklich nur die wichtigen Rückrufe machen. Die Notfall-Handynummer muss natürlich Kollegen bekannt sein und hier auflaufende Gespräche werden auch angenommen. Die E-Mail hat eine automatische Antwort eingestellt, dass man seine Mails nur dreimal am Tag abrufe, inklusive Angabe der Tageszeiten. Und daran soll man sich dann auch wirklich halten. Ferriss rät, den Tag auf gar keinen Fall mit dem Lesen von E-Mails zu beginnen, sondern seine eigene Agenda zu setzen. Dieser eine Tipp allein werde das Leben verändern. Die Abstände, in denen man E-Mails checkt, können immer größer werden – zweimal am Tag, einmal ... Er selbst liest und beantwortet eingehende E-Mails angeblich nur einmal pro Woche und hört im Ausland generell keine Mobilbox-Nachrichten ab.

Leo Babauta, der in seinem Blog »Zen Habits« über Vereinfachung und Produktivität schreibt, nennt sich selbst einen »E-Mail-Ninja« – weil er den Kampf mit der Informationsflut besonders leidenschaftlich betreibt und seine E-Mails in Blitzgeschwindigkeit abarbeitet. Babauta geht es wie vielen von uns: Er bekommt dutzende, manchmal gar hunderte von E-Mails pro Tag. Er hat jedoch neun Regeln definiert, mit deren Hilfe er nur zwei- bis dreimal am Tag E-Mails checkt und den Eingangsordner jedes Mal in etwa 20 Minuten leert:

1. Ein effektiver Spam-Filter hält Junk-Mails davon ab, den Posteingang zu verstopfen.

2. Für regelmäßige E-Mails von Dienstleistungs- oder Shopping-Websites wie Amazon, Paypal, Lufthansa oder Ebay hat er Filter eingerichtet, die diese Mail direkt in Unterordner verschieben (»Einkäufe«, »Reisen« oder »Rechnungen«) oder gleich löschen.

3. Der »Stapel«-Ordner: Bestimmte E-Mails erfordern nur eine sehr kurze Bearbeitungszeit von 10 bis 15 Sekunden. Diese legt Babauta direkt in einem gesonderten Ordner ab und bearbeitet sie auf einmal, was dann nur wenige Minuten dauert.

4. Manche Kollegen oder Verwandte schicken gern Kettenbriefe, Witz- und Massen-E-Mails. Am besten sagt man ihnen, dass man diese Art Mail nicht mehr empfangen möchte. Schicken sie weiter Unsinn, richtet man einen Filter ein, der ihre Mails direkt in den Mülleimer verschiebt. Für wirklich wichtige Dinge müssen sie dann eben anrufen.

5. Eine externe To-Do-Liste verhindert, dass man E-Mails nur deshalb im Eingangsordner liegen lässt, weil sie eine Tätigkeit erfordern. Man kann auch einen »To do«-Ordner anlegen und diese Art Mail dorthin verschieben. Jedenfalls darf der Posteingang nicht als To-Do-Liste missbraucht werden.

6. Babauta bearbeitet seine E-Mails sehr schnell, weil es nur begrenzte Möglichkeiten gibt, was damit zu tun ist: a) direkt löschen, b) direkt archivieren, c) schnell beantworten, d) in die To-Do-Liste aufnehmen, e) die enthaltene Aufgabe sofort erledigen, wenn sie weniger als zwei Minuten in Anspruch nimmt oder f) weiterleiten. Im Falle der Optionen c-f wird die E-Mail im Anschluss ebenfalls archiviert oder gelöscht. Keine Mail bleibt im Posteingang.

7. Nicht jede E-Mail beantworten. Sich lieber öfter fragen: Was wäre das schlimmste, das passieren kann, wenn ich auf diese Mail nicht reagiere? Immer an die Pareto-Verteilung denken.

8. Kurze Antworten. Die wenigen E-Mails, die man wirklich herausschickt, sollten keine epische Länge haben, sonst ist die gewonnene Zeit wieder verloren (übrigens auch die des Empfängers). Kurz, präzise – mehr als fünf Sätze sind selten nötig.

9. Die Regeln jedes Mal strikt befolgen, wenn man sich seinem Posteingangsordner widmet und konsequent durchhalten, bis der Ordner leer ist. Keine E-Mails »für später« im Ordner lassen.

Es hat auch beim Schreiben dieses Buches eine Weile gedauert, bis ich eingesehen habe, dass E-Mails checken und Nachrichten im Web lesen dem Fortschritt des Manuskriptes nicht gerade gut tun. Ich schalte inzwischen bei jeder Art konzentrierter Arbeit wenn möglich das E-Mail-Programm und den Webbrowser ganz aus und das Telefon auf Anrufbeantworter. Mal ehrlich: Die meisten Dinge können ein paar Stunden warten und wer mich wegen etwas wirklich Dringendem erreichen muss, kennt in der Regel meine Mobilnummer.

Es klingt wie ein eingängiger Slogan, aber es ist die nüchterne Wahrheit, ohne die Sie nie Ihr Leben zurückbekommen: Wir müssen die Kommunikationsmittel benutzen, statt uns von ihnen benutzen zu lassen. Das ist umso wichtiger, wenn wir als Freiangestellter arbeiten wollen. Denn dann müssen wir die Trennung von Arbeit und Freizeit aufgeben und das funktioniert nur, wenn wir über unsere Kommunikationskanäle souverän selbst bestimmen. Dann löst die Easy Economy das Problem der Work-Life-Balance ganz nebenbei. Wie, das sehen wir im nächsten Kapitel.

# Kapitel 7

# Mehr Geld, mehr Freizeit, mehr Glück

>»Let my people go surfing.«
>
>*Yvon Chouinard, Gründer von Patagonia*

## In der richtigen Balance

Auch wenn wir unsere Schreibtischketten abstreifen, droht die Arbeit noch den letzten Winkel unserer Freizeit zu infiltrieren. Es bleibt die Frage: Wie schafft es der Freiangestellte, seine fundamentale Freiheit mit der Kultur des Immer-erreichbar-Seins ins Gleichgewicht zu bringen? Beide Aspekte sind letztlich kein Widerspruch, sondern zwei Seiten desselben Phänomens. Die richtige Balance muss jeder für sich selbst finden. Jeder von uns muss entscheiden, wie viel Arbeit zu viel ist, ob wir diese E-Mail jetzt noch beantworten, wann wir unser Handy ausstellen. Das ist nicht immer einfach. Aber wir dürfen nicht vergessen: Indem sie uns zumindest teilweise aus den Zwängen des Büroalltags befreit, ermöglicht die Easy Economy uns diese Entscheidung überhaupt erst. Und vielleicht merken wir am Ende, dass der Unterschied zwischen Arbeit und Freizeit immer unwichtiger wird.

Die Easy Economy ist kein Monolith, sie kann ganz unterschiedliche Ausprägungen haben: Zu ihr gehören der reisende Geschäftsmann und die von zu Hause aus arbeitende junge Mutter. Der mit einem Laptop im Café sitzende Kreative und der weltreisende Wissenschaftler. Der Auto-Entwickler, der seine besten Ideen beim Spaziergang im Park hat. Die Marketingexpertin, die statt in der Großstadt von einer kanarischen Insel aus arbeitet. Der Manager, der endlich wieder Zeit für sein Hobby hat und freitags auf dem Segelboot arbeitet.

## Always On

12.30 Uhr am Frankfurter Flughafen. Warten auf den Anschlussflug nach Shanghai. Auf einem großen, beleuchteten Plakat steht der Satz »Verlassen Sie das Land, nicht Ihr Büro« – eine Werbung für mobile Datendienste des Telefonkonzerns Vodaphone. Auf dem nächsten: »Nehmen Sie die ganze Firma mit auf diese Reise«. Daneben ist ein Smartphone abgebildet, um auf Windows-Mobile aufmerksam zu machen, Microsofts Betriebssystem für Geräte, mit denen Geschäftsleute ihre Arbeit von unterwegs erledigen können.

14.30 Uhr: Im Flugzeug läuft ein kurzer Werbespot vor jedem Film. Zu Bildern eines Managers, der erst im Büro zu sehen ist, danach an einem malerischen Strand mit einem Taschencomputer arbeitet, läuft der Cole-Porter-Song »Don't fence me in« in der Country-Version von Roy Rodgers: »Lass mich durch das weite, offene Land reiten, das ich liebe. Lass mich ich selbst sein, im Hauch des Abendwindes. Und dem Murmeln der Bäume lauschen. Zäun' mich nicht ein.« Der Song beschreibt eine sehr amerikanische und sehr konventionelle Definition von Freiheit, die sich angenehm an den Bildern des modernen Hightech-Reisenden reibt.

Was er jedoch vorbildlich zeigt: Der reisende Manager mit dem Handy am Strand ist für eine Business-Elite schon heute Alltag, doch die Hoffnung auf damit verbundene Freiheit oft noch ein romantisches Traumbild. Die meisten Business-Flieger haben weder Zeit noch Lust, ihre nackten Füße vom Ozean umspülen zu lassen, während die Firma am Handy ist. Das Versprechen funktioniert, weil die Wirklichkeit oft eine andere ist. Wer einige Zeit an Flughäfen verbracht hat, kennt die triste Realität der modernen mobilen Handlungsreisenden. Den gestressten Flexicutive, der – kaum aus dem Flugzeug gestiegen – gleich seinen Blackberry zückt. Und statt der Sonne von Buenos Aires, der Architektur von Kopenhagen oder der spektakulären Neonreklame Shanghais doch wieder nur die Flut größtenteils überflüssiger Kollegenmails studiert.

Natürlich waren Außendienstler und andere Geschäftsreisende im Grunde die Pioniere der Easy Economy, weil ihre Bedürfnisse die Computer- und Telekommunikationsindustrie zu immer neuen Höchstleistungen der Verkleinerung, Drahtlosigkeit und Mobilität animierten. Sie waren diejenigen, die noch nie länger als nötig am Schreibtisch gesessen haben und denen der technische Fortschritt ihre schon immer flexible und mobile Arbeit heute massiv erleichtert. Diese Art zu arbeiten ist nicht für jeden erstrebenswert. Aber die Motivation von Festangestellten, künftig ebenfalls zur Easy Economy gehören zu wollen, kann auch eher lustgetrieben als funktional motiviert sein. Anders als Außendienstler müssen sie nicht ständig unterwegs sein. Aber vielleicht macht es ja mehr Spaß, als jeden Tag im Büro zu hocken. Das Vorbild des Freiangestellten könnte vielleicht eher der reisende Filmemacher sein, der abends im Hotel am Mac-Book das gedrehte Material studiert. Der Professor, der im Zug seine Vorlesung vorbereitet, wenn ihn gerade die Inspiration überkommt. Der Ingenieur, den die Naturbetrachtung im tropischen Regenwald zu einer bahnbrechenden Erfindung inspiriert. Kurz: Menschen, die Mobilität nicht erleiden, sondern genießen. Für die Kreativität und Freiheit untrennbar verbunden sind. Die – um mit Csikszentmihalyi zu sprechen – immer arbeiten und nie arbeiten. Die ihre Befreiung vom Schreibtischzwang nutzen, um auf überraschende neue Ideen zu kommen. Denen die intelligente Vermischung von Arbeit und Freiheit so viel mehr Lebensqualität beschert.

Wie die Mitarbeiter des amerikanischen Unternehmens Patagonia, das Freizeit- und Sportbekleidung herstellt, folglich gern hochaktive Mitarbeiter rekrutiert und diese seit jeher Surfen gehen lässt, wenn der Wind günstig steht oder zum Skifahren, wenn Neuschnee liegt. »Arbeit muss Spaß machen«, verkündet Firmengründer Yvon Chouinard: »Wir schätzen Angestellte, die ein reiches und ausgeglichenes Leben führen und haben darum schon immer eine flexible Arbeitskultur gepflegt.« Patagonia-Mitarbeiter lieben Sport und ihre Freiheit, darum gilt im Unternehmen die so genannte »Let my people go surfing flextime policy«: Mitarbeiter können spontan zum Sport gehen, sich tagsüber fortbilden oder zu Hause sein, wenn die Kinder aus der Schule kommen, »so lange die Arbeit ohne negative Auswirkungen auf Kollegen erledigt wird«, so Chouinard.

Im Folgenden sollen einige Begriffe und Lebensstile unterschieden werden, zwischen denen die Easy Economy oszilliert. Ob Sie künftig eher ein moderner Nomade oder Mitglied des emanzipierten Jetset sein wollen, zur Digitalen Bohème gehören möchten, gern einfach in einer Firma arbeiten würden, die Sie auch mal zum Sport gehen und Zeit mit den Kindern verbringen lässt oder ob Sie es gar schaffen, einen radikal mobilen Lifestyle zu pflegen, bleibt Ihnen überlassen. Bei der Entscheidung wird es Ihnen helfen zu sehen, welche Ausprägungen möglich sind.

## Moderne Nomaden und emanzipierter Jetset

Die Metapher des modernen Nomaden geistert schon so lange durch Fachliteratur, Utopien und Pseudo-Analysen von Trendscouts, dass ihre Glaubwürdigkeit stark überstrapaziert scheint. Und doch veröffentlichte die seriöse britische Wirtschaftszeitschrift *Economist* Mitte 2008 einen großen Sonderteil mit dem Titel: »Nomads at last«, in dem sie argumentiert, dass trotz aller verfrühten Prognosen nun endgültig das Zeitalter der digitalen Nomaden angebrochen sei. Erstmals hatte vermutlich der legendäre Medientheoretiker Marshall McLuhan in den sechziger und siebziger Jahren den Begriff des modernen urbanen Nomaden aufgebracht. McLuhan skizzierte in seinen Büchern künftige mobile Arbeitnehmer, die fast permanent weltweit unterwegs sind und kein Zuhause mehr brauchen. In den achtziger Jahren benutzte der französische Wirtschaftswissenschaftler Jacques Attali – ein Berater von Präsident Francois Mitterand – den Begriff, um eine Zukunft zu skizzieren, in der die Gesellschaft zwischen einer hochmobilen Jetset-Elite und einer entwurzelten Arbeiterklasse gespalten wäre. In den neunziger Jahren schrieben Tsugio Makimoto und David Manner erstmals ein Buch, in dessen Titel der Begriff des »digitalen Nomaden« vorkam und das vor allem die Segnungen neuester mobiler Gerätschaften pries.

Doch nach Einschätzung des *Economist* lagen alle diese Visionen daneben. Als sie verfasst wurden, war die Technik nicht so weit entwickelt wie heute – es gab Geräte, aber diese waren nicht miteinander verbunden. Das damalige Bild des modernen Nomaden erforderte, dass er jede Menge tragbarer Technik mit sich herumschleppt und insofern eher dem Bild eines Astronauten entsprach – der seine gesamte lebenserhaltende Umgebung mit sich bringen muss, um zu existieren – als dem eines Beduinen. Der aktuell zu beobachtende reale Trend, so der *Economist*, existiere hingegen erst seit wenigen Jahren, weil die tatsächlichen modernen Nomaden sich, wie ihre Vorfahren in der Wüste, nicht durch das definieren, was sie mitnehmen, sondern durch das, was sie zurücklassen. Moderne Nomaden haben keine Papierunterlagen dabei, weil sie auf ihre Dokumente elektronisch zugreifen. Zunehmend haben sie nicht einmal mehr ein Laptop dabei – ihnen reicht ein Blackberry oder iPhone – alle Informationen, die sie benötigen, sind online abrufbar.

Außerdem umfasst die moderne Definition des digitalen Nomaden nicht mehr notwendigerweise, dass er viel reist. »Er kann genau so gut ein Teenager in Oslo, Tokio oder einer amerikanischen Kleinstadt sein, wie ein vielfliegender Geschäftsführer«, so der *Economist*. Manuel Castells, ein Soziologe der Universität von Süd-Kalifornien sagt: »Permanente Verbindung ist das kritische Element, nicht Bewegung.« James Katz, Professor an der Rutgers Universität in New Jersey glaubt gar, dass diese Entwicklung eine »historische Re-Integration« unserer Arbeits- und Privatsphären zur Folge habe. In der vorindustriellen Gesellschaft arbeiteten die Menschen an denselben Orten, an denen sie lebten. Erst die arbeitsteiligen Fabriken der Industriegesellschaft und die gigantischen modernen Bürokratieapparate machten es nötig, die Sphären zu trennen, weil Arbeiter und Beamte an einem Ort versammelt werden mussten, um effizient zu funktionieren. Heute vermischen sich die beiden Bereiche wieder, so Katz. Wir können arbeiten, wo wir leben und umgekehrt.

Am Anfang des Buches wurde bereits an die Ende der neunziger Jahre von Nicholas Negroponte verkündete Vision der mobilen Internetnomaden und Wissensarbeiter der New Economy erinnert. Etwa zur selben Zeit faszinierte viele Menschen der glamouröse und doch oft jobbezogene internationale Jetset, den das von Tyler Brûlé herausgegebene britische Magazin *Wallpaper* anpries. Retrofuturistische Hotels in Beirut oder Hanoi wurden ebenso vorgestellt wie neue Handymodelle, Anti-Jetlag-Tipps für Vielflieger und Shopping-Ideen für stilsichere Weltenbummler. Was damals als unrealistische Technikträumerei beziehungsweise hedonistische Hochglanzfantasie gelten durfte, wird heute dank veränderter technologischer und gesellschaftlicher Parameter plötzlich zur realen Option: Eine Mischung aus Brûlé und Negroponte gibt keine schlechte Anleitung zum beruflichen Glück ab.

Wird durch die Easy Economy der tägliche Weg ins Büro passé, können wir – konsequent zu Ende gedacht – unsere Arbeit an Orten erledigen, die für unsere Mütter und Väter technisch und finanziell unzugänglich waren. Diese Zeilen schreibe ich zum Beispiel in einem sehr erschwinglichen, gleichzeitig unglaublich geschmackvollen Hotelzimmer in Shanghai. Der Internetanschluss per W-Lan ist selbstverständlich kostenlos. Der Zimmerservice hat gerade frisches Obst gebracht. Die großartigen neuen Maßhemden, die ich mir für 20 Dollar pro Stück habe anfertigen lassen, werden gleich geliefert, später treffe ich Freunde zum Abendessen. Sie erinnern sich: Noch vor ein paar Monaten saß ich in Deutschland jeden Tag am immer selben Schreibtisch im immer gleichen Büro und ging erst nach Hause, wenn es draußen dunkel wurde. Sagen Sie mir, welche Variante besser klingt ...

Tyler Brûlé ist inzwischen Herausgeber einer anderen Publikation, die für unser Thema noch interessanter ist als *Wallpaper*: Die Zeitschrift *Monocle* berichtet in Form eines internationalen Briefings aus aller Welt und begeistert sich für so unterschiedliche Themen wie die japanische Marine, eine grönländische Fluglinie, Popkultur in Südkorea oder den neuen Nachtzug der deutschen Bahn. Vereinendes Element: *Monocle* ist ein Magazin für Weltreisende (und sei es im Geiste), deren Interessen über die Grenzen des eigenen Landes hinausgehen. Das Blatt versteht sich darauf, praktische Tipps für eine Flugmeilen sammelnde Elite zu geben: Welches Hotel in Hong Kong hat die beste Lobby? Warum ist der Iris-Scanner für Frequent Traveller am Flughafen Heathrow eine tolle Erfindung? Welche Expansionsstrategie verfolgt Finnair? Regelmäßig wird auch zum

Thema des unterwegs Arbeitens berichtet, denn das Magazin richtet sich dezidiert nicht an Urlaubsreisende. Mit großer Leidenschaft wird hier zum Beispiel für drahtlosen Internetempfang in Passagierflugzeugen gekämpft: »Obwohl wir uns wünschten, wir würden dieses Magazin recherchieren und redigieren, während wir in einer umgebauten koreanischen 777 sitzen und W-LAN benutzen – ist das leider nicht der Fall«, heißt es im Schwerpunkt »Travel Top 50«. Es folgt ein kurzes Wehklagen über den leider abgeschalteten »Connexion« Internet-Service an Bord von Boeing-Maschinen um dann zu frohlocken, dass Panasonic an einer Lösung des Problems arbeitet und Quantas als eine der ersten Linien Online-Arbeiten während des Flugs ermöglichen wird – sobald sie ihre Airbus A380 bekommt.

Ähnlich kosmopolitisch agieren vielleicht nur die deutschen Schriftsteller Christian Kracht und Eckhart Nickel, die schon 1998 mit ihrer literarischen Reportagesammlung *Ferien für immer* oder Artikeln wie »Der Schneider von Bangkok« das Ideal des globalen Flaneurs postulierten. Mal eben auf einen Gin-Tonic in den Foreign Correspondents Club der thailändischen Metropole, das las sich damals noch ebenso weltläufig wie unrealistisch. Angesichts von Billigfliegern und zunehmender beruflicher Mobilität sieht dies heute anders aus – die Easy Economy stellt »Ferien für immer« vom Kopf auf die Füße.

Man kann all das nun blasiert finden, realitätsfern oder persönlich irrelevant – Tatsache ist, dass diese Haltung des konsequenten mobilen Lifestyles aufs Schönste mit einer Folge der Easy Economy zusammenfällt: Wer nicht mehr an den Schreibtisch gekettet ist, für den rückt diese globale Perspektive des Lebensentwurfes plötzlich in greifbare Nähe. Vergessen Sie bitte einen Moment die Schlangen beim Einchecken, die Verspätungen und das Gedränge in der Kabine. Ignorieren Sie kurz die Sachzwänge, die es garantiert vollkommen unmöglich machen, so etwas Verrücktes jemals wirklich zu tun – birgt die Verheißung von etwas mehr internationalem Jetset nicht doch erhebliche Verführungskraft, vor allem verglichen mit der Monotonie Ihres Büroalltages? Ein bisschen zu träumen schadet nie. Und wirkt enorm motivierend – denn wer sich nicht vornimmt, demnächst ein paar Tage pro Monat unter Palmen zu arbeiten, der schafft es garantiert nicht. Denken Sie an Sally vom Anfang des Buches, die ihren Job einfach ganz von London nach Teneriffa verlegt hat.

## Die Digitale Bohème

Das Lebensgefühl einer lässigen, urbanen Arbeits-Avantgarde, die Kreativität und Technikverständnis, Subversion und Kapitalismus zeitgenössisch remixed, brachten 2006 der ehemalige Trendforscher Holm Friebe und der Werber Sascha Lobo auf einen debattentauglichen Punkt. In ihrem Buch *Wir nennen es Arbeit*, mit ihrem Blog Riesenmaschine sowie in vielen Interviews, Fernsehdiskussionen und Vorträgen führten sie das Modell der von ihnen so betitelten Digitalen Bohème vor – eines Lebensentwurfs, der in dem griffigen Motto kulminierte, es gebe »intelligentes Leben jenseits der Festanstellung«. Das Buch sprach einer mit Internet und Handy aufgewachsenen, doch durch endlose Praktika in Unternehmen zermürbten Generation der 25–35-Jährigen aus der Seele: »Die digitale Bohème verzichtet dankend auf einen Anstellungsvertrag und verwirklicht mittels neuer Technologien den alten Traum vom selbstbestimmten Arbeiten«, so schreiben Friebe und Lobo programmatisch, »ein zeitgemäßer Lebensstil, der sich zu einem bedeutenden Wirtschaftsfaktor entwickelt.«

Vieles in dem sympathischen Pamphlet klingt sinnvoll: Wolle man mit guten Freunden ein Unternehmen gründen, solle man überlegen, ob man lieber von unterschiedlichen Orten aus über das Netz zusammenarbeitet, »um sich nicht gegenseitig auf den Geist zu gehen. Die virtuelle Firma, die zu New-Economy-Zeiten eher als theoretische Vision postuliert wurde, ist dank webbasierter Zusammenarbeits-Tools wie Wikis und Internettelefonie via Skype heute eine reale Option.« Und weiter: »Lässt man von einer Firma alles weg, was eine Firma unerträglich macht, dann kann eine eigene Firma eine prima Sache sein.« Friebe, Lobo und weitere Mitstreiter wie die spätere Bachman-Preisträgerin Kathrin Passig führten genau das mit ihrer so genannten Zentralen Intelligenz Agentur auch gleich vor. Dieses umtriebige Netzwerk von Freiberuflern produziert bis heute einen fröhlichen Produktmix von Werbung und Literatur bis Journalismus oder Unternehmensberatung.

Andere Aspekte der modernen Lebenskunst klangen nicht ganz so professionell, wenn sich die Autoren damit auch als nüchterne Beobachter einer Szene auszeichneten, die formale Notwendigkeiten gern als spießig oder angepasst ignoriert. Die »lästige Schattenseite« der Arbeit in Projekten, so heißt es da zum Beispiel, sei die buchhalterische Dokumentation und Abwicklung: »Viele hoffnungsvolle Projekte sind schon gescheitert, als bei der ersten Steuerprüfung festgestellt wurde, dass über Jahre die Mehrwertsteuer nicht abgeführt wurde.« Nun ja. Auch wenn im Buch über die »Subversion des kapitalistischen Systems durch Affirmation und perfekte Assimilation« sinniert wird, was in dem Ratschlag gipfelt, »eine Firma und das ›Geldmachen‹ als Tarnung zu benutzen, was auch immer die eigentlichen Ziele im Hintergrund sein mögen«, klingt das oft ein wenig nach der Rechtfertigungsstrategie vermeintlich unangepasster Kreativer, die sich den lukrativen Job für Nike trotzdem nicht entgehen lassen wollen.

Zum Glück sind Friebe und Lobo aber keineswegs so antikapitalistisch wie vermutlich viele ihrer Leser: »Nicht jeder, der sich in ein Unternehmen begibt, kommt zwangsläufig darin um«, schreiben sie an anderer Stelle. Der Kapitalismus sei eben keine »verkrustete Festung des Bösen, sondern ein extrem aufgeschlossenes, lern- und wandlungsfähiges System. Vielleicht müssen wir an dieser Stelle unser Pauschalurteil über den ›unflexiblen Menschen‹ in unternehmerischen Großstrukturen ein wenig revidieren – oder zumindest präzisieren.« Es sei ja naiv zu behaupten, dass sich in den letzten dreißig Jahren nichts in den Verwaltungs- und Vorstandsetagen geändert hätte. Gerade in der New Economy seien auch Firmen und Konzerne entstanden, »die ihre Wurzeln lupenrein in der digitalen Bohème haben« – als Beispiele werden Google oder der Internet-Kleinanzeigenanbieter Craigslist genannt. Dennoch, so das bescheidene Zwischenfazit der ansonsten durchaus selbstbewussten Autoren: »Machen wir uns keine Illusionen über die maximale Reichweite der digitalen Bohème. Es könnten vielleicht ein paar Leute mehr nach ihren Regeln leben und arbeiten, als sich derzeit trauen, aber nicht alle. Wie die alte Bohème nicht ohne das Bürgertum und seine Mäzene denkbar war, so braucht auch die digitale Bohème ein prosperierendes wirtschaftliches Hinterland, sonst kann sie einpacken.« Um die Zahl der Mitglieder des beschriebenen Phänomens für Deutschland zu quantifizieren, nennen die beiden als Annäherung 300 000 selbstständige Kulturschaffende oder 145 000 in der Künstlersozialkasse gemeldete Freiberufler aus Kunst und Medien.

Eindeutig kein Massenphänomen also, aber doch eines, das Wirkungsmacht entfaltete. Die Presse nahm sich des Themas der freigeistigen Blog-Theoretiker dankbar an und auch viele Festangestellte begannen spätestens jetzt, sich so ihre Gedanken über den Sinn eines Lebens zu machen, das zum größten Teil am Schreibtisch im Büro eines Arbeitgebers stattfindet. Die Grundthese der beiden traf auch auf Festangestellte zu: »Bot bislang die überbordende Warenvielfalt ein Ventil, um die niederschmetternde Gleichförmigkeit der Arbeitswelt zu kaschieren und zu kompensieren, wird in Zukunft ein Gefühl für Individualität stärker darüber vermittelt, wie man arbeitet, Geld verdient und sich seinen Tag einteilt.« Der gewerkschaftlich normierte Normalarbeitstag werde dazu ebenso fallen müssen, wie es der Ladenschluss gerade tue, aber das sei es allemal wert: »Wenn die Prinzipien des Konsums – Selbstbestimmung und freie Auswahl – sich auch in der Arbeitswelt vollends durchgesetzt haben werden, wird man von einer Individualisierung sprechen können, die den Namen verdient hat.«

Zwar werden nur wenige Arbeitnehmer ihr Leben als Digitale Bohème in Berlin-Mitte fristen oder das auch nur erstrebenswert finden. Es gibt jedoch einen Mittelweg zwischen diesen modischen Kreativen, die oft ohne nachhaltige berufliche Erfolgsperspektive von Projekt zu Projekt mäandern, und der verbreiteten angestellten Bürotristesse. Viele Werte dieser Laptop-Avantgarde – Selbstbestimmtheit statt Schreibtischzwang, Kreativität statt Monotonie, ein abwechslungsreiches, mobiles Leben statt des immer selben

9-to-5-Tages – werden zunehmend für den berufstätigen Main-
stream realisierbar und erstrebenswert. Die einzigen, die das noch
nicht bemerkt haben, sind die Personalchefs und Abteilungsleiter jener Unternehmen, die ihre Mitarbeiter nach wie vor an den
Schreibtisch ketten.

## Arbeit und Freizeit werden eins

Genausowenig wie wir uns alle als moderne Kaffeehaus-Flaneure
neu erfinden, wird die Mehrzahl der Menschen die Easy Economy
so konsequent zu ihren Gunsten nutzen, dass sie künftig durch
die Welt jettet und nur noch am Strand arbeitet – wobei Sie Ihrem
Boss eine Woche mit dem Laptop auf Mallorca wirklich von Zeit
zu Zeit abringen sollten. Aber auch wer statt Globetrotting lieber
bodenständig mehr Zeit zu Hause mit seiner Familie verbringt,
wird natürlich als Freiangestellter eine bessere Work-Life-Balance
erreichen. Das erscheint zunächst einmal kontraintuitiv, denn
in der Easy Economy vermischen sich Arbeit und Freizeit doch
unauflösbar. Wer den Vormittag ungestört im Park verbringen
möchte, muss damit leben, dass der Chef auch mal abends anruft.
Wer unter der Woche gern einen Tag im Museum verbringt, wird
vielleicht am Wochenende seine E-Mail beantworten. Wer eine
Woche lang von der Finca aus arbeiten will, checkt besser regelmäßig seine Mobilbox. Grundsätzlich gilt: Ich komm' morgen später rein – aber mein Handy ist an. Gleichzeitig birgt die Easy Economy mit ihren flexiblen und mobilen Arbeitsformen vor allem
Chancen für die Work-Life-Balance. Die amerikanische Beraterin
Cynthia Froggatt befragte 200 »virtuelle Arbeiter« und fand heraus, das diejenigen mit ihrer flexiblen Arbeitssituation am glück-
lichsten waren, die die Grenze zwischen Freizeit und Arbeit stark
aufweichen.

Und auch die Europäische Union befindet in einer Studie von
2007, dass es eigentlich nur einen Weg zu einem besseren Gleichgewicht zwischen Arbeit und Leben gibt: Mehr Freiheit und Flexibilität. Das wird auch langsam Zeit, denn der Status Quo ist unschön. In

allen Mitgliedsstaaten machen es die langen Arbeitszeiten schwierig, Job und Familie unter einen Hut zu bringen – dies gilt vor allem für weibliche Arbeitnehmer. Während Männer im Schnitt längere Wochenarbeitszeiten haben, sind es nach wie vor die Frauen, die einen größeren Teil der häuslichen Pflichten übernehmen und dadurch insgesamt noch länger arbeiten. Wer das Prinzip der Easy Economy nutzt, durch flexibleres Arbeiten effizienter und schneller zu sein und in der Konsequenz weniger Wochenstunden zu knüppeln, dürfte – wenig verwunderlich – ein glücklicherer und gesünderer Mensch werden, wie die EU-Studie belegt. Über 44 Prozent derjenigen, die mehr als 48 Stunden pro Woche arbeiten, sind mit ihrer Work-Life-Balance unzufrieden – das genaue Gegenteil findet sich bei jenen, die weniger als 30 Stunden pro Woche arbeiten: Hier beträgt die Zufriedenheit satte 85 Prozent. Zudem haben Menschen, die unter 35 Stunden pro Woche arbeiten, die geringsten physischen und psychischen Gesundheitsprobleme.

Folglich empfiehlt die EU gestressten Arbeitnehmern im Grunde die Easy Economy: mehr Teilzeitarbeit, Arbeitszeitkonten, allgemein flexiblere Arbeitszeiten und eine verringerte Wochenarbeitszeit. Sie ermahnt die Regierungen ihrer Mitgliedsstaaten, Steuergesetze, Sozialversicherung und Rentensysteme an diese neue Arbeitswirklichkeit anzupassen, da diese in ihrer jetzigen Form eines der größten Hindernisse für flexibleres Arbeiten darstellen. Schon die demografische Entwicklung erfordere das: Weil das Rentenalter steigt und damit die Lebensarbeitszeit zunimmt, sollten die Gesetzgeber dafür sorgen, dass im Ausgleich mehr bezahlte freie Zeit während der Rush-Hour des Lebens, also etwa zwischen 25 und 45 Jahren, zur Verfügung stehe. Außerdem: Je stärker die europäische Bevölkerung altere, desto mehr müssten Arbeitnehmer neben dem Job und der Kindererziehung auch die Pflege der Alten leisten – und wieder bliebe die Hauptlast wohl bei den Frauen hängen.

Mehr Flexibilität im Beruf ist auch angesichts sich stark ändernder familiärer Werte sinnvoll: Dass Frauen trotz Nachwuchs ihren Job weiter ausüben, gilt zunehmend als gesellschaftlich akzeptiert – zum Glück, bleiben doch so hochqualifizierte weibliche

Arbeitskräfte der Wirtschaft erhalten, statt nach Studium und ein paar Jahren Berufserfahrung nur noch den Haushalt zu managen. Und immer mehr Männer treten im Job kürzer und verbringen Zeit mit dem Nachwuchs: Die Zahl der Väter, die Elternzeit in Anspruch nahmen, vervierfachte sich allein zwischen dem 4. Quartal 2006 und dem 4. Quartal 2007 nahezu von 3,5 auf 12,4 Prozent.

Die 32-jährige Berlinerin Christiane Lang hat einen zweieinhalbjährigen Sohn und einen fordernden Job. Als leitende Redakteurin einer Fachzeitschrift für die Lebensmittelindustrie arbeitete sie bis vor Kurzem in der Agentur KircherBurkhardt im Berliner Stadtteil Mitte und verbrachte während der Produktionszeiten oft zehn oder mehr Stunden am Schreibtisch. In diesen Hochphasen sah sie ihr Kind kaum. Weil sie ihre ganze Arbeit mit einem Redaktionssystem am Computer erledigt, das es mehreren Kollegen gleichzeitig ermöglicht, zeit- und raumunabhängig am selben Dokument zu arbeiten, hatte Christiane Lang eine Idee. Im Grunde, so dachte sie manchmal, könnte sie dasselbe genau so effektiv von zu Hause tun. Aber weil sie noch nicht so lange in dem Unternehmen war, traute sie sich nicht zu fragen. Und so war es ihr Chef, Geschäftsführer Andreas Schulte, der den Konflikt der jungen Mutter sehr wohl bemerkte und ihr eines Tages den Vorschlag machte: Wir geben Dir einen externen Zugang auf unser System, stellen Dir eine Festplatte mit allen Informationen und Programmen zur Verfügung und dann machst Du Deinen Job künftig von zu Hause aus. Im Interview wollte ich wissen, wie sich die neue Arbeitssituation für die beiden bewährt.

CHRISTIANE LANG: Für mich ist das eine luxuriöse Situation. Ich kann mir die Arbeit frei einteilen. Als Mutter ist es schwer, sich an Kernarbeitszeiten zu halten, weil man sein Kind ja tagsüber sehen möchte. Jetzt arbeite ich täglich acht Stunden, indem ich abends ein, zwei Stunden dranhänge. Ich sehe meinen Sohn viel öfter und habe kein schlechtes Gewissen mehr.

ANDREAS SCHULTE: Wir arbeiten als Agentur sowieso sehr arbeitsteilig und technisch ist alles kein Thema mehr. Durch unser Redaktionssystem mit Web-Anbindung hat man das Gefühl, der Kollege sitzt nebenan – egal, ob er hier ist, zu Hause oder unterwegs. Ich habe als Arbeitgeber den Vorteil, dass ich Christiane keinen Arbeitsplatz im Büro stellen muss. Sie ist total entspannt und die Produktion läuft seitdem super.

*Hat sich Ihre Arbeitsweise dadurch verändert, Frau Lang?*

LANG: Ich bin effektiver geworden. Vieles von dem, was im Büro angenehm ist – nette Kollegen, die gute Kaffeemaschine, Leute, die auf einen Plausch vorbeikommen – absorbiert ganz schön viel Arbeitskraft. Ich bin jetzt viel schneller, etwa 15 bis 20 Prozent. Ich arbeite konzentrierter, muss nicht so lange an Dingen herumdoktern, weil ich wieder abgelenkt wurde.

SCHULTE: Mal ehrlich: Im Büro wird so viel Zeit verdaddelt. Da wird gekickert, geraucht, Kaffee getrunken ...

*Was hat sich noch verändert?*

LANG: Die anderen gehen jetzt respektvoller mit meiner Arbeitszeit um. Früher kam ständig jemand und wollte etwas. Jetzt rufen die Kollegen an und fragen: Passt es gerade?

*Und die Work-Life-Balance?*

LANG: Ich telefoniere auch mal beruflich, wenn ich gerade in der Küche bin oder eine Waschmaschine anstelle. Man kann dem Postboten die Tür öffnen oder kurz was erledigen. Früher, wenn ich in Stresszeiten morgens aus dem Haus gegangen bin, den ganzen Tag im Büro war und abends spät zurückkam, hatte ich ganz oft das Gefühl: Und was ist mit meinem Leben?

*Gehen Sie gar nicht mehr ins Büro?*

LANG: Doch, etwa alle vier Tage für Konferenzen. Die sind jetzt auch viel konzentrierter und effektiver geworden. Als ich noch im Büro saß, haben wir manchmal jeden Tag ein Meeting gemacht. Ich habe immer gedacht: Lasst mich doch auch mal arbeiten.

*War Ihre Zeit im Büro also vergeudet, Frau Lang?*

LANG: Nein, dadurch, dass ich schon ein paar Monate vor Ort im Büro war, kannte ich die Abläufe, wusste, wer wofür zuständig ist, welche Sitzungen so wichtig sind, dass ich daran teilnehmen will. Wenn man die Kollegen kennt, vertraut man sich gegenseitig mehr, geht auch am Telefon oder per E-Mail offener miteinander um.

SCHULTE: Wir legen auf so eine Einarbeitungsphase großen Wert, aber im Grunde reicht eine Woche, dann sind die Leute fit.

*Ist diese flexible, mobile Arbeitsweise für Sie beide jetzt Normalität?*

LANG: Den Mythos, man müsste für den Teamspirit immer im Büro sein und am besten noch mit den Kollegen jeden Abend ein Feierabendbier trinken, den fand ich immer schon überschätzt. Man braucht doch auch sein eigenes Leben. Andererseits ist es wichtig sich zu vernetzen. Am besten ist für die meisten vielleicht ein Kompromiss: zwei Tage im Büro, drei Tage zu Hause.

SCHULTE: Gerade für manche kreative Prozesse braucht man schon den persönlichen Austausch – ein Brainstorming über Ideen funktioniert am Telefon nicht so gut. Ich denke auch, die Zukunft wird sein: Zwei Tage im Büro, drei Tage zu Hause. Oder sogar ein Tag im Büro, vier zu Hause ...

*Können Sie Ihre jetzige Unabhängigkeit vom Büro noch steigern?*

LANG: Theoretisch könnte ich wegziehen und trotzdem den Job behalten. Es gibt ja Videokonferenzen und die Arbeit könnte ich auch aus der Provence machen – schöner Gedanke eigentlich. Grundsätzlich müssen Arbeitnehmer heute ihre Standorte nicht mehr so fixieren. Du musst dich nicht für eine Stadt entscheiden, weil dort die Leute sitzen, die du brauchst. Sondern die sitzen in der ganzen Welt und du kannst sie einfach zu dir nehmen, gerade als Wissensarbeiter.

Ein pragmatisches Beispiel jenseits utopischer Heilsversprechen und technischer Phantasiewelten. Wir sehen: Die neuen Freiangestellten gibt es bereits hier und da. Für sie gilt die einfache Gleichung: flexibler arbeiten = effizienter arbeiten = weniger arbeiten = höhere Lebensqualität. Das Gegenteil solcher lebensnaher und alltagspraktischer Konstruktionen sind jene Menschen, die sehr viel Geld verdienen, dafür aber auch übermäßig viel arbeiten müssen und das Büro eigentlich gar nicht mehr verlassen – in dem fundamentalen Irrtum, sich dadurch Glück zu erkaufen. Warum in solchen Fällen Arbeit und Leben eindeutig aus der Balance geraten, weshalb auch Zeit eine Währung ist und wie Wissenschaftler diese im Vergleich zu unserem Einkommen quantifizieren, soll im Folgenden gezeigt werden.

## Die armen Millionäre von Silicon Valley

Hal Steger könnte einem leidtun: Er sitzt jeden Morgen um sieben an seinem Schreibtisch, arbeitet als Marketingchef für ein Startup-Unternehmen in Silicon Valley in der Regel zwölf Stunden pro Tag und am Wochenende noch mal zehn Stunden. Der 51-Jährige – das muss man dazu wissen – ist reich. Er hat zwei Millionen Dollar auf der Bank, das 1,3-Millionen-Dollar-Haus mit Meerblick, in dem er mit seiner Frau lebt, ist abgezahlt. Damit gehört das Paar zu den best-verdienenden 2 Prozent aller amerikanischen Familien. »Ich weiß, dass sich Menschen, die das von außen betrachten, fragen, weshalb jemand wie ich weiterhin so hart arbeitet«, erzählt Steger der *New York Times* Ende 2007. »Aber ein paar Millionen reichen nicht mehr so weit wie früher. In den siebziger Jahren bedeuteten ein paar Millionen Dollar vielleicht noch, wie die Reichen und Berühmten in einem großen Haus mit Butler zu leben. Aber das ist heute anders.«

Steger ist nicht allein. Im Silicon Valley leben einige Zehntausend einstellige Dollarmillionäre, schätzt die *New York Times*, fast alle haben aufreibende Jobs. Teils, weil die Arbeit ihnen ein Gefühl von Befriedigung gibt, teils weil sie denken, sie müssten mit der noblen Nachbarschaft mithalten. »Wir könnten umziehen«, sagt Stegers Nachbar Umberto Miletti, der auf dem Höhepunkt der New Economy 50 Millionen Dollar an Firmenanteilen hatte, sich ein Lu-xusanwesen leistete und mit den fünf Millionen, die er heute noch besitzt, angeblich die siebenstellige Hypothek kaum abzahlen kann: »Aber dann gesteht man die Niederlage ein. Niemand will sich zu-rückbewegen.« Also arbeitet er 60 bis 70 Stunden pro Woche. Ein Marathon ohne Zieleinlauf: »Die obersten 10 Prozent jagen hier die obersten 0,1 Prozent und die wiederum sind den obersten 0,01 Pro-zent auf den Fersen.«

Die armen Millionäre von Silicon Valley sollen nicht das Klischee des unglücklichen Reichen bedienen. Sie stehen vielmehr beispiel-haft für eine Rechnung, die jeder von uns für sich aufmachen sollte, wenn es um das Verhältnis von Arbeit und persönlichem Glück geht: Es ist das Prinzip des relativen Einkommens und das Konzept von Zeit als Währung. Wären Sie glücklicher, wenn Sie reich wären? Eine aktuelle Metastudie von Wirtschafts-Nobelpreisträger Daniel Kahneman sagt: vermutlich nicht. »Wenn Sie eine Sache oder einen Status Quo lange genug haben, dann gilt Ihnen der neue Zustand meistens als Normalmaß. Er löst keine besondere Freude mehr aus und auch kein besonders Leid«, erklärt Uwe Jean Heuser, Wirtschaftsressortleiter der *ZEIT* und früher Student bei Kahneman in seinem lesenswerten Buch *Humanomics* das Phänomen: »Der Stand der Dinge wird zum neuen Nullpunkt oder Referenzpunkt unseres Wertens. Dieser bestimmt dann, was künftig als Gewinn und was als Verlust zählt und wie wir uns verhalten, wenn nun entweder ein Mehr lockt oder ein Weniger droht.«

Das jährliche Einkommen trägt weniger zum Glücksgefühl bei als man gemeinhin denkt. Mehr Geld hat nur einen kurzzeitigen positiven Effekt auf unser subjektives Glücksgefühl, weil wir uns schnell neue Vergleichsgrößen suchen – sprich: Personen, die noch mehr verdienen oder besitzen als wir – und weil wir mehr Geld in der Regel zum Konsum von Produkten nutzen. Diese aber haben laut Studie erst recht keinen nachhaltigen Einfluss darauf, wie zufrieden wir sind. Gleichzeitig betont Kahneman, dass Menschen mit hohem Einkommen durch die Art und Weise, in der sie ihre Zeit verbringen, tendenziell angespannter und gestresster sind als weniger wohlhabende Zeitgenossen. Und die Art und Weise der Zeit- und Lebensgestaltung hat – anders als das Einkommen – in der Tat einen nachweislich großen Effekt auf individuelles Glücksempfinden.

Das Team um Kahneman rät folglich, die weit verbreitete Fehleinschätzung zu überdenken, dass es eine starke Verbindung zwischen dem Einkommen und dem generellen Glücksgefühl oder erlebten Glücksmomenten gibt. Sonst verschwendet man womöglich zuviel seiner Zeit mit der Jagd nach dem großen Geld, statt zum Beispiel persönliche Kontakte zu knüpfen oder zu pflegen – Aktivitäten, die nachweislich stark zum Glück beitragen. Im Zweifel sollten wir also in der nächsten Gehaltsverhandlung eher nach mehr Freizeit als nach mehr Geld fragen.

Aber haben wir nicht heute viel mehr Freizeit als frühere Generationen, die 14 Stunden pro Tag auf dem Acker oder am Webstuhl schuften mussten? Leben wir nicht längst in einem Paradies aus mehr Gehalt und längeren Urlauben als früher? Nicht ganz, denn die Faktoren Einkommen und Freizeit hängen tatsächlich voneinander ab: Der Ökonom Steven Landsburg hat belegt, dass die größten Zugewinne an Freizeit jene Menschen mit stagnierenden Einkommen verzeichnet haben – also die eher schlecht oder gar nicht ausgebildeten. Auf der anderen Seite haben die am höchsten qualifizierten Arbeitnehmer, jene mit den höchsten Einkommenssteigerungen, den geringsten Zuwachs an Freizeit. Müssen wir uns also entscheiden: Macht uns das neue Auto glücklich oder mehr Zeit mit den Freunden? Zum Glück gibt es eine pragmatischere Sichtweise auf das Problem: Wir dürfen Zeit und Geld nicht als unterschiedliche Kategorien sehen, die sich ausschließen, sondern eher wie kommunizierende Röhren. Die alte Redewendung »Zeit ist Geld« stimmt ja – wir müssen sie nur ernst nehmen und für unsere Zwecke nutzen.

### Relatives Einkommen und Zeit als Währung

Der amerikanische Internet-Stratege Randy Komisar schrieb zur Hochzeit der New Economy, nach Jahren als Geschäftführer, Vorstand und Gründer von Firmen wie LucasArts, Claris und TiVo das Buch *Der Mönch und das Rätsel*. In diesem trotz seines Titels angenehm unesoterischen Werk erzählt er von seinen Motorradfahrten durch Myanmar und Begegnungen mit buddhistischen Geistlichen, und ermahnt seine aktienverrückten Mitstreiter zu mehr Work-Life-Balance: Das Buch ermutigt den Leser, sich zu fragen »wie wir unsere Zeit verwenden, nicht unser Geld. Anstatt auf Kosten aller anderen Lebensaspekte nur zu arbeiten, um unser Bankkonto in der Hoffnung zu füllen, dass wir später alles zurückkaufen können, was wir auf dem Weg dorthin verpasst haben, sollten wir unser Leben jetzt genießen, im vollen Bewusstsein seiner Zerbrechlichkeit.«

Komisar prägte dabei den Begriff des »Deferred-Life-Plan«, der aufgeschobenen Lebensplanung. Ein schönes Beispiel für diese verbreitete Angewohnheit, viel zu arbeiten um sich später vermeintlich belohnen zu können, bringt ein anderer amerikanischer Autor, der preisgekrönte Reiseschriftsteller Rolf Potts in seinem Buch *Vagabonding*. Potts erinnert sich, wie er den Film *Wall Street* sah und den von Charlie Sheen gespielten ehrgeizigen Börsenmakler sagen hörte, wenn er es schaffe, einen Sack voll Geld zu machen, bevor er dreißig sei, könne er aus dem Geschäft aussteigen und mit dem Motorrad durch China fahren. Potts erzählt, wie er angesichts dieser Aussage fast aus seinem Stuhl fiel und kommentiert trocken: »Charlie Sheen und jeder andere könnte acht Monate als Toilettenputzer arbeiten und dabei genug Geld verdienen, um mit dem Motorrad durch China zu fahren.« Für ein paar Monate Schrubben mehr gebe es in China sogar das Motorrad dazu. Dieser logische Fehlschluss ist, auf den Punkt gebracht, die Essenz der aufgeschobenen Lebensplanung.

Die Easy Economy ermöglicht uns, aus diesem Hamsterrad zu entkommen. Statt immer mehr für ein vages späteres Ziel verdienen zu wollen und dabei doch nicht glücklicher zu werden, erlaubt sie uns, Arbeit und Freizeit in ein neues Gleichgewicht zu bringen. Statt nur das absolute Einkommen im Blick zu haben, lenkt sie das Augenmerk auf das relative Einkommen. Statt in derselben Zeit mehr Geld zu verdienen (nicht so einfach) lässt sie uns für dasselbe Geld weniger arbeiten, indem wir nicht unser ganzes Leben im Büro vertrödeln, sondern die Effizienzreserven flexibler Arbeitsweisen nutzen und die gewonnene Zeit für angenehmere Dinge einsetzen.

So führt das Mehr an Freiheit zu einem Mehr an relativem Einkommen. Denn flexibleres Arbeiten – das uns aus der Ablenkungsmaschine Büro befreit und uns erlaubt, dann zu arbeiten, wenn wir am besten funktionieren – führt automatisch zu einer gesteigerten Produktivität. Arbeit, für die wir im Büro neun Stunden gebraucht haben, schaffen wir jetzt in fünf. Angenommen, unser Einkommen bleibt auch nur gleich, entspricht allein das einer relativen Gehaltserhöhung von verblüffenden 80 Prozent. Erhöhen wir zu Hause oder unterwegs noch einmal unseren Output, indem wir klüger mit E-Mail und Telefon umgehen und uns auf die wirklich wichtigen 20 Prozent an Aufgaben konzentrieren, können wir diesen Wert sogar noch weiter verbessern.

## Mehr Freiheit im Job = weniger Stress, mehr Karriere

Es gibt also kaum eine effektivere Art, an eine kräftige Gehalts-erhöhung zu kommen, als effizienter und selbstbestimmter mit der eigenen Zeit umgehen zu dürfen. Aber was ist mit den anderen Aspekten der Work-Life-Balance? Gesundheit, Familie, Stress? Die überraschend eindeutigen Ergebnisse drei aktueller Studien zeigen, dass die Easy Economy in all diesen Punkten große Vorteile gegen-über der herkömmlichen Art zu arbeiten bietet. Der amerikanische Wissenschaftler Joseph G. Grzywacz belegte in einer Ende 2007 ver-öffentlichten Untersuchung, dass Angestellte ein gesünderes Leben führen, wenn ihr Arbeitgeber ihnen berufliche Flexibilität einräumt und sie dieses Angebot auch als aufrichtig empfinden. Grzywacz be-fragte die Angestellten eines multinationalen Pharma-Unterneh-mens, das für seine besonders flexiblen Arbeitsangebote bekannt ist: Teilzeitarbeit, Gleitzeit, Job-Sharing und Telearbeit sind Optionen, unter denen die Mitarbeiter auswählen können – und zwar nicht nur Bürokräfte, sondern fast alle vom Manager bis zum Lagerarbeiter. Das Ergebnis: »Menschen, die das Gefühl einer größeren Flexibili-tät in ihrem Job haben, führen ein gesünderes Leben«, so Grzywacz. »Steigt die Flexibilität an, erhöht sich die Wahrscheinlichkeit, dass die Menschen auch gesundheitsfördernde Gewohnheiten anneh-men.« Abgefragt wurden sportliche Aktivitäten, Maßnahmen zum Stressabbau, gesunde Schlafrhythmen und eine allgemein positive Lebenseinstellung. Der Wissenschaftler ist sicher: »Insgesamt hat sich gezeigt, dass nahezu alle gesunden Gewohnheiten, die wir in unserer Studie abgefragt haben, mit der Wahrnehmung höherer Flexibilität zusammenhingen.« Das Vorurteil des Heimarbeiters als Couch-Potatoe, der Chips essend Filme schaut und mittags schon das erste Bier aufmacht, ist also offensichtlich falsch.

Einfach weniger zu arbeiten, ist eine Idee, mit der man den meis-ten Chefs nicht kommen muss. Zu Unrecht, wie Wissenschaftle-rinnen der Universitäten von Michigan und Montreal gemeinsam herausfanden: Eine verringerte Arbeitslast kann vielmehr genau der nächste Schritt sein, wenn es darum geht, Top-Performern ihre

perfekte Arbeitsumgebung maßzuschneidern. Nachdem die For-
scherinnen amerikanische und kanadische Firmen befragt haben,
die sechs Jahre lang mit reduzierten Stunden experimentiert hatten – darunter IBM, Starbucks, die Beratungsfirma Deloitte & Tou-
che und der Lebensmittelkonzern General Mills – stand das Ergebnis
fest: »Es ist nicht klug, wenn Unternehmen talentierte Leute anstel-
len, mit Arbeit überladen und sie dadurch zur Kündigung bringen«,
so Ellen Ernst Kossek, eine der Studienleiterinnen.

Vielmehr zahlt es sich aus, individuelle Arbeitspläne für Angestellte zu entwickeln. So können Top-Performer mit einer reduzierten Arbeitsbelastung ihren Job besser ausüben und fühlen eine größere Loyalität gegenüber dem Arbeitgeber, weil sie weniger gestresst
sind und ihren familiären Verpflichtungen besser nachkommen
können. In der Folge steigt die Produktivität der Wenigerarbeiter
und die Kündigungsrate sinkt, was wiederum zu Kostenersparnis-
sen für das Unternehmen führt. »Manche dieser Vorteile sind kontraintuitiv«, gibt Kossek zu, »aber das ändert nicht daran, dass sie
real sind.«

Dass weniger zu arbeiten positive Effekte für den Arbeitgeber
hat, scheint auf den ersten Blick paradox – und doch haben Forscher den Zusammenhang eindeutig belegt. Leichter einzusehen
sind die Ergebnisse einer Ende 2007 veröffentlichten amerikanischen Metastudie zum Thema Telearbeit – eine Metastudie wertet
andere Studien aus, in diesem Fall 46 – und kann deshalb Aussagen
über eine sehr große und repräsentative Zahl von Menschen treffen. Hier waren es ganze 12 833 flexibel arbeitende Angestellte. Das
Ergebnis: »Telearbeit ist eine Win-Win-Situation für Arbeitnehmer
und Arbeitgeber, mit dem Ergebnis einer besseren Motivation und
Jobzufriedenheit sowie verringertem Stress und Kündigungen auf
der Arbeitnehmerseite«, so fasst der Wissenschaftsdienst Newswise
die Schlüsse jener Psychologen zusammen, die Forschungsmaterial
über flexible Arbeits-Arrangements aus einem Zeitraum von zwanzig Jahren untersucht hatten. Der Studienleiter Ravi S. Gajendran
formuliert es so: »Unsere Ergebnisse zeigen, dass Telearbeit einen
allumfassend positiven Effekt hat, denn dieses Arrangement gibt

dem Arbeitnehmer eine größere Kontrolle, wie er seinen Job ausübt. Telearbeiter haben eine geringere Motivation, ihr Unternehmen zu verlassen, eine bessere Balance zwischen Arbeit und Familie und ihre Leistung wird von Vorgesetzten höher bewertet.«

Entgegen der allgemeinen Annahme, dass persönliche Anwesenheit im Büro essenziell wichtig für ein gutes Verhältnis zu den Kollegen ist, sagt Gajendran, dass Telearbeit diesen Kontakt keineswegs negativ beeinflusse, mit einer Ausnahme: Angestellte, die drei oder mehr Tage pro Woche außerhalb des Büros arbeiteten, beklagten eine Verschlechterung der Beziehungen zu Kollegen und Vorgesetzten. »Anders als die Erwartungen sowohl in der wissenschaftlichen als auch der Ratgeberliteratur, hat Telearbeit keinen direkten schädlichen Einfluss auf die Qualität der Beziehungen am Arbeitsplatz und die subjektiv wahrgenommenen Karriere-Aussichten«, so die Autoren der Studie.

Dass diese Studien alle aus dem amerikanischen Raum stammen, liegt daran, dass das Thema dort schon früher als bei uns im akademischen Rahmen diskutiert und konsequenter von Teilen der Wirtschaft angegangen wurde – weshalb es in den USA schlicht mehr empirisches Material zu untersuchen gibt. Dass die Ergebnisse der Kollegen sich aber auf Deutschland und andere Länder übertragen lassen, bestätigt Wilhelm Bauer vom Fraunhofer Institut, der sich als einer der wenigen Forscher hierzulande seit Jahren mit flexiblen und mobilen Arbeitsformen beschäftigt: »Wir haben in unseren Studien eindeutige positive Wirkungen eines Flexible Office auf Arbeitsleistung und Zufriedenheit der Mitarbeiter nachgewiesen, vor allem aber auf die Innovationsqualität. Und das wird ja in unserer Wirtschaft immer wichtiger«, fasst der deutsche Forscher seine Erkenntnisse zusammen.

Zwischenfazit: Weil uns die Easy Economy aus der Anwesenheitspflicht im Büro entlässt und uns einen souveränen Umgang mit unserer Zeit zurückgibt, verschafft sie uns im Idealfall beides – mehr Geld und mehr Freizeit. Sowie in der Folge eine höhere Lebensqualität und vielleicht dann auch größeres Glück.

# Kapitel 8

# Mehr Kreativität und Motivation

>»Was man nicht im Bett tun kann,
>ist nicht wert, getan zu werden.«
>
> *Groucho Marx*

## Zeit zum Nachdenken

Die Easy Economy kann in der Arbeitspraxis verschiedene Ausprägungen haben: Einige ihrer Mitglieder lässt sie ein paar Stunden früher nach Hause gehen, andere arbeiten nur noch am Pool. Innerhalb von Firmen kann sie bedeuten, dass der stupide Zeitzwang des Alltagstrotts ersetzt wird durch eine Regelung, die es Mitarbeitern ermöglicht zu kommen und gehen, wann sie wollen. Oder dass Mitarbeiter zumindest zeitweise aus der Monotonie des Tagesgeschäfts befreit werden, um selbstbestimmt an eigenen Projekten zu werkeln. Alle diese Formen führen zu überaus wertvollen Ergebnissen: neuen Ideen, ungewöhnlichen Einfällen, kurz: zu mehr Kreativität, der Währung der Wissensgesellschaft. Wie erklären Forscher dieses Phänomen und auf welche Art nutzen moderne Unternehmen den Zusammenhang von Freiheit und Kreativität?

## Freiheit als Kreativitätsmotor

Vorsicht – das nun Folgende ist möglicherweise nicht jugendfrei. Es wird einen schlechten Einfluss ausüben, auch auf Erwachsene. Es könnte Ihr Weltbild erschüttern und Ihre Vorstellungen davon, was sich gehört. Aber es muss gesagt werden: Faul sein ist nützlich. Faulheit ist – anders als das Wörterbuch behauptet – nicht das Gegenteil von Fleiß, und Freizeit ist nicht der Feind der Arbeit. Phasen des selbstbestimmten Müßiggangs sind vielmehr notwendige Voraussetzung für Kreativität.

»Wenn ich an Leute mit Reichtum, Weisheit und Wohlergehen denke, sehe ich unter ihnen Künstler, Schriftsteller, Musiker und Arbeitgeber. Es ist allgemein bekannt, dass keiner dieser Berufe zu den Frühaufstcher-Berufen gehört«, polemisiert der britische Journalist und Schriftsteller Tom Hodgkinson, der mit seiner *Anleitung zum Müßiggang* 2007 einen internationalen Bestseller schrieb und auch in der von ihm herausgegebenen Zeitschrift *The Idler* Tipps und Tricks für fröhliche Faulenzer veröffentlicht. Der Mann lebt seine Ratschläge und ist aus dem hektischen London in ein lauschiges Landhäuschen gezogen, wo er als Selbstversorger lange schläft, abends am Kamin Bier trinkt und insgesamt ein offenbar geruhsames Dasein pflegt.

Nun gibt es extrem viele erfolglose Künstler, Schriftsteller und Musiker, darum taugt ihr Lebenswandel kaum als Vorbild für eine funktionierende Wirtschaft. Auch Hodgkinsons leicht muffige Kapitalismuskritik nervt eher, als dass sie zu einem anderen Leben inspiriert. Dennoch klingt plausibel, was er zum schöpferischen Prozess sagt: »Arbeitgeber sehen es lieber, dass man vier Stunden herumsitzt und gar nichts schafft, als dass man für eine Stunde ein Nickerchen einschiebt (...), dem drei Stunden produktiver Arbeit folgen.« Das sei nicht nur menschenfeindlich, sondern auch unvernünftig, so Hodgkinson zu Recht, denn: »Um Ideen zu entwickeln, und dann zu planen, wie man diese Ideen umsetzen kann, benötigen kreative Menschen Denkzeit, und zwar fernab vom Schreibtisch, vom Telefon, von den abertausend Ablenkungen des (...) Lebens.«

Ein Blick in die Geschichte der Arbeitsphilosophie herausragender Denker zeigt tatsächlich: Entspannt kommt weiter. Für Aristoteles war die Faulheit die Schwester der Freiheit – er verstieg sich gar zu der Aussage: »Arbeit und Tugend schließen einander aus.« Albert Einstein erlaubte sich täglich zwölf Stunden Schlaf. Friedrich Nietzsche fand: »Wer von seinem Tag nicht zwei Drittel für sich hat, ist ein Sklave, er sei übrigens Staatsmann, Kaufmann, Beamter, Gelehrter.« Dostojewski beschrieb den Schöpfungsprozess des Schriftstellers:

»Einsamkeit und Faulheit liebkosen die Phantasie.« Und Goethe sah es aus ganz pragmatischer Perspektive der ökonomischen Effizienz: »Unbedingte Tätigkeit macht zuletzt bankrott.«

Wir kennen das von uns selbst: Wer den ganzen Tag nur hektisch Aufgaben abarbeitet, wer zwischen E-Mails und Meetings keine freie Minute zum Nachdenken hat, wer auf diese Weise die Wochen, Monate und Jahre vorbeiziehen sieht, kommt schnell in eine Sinn- und Schaffenskrise: Wozu dieses Hamsterrad? Ich trage ja nicht mal etwas Konzeptionelles zu meinem Job bei. Die Entscheidungen werden eh woanders getroffen. Spätestens, wenn uns dann eine Krankheit für ein paar Tage lahmlegt, merken wir, wie der kreative Teil unseres Hirns wieder warmläuft. Wir lesen Bücher, sprechen mit Freunden auch mal über etwas anderes als die Arbeit, freuen uns an ziellosen Spaziergängen, an langen Telefonaten, an der abwechslungsreichen Welt außerhalb unserer Bürozelle. Am Ende sind unsere geistigen Akkus wieder aufgeladen. Wir haben Pläne, Ideen, gute Vorsätze – die meist schnell wieder im Arbeitsalltag untergehen. Wie kommt es, dass wir uns mit einer abklingenden Grippe im Bett oft kreativer fühlen als im Büro?

### Kreativitätstheorien: Einsames Genie oder Interaktion?

Die *Encyclopaedia Britannica* definiert Kreativität als »die Fähigkeit, etwas Neues herzustellen oder anderweitig ins Leben zu rufen, sei es eine neue Lösung für ein Problem, eine neue Methode, ein neues Werkzeug, ein neues künstlerisches Objekt oder eine artistische Form.« Das vielleicht beste aller Lexika erklärt weiter, es gebe bestimmte Charaktereigenschaften, die nachweislich mit kreativer Produktivität einhergehen. Eine davon ist Autonomie: Kreative Menschen tendieren dazu, in ihrem Denken und Handeln unabhängig und nonkonformistisch zu sein.

Als sich der preisgekrönte Lyriker Durs Grünbein und der Hirnforscher Ernst Pöppel im Jahr 2000 im Auftrag des *SPIEGEL* über Kreativität unterhalten sollten, konnten sie sich zunächst nicht einigen: »Für mich bedeutet schriftstellerische Kreativität, Auszeiten zu produzieren, sich innerlich von der Welt zu entfernen – ein größtmögliches Quantum an hochkonzentrierter und von allem äußeren Geschehen abgekapselter Lebenszeit«, so Grünbein. »Diese kortikale Sensibilisierung, diese unbedingte Aufmerksamkeit nach innen ist notwendig für den schillernden Moment des Schaffens.« Pöppel störte an diesen Aussagen weniger das schwurbelige Dichterdeutsch als vielmehr Grünbeins Betonung der Einsamkeit. Der Forscher widersprach: Kreativität erfordere Interaktion.

Er hatte zwar Verständnis für das Isolationsbedürfnis des innovativen Schreibers, plädierte aber für Abwechslung – erst »durch Sprechen verstehe ich etwas Neues. Aber die Nachhaltigkeit und Tiefe dieser neuen Erkenntnis ist nicht vergleichbar mit dem Bei-sich-Sein, wenn man abgeschlossen von der Welt etwas aufschreibt. So intensiv arbeiten kann man eigentlich auch nur zwei bis drei Stunden am Tag. Wenn es keine Störung von außen gibt, hat man in diesen Momenten den maximalen Zugang zu allem, was im Gehirn vorhanden ist: Gefühle, Erinnerungen, Wahrnehmungen.« Grünbein stimmte schließlich zu: Dem kreativen Prozess »geht immer das soziale Leben voraus, sagen wir, der Gang durch eine Großstadt. Ich weiß von mir selbst, dass es diese Phasen absoluter Reizüberflutung geben muss, um hinterher alles in Ruhe zu entwickeln. Es muss beides geben – Konzentration, die auf sich selbst beschränkt bleibt, geht zuletzt leer aus.«

Der amerikanische Psychologe E. Paul Torrance erfand bereits 1966 die heute gängigste Methode, Kreativität zu messen: Den Torrance Test of Creative Thinking (TTCT). Mit ihm lassen sich Grundeigenschaften kreativer Menschen überprüfen: Die Fähigkeit, über viele Ideen schnell nachzudenken, die Flexibilität, neue Ideen und Werkzeuge auf ungewöhnliche Weise anzuwenden sowie die Originalität, sich neue Ideen und Produkte auszudenken.

Torrance' Kollege Mark Runco ergänzte, dass der kreative Prozess aus sechs Phasen besteht, in denen sich der kreative Mensch zunächst »orientiert«, also mit großer Neugierde Informationen sammelt. Dann folgt die Phase der »Inkubation«, in der er das zu lösende Problem definiert und unter Verwendung der vorher gesammelten

Informationen nach Lösungen sucht – dies kann bewusst oder unbewusst geschehen. In der dritten Phase der »Illumination« erlebt der kreative Mensch, so Runco, »divergentes Denken, Offenheit und Aufregung«. Während der »Verifikation« wird die eigene kreative Arbeit bewertet und mit existierenden Ansätzen verglichen. Schließlich folgen mit der »Kommunikation« und der »Validation« jene Phasen, in denen das neue kreative Werk zunächst anderen Experten und dann der Gesellschaft zugänglich gemacht, von außen bewertet und entweder angenommen oder abgelehnt wird. Wie die Aussagen von Pöppel sowie die Theorien von Torrance und Runco zeigen, hat Kreativität scheinbar widersprüchliche Voraussetzungen: Zurückgezogenheit und Kommunikation, einsames Denken und äußerer Input, Ruhe und öffentliche Diskussion. Weder stimmt also in der Regel das Klischee des einsiedlerischen Genies, das in der Isolation seine größten Werke schafft. Noch kann unter dem täglichen Dauerfeuer der Ablenkung, wie wir es am Arbeitsplatz erleben, wirkliche Kreativität entstehen.

Kurz: Wer kreativ sein will, braucht abwechselnde Phasen intensiver Informationsaufnahme, einsamer Kontemplation und kommunikativer Auseinandersetzung mit anderen. Der normale 8- bis 10-Stunden-Arbeitstag mit Anwesenheitspflicht und Meetingzwang erlaubt den zweiten Schritt nicht: Das »Inkubation« genannte zurückgezogene Verarbeiten, das Innovation erst möglich macht, kommt zu kurz. Nur eine flexible Arbeitsweise, in der Zeit im Büro mit Phasen der Abwesenheit relativ frei kombinierbar sind, macht uns wirklich – wie von Medien und Arbeitgebern immer wieder gefordert – zu kreativen Mitarbeitern.

»In der Wissensgesellschaft spielt es keine so große Rolle mehr, wo, in welcher Umgebung und zu welchen Uhrzeiten ich gute Ideen und spannende Konzepte entwickele«, sagt Hermann Hartenthaler, der im Forschungs- und Entwicklungszentrum der deutschen Telekom mobile Arbeitskonzepte realisiert. Im Gegenteil: Nach Untersuchungen der Universität St. Gallen entstünden 80 Prozent aller Ideen außerhalb des Arbeitsplatzes, also zu Hause oder unterwegs. Hartenthaler:»Wenn es darum geht, kreativ zu sein, sind Freiräume und andere Umgebungen wahrscheinlich sogar förderlicher als das Büro.« Natürlich muss man die Ideen dann auch festhalten und umsetzen können und da hilft die mobile Technikanbindung: »Ich klappe eben zu Hause spätnachts noch mal den Laptop auf, mache mir eine Notiz oder schicke eine E-Mail.«

Der angestellte Architekt Peter Meier arbeitet vier Tage pro Woche im Büro, freitags darf er von zu Hause aus seinem Job nachgehen. Sein Chef war erst skeptisch, findet die Regelung aber inzwischen so effektiv, dass er sie auch seinen anderen Mitabeitern anbieten will. Doch was genau macht Meier am Tag seiner Heimarbeit? Ist die Versuchung nicht groß zu faulenzen, fernzusehen? Seine Antwort ist überraschend ehrlich: »Als erstes habe ich an meinen Freitagen die gesamten sechs Staffeln *Sopranos* durchgeschaut.« Die amerikanische Fernsehserie hat, zugegeben, viele Preise gewonnen, aber ist das nicht ein Missbrauch der Regelung? Nein, da ist Meier ganz sicher. Er holt nicht nur die verlorene Arbeitszeit durch E-Mails am Abend, Telefonate am Wochenende sowie quasi ununterbrochenes Zeichnen und Scribbeln von Ideen locker wieder auf. Vor allem aber hilft ihm die artfremde Informationsaufnahme, auf neue Gedanken zu kommen, den Kopf freizuräumen – schlicht: wieder kreativ zu sein. Glaubt man dem gängigen Forschungsstand zum Thema, hat er Recht.

## Wie die kreative Klasse die Wirtschaft prägt

Warum ist es überhaupt so wichtig, kreativ zu sein? Dass wir nicht mehr in der Industrie-, sondern in der Wissensgesellschaft leben, hat sich herumgesprochen. Die großen Konzerne unserer Zeit produzieren nicht mehr Stahl, sondern Ideen und Patente und die Art, wie wir arbeiten, hat sich nicht nur in entwickelten Ländern fundamental gewandelt. Wir designen, programmieren, organisieren. Wir vertreiben, verkaufen, verwalten. Wir verdienen unser Geld mit dem Inhalt unserer Köpfe. Und weil wir seit der Theorie der schöpferischen Zerstörung des Wirtschaftswissenschaftlers Joseph Schumpeter wissen, dass der Kapitalismus seine Kinder frisst und sich permanent neu erfindet, muss uns bei der Arbeit eben immer wieder etwas Neues einfallen. Kurz: Kreativität ist heute die Kernkompetenz fast jedes modernen Berufes. Spätestens 2002 hat es der amerikanische Soziologe Richard Florida mit seinem Buch *The Rise of the Creative Class* allgemeinverständlich formuliert: Die kreative Klasse sorgt heute für wirtschaftliches Wachstum. Arbeitgeber und Regionen, die diese anspruchsvolle Klientel anziehen, sind die ökonomischen Gewinner.

Wer gehört zur kreativen Klasse? Laut Florida ist ihren Mitgliedern gemeinsam, dass sie Ideen produzieren, mit denen Firmen Geld verdienen können. Man kann die Kreative Klasse in drei Gruppen einteilen: »Rationale Innovatoren«, zu denen Ingenieure, Naturwissenschaftler oder Informatiker zählen, zweitens die »kreative Mitte«, also zum Beispiel Betriebswirte, Werber oder Designer und drittens »Künstler« wie Musiker, Schauspieler oder Maler.

An der ökonomischen Bedeutung dieser Klasse gibt es kaum noch Zweifel. Allein in den USA hat der kreative Sektor zu mehr als 20 Millionen neuen Jobs beigetragen, knapp die Hälfte aller Löhne und Gehälter gehen auf die Konten dieses wissensorientierten Teils der Gesellschaft. Heute arbeiten in den hoch entwickelten Industrienationen zwischen 25 und 30 Prozent aller Werktätigen im Kreativsektor – das heißt in Wissenschaft und Technik, Forschung und Entwicklung, in technologiebasierten Industriezweigen, in Kunst, Musik, Kultur, Ästhetik und Design sowie in den wissensbasierten Berufen der Bereiche Medizin, Finanzwesen und Recht. Im Vergleich: Die US-Arbeiterklasse kommt nur noch auf knapp 25 Prozent, die Serviceklasse bildet die zahlenmäßig größte Gruppe mit 43 Prozent. Florida legte 2005 neue Berechnungen auch für Europa vor:

»Berücksichtigen wir die Techniker bei der internationalen Analyse mit, wächst der Anteil der kreativen Klasse in acht Ländern sogar auf 40 Prozent und mehr: Niederlande (47 Prozent), Schweden (42,4 Prozent), Schweiz (42 Prozent), Norwegen (41,6 Prozent), Belgien (41,4 Prozent), Finnland (41 Prozent) und Deutschland (40 Prozent). In praktisch allen übrigen Ländern liegt er bei über 30 Prozent. Hinzu kommt, dass die kreative Klasse in vielen Ländern während der vergangenen zehn Jahre erstaunlich gewachsen ist, in Neuseeland etwa seit 1991 von 18,7 Prozent auf 27,1 Prozent, in Irland hat sie sich im selben Zeitraum von 18,7 Prozent auf 33,5 Prozent sogar annähernd verdoppelt.«

Die wichtigste Eigenschaft der kreativen Klasse ist ihre räumliche Mobilität. Ihre Mitglieder, so hat Florida herausgefunden, ziehen gern in Städte mit einer lebendigen Subkultur, netten Straßencafés und einer toleranten Atmosphäre. An ihre Arbeitgeber stellen diese Kreativen ähnlich hohe Ansprüche: Flexibilität, Eigenverantwortung und ein offenes, liberales Klima sind ihnen wichtig. Der deutsche Trendforscher Matthias Horx beschreibt die neuen Arbeitnehmer so: »Mitglieder der kreativen Klasse sind keine Bohèmiens, die täglich im Schöpfungsrausch geniale Tätigkeiten verüben. Sie können ihre Talente auch als Angestellte ausüben. Aber sie DENKEN und FÜHLEN selbstständig.«

Und diese aufmüpfige Haltung soll mit einer effizienten Unternehmenskultur zusammengehen, die ja ganz ohne Disziplin, Zuverlässigkeit und schlichtem Gehorsam auch nicht funktioniert? Es geht – wie, das zeigen einige wegweisende, extrem erfolgreiche Firmen, über die wir im nächsten Kapitel mehr erfahren.

# Kapitel 9

## Kreativzeit als Ideeninkubator

>»Bei der Muße soll nicht etwa träges Nichtstun locken,
>sondern das Erforschen und Auffinden der Wahrheit.«
>
>*Aurelius Augustinus*

### Kreativität und Freiheit in deutschen Unternehmen

Als Stefan Liske noch Manager für die Produktstrategien aller Marken im Volkswagen-Konzern war, hatte er eine revolutionäre Idee. Der begeisterungsfähige, agile junge Mann sollte herausfinden, warum sich VW-Modelle in den USA nicht mehr so gut verkauften – der Hersteller hatte in den vergangenen Jahren in diesem Markt gegen den Trend jährlich mehr als eine Milliarde Dollar Verlust gemacht. Liske wollte wissen, was dagegen zu tun sei und er wollte dies auf eine Weise recherchieren, wie es beim konservativen Wolfsburger Konzern noch nie getan worden war.

Liske hatte vorher zehn Jahre bei BMW gearbeitet und dort untersucht, wie »echte Durchbruchprojekte« bei Innovationsmeistern wie dem amerikanischen Computerforschungszentrum MIT zustande gekommen waren, wie IBM den PC erfunden oder die NASA Menschen auf den Mond gebracht hatte. Ähnlich war der Auftrag von VW-Chef Bernd Pischetsrieder an Liske, der ihn bei seinem Wechsel von BMW mitgebracht hatte. Pischetsrieder bat Liske, am Beispiel USA den etwas müden Laden Wolfsburg aufzumischen und fit für die Zukunft machen.

Liske abstrahierte von seinen internationalen Vorbildern und schuf die – aus seiner Erfahrung – ideale Arbeitsumgebung für ein kreatives Hochleistungsteam: Er stellte eine bunt gemischte Truppe aus 23 Designern und Konstrukteuren, Finanzfachleuten und Marketingexperten zusammen, verfrachtete sie Anfang 2005 nach Los

Angeles und ließ sie als Trendscouts vor Ort die Kundenbedürfnisse erleben. »Es ging um völlig neue Formen der Zusammenarbeit: Wie schafft man kreative Freiräume, wie viel Freiheit brauchen die Menschen? Wie wichtig ist Technologie, also zum Beispiel eine mobile, hochmoderne Computer- und Kommunikationsausstattung? Wie kann man die Leistung des Teams über die normalen Bereichsgrenzen hinaus deutlich steigern? Wie möchten die Mitarbeiter eigentlich arbeiten?« Weil eine solche interdiziplinäre und experimentelle Arbeitsweise für VW schwer nach Science Fiction klang und weil Liske immer noch viel an IBM, MIT und vor allem NASA dachte, bekam das Projekt folgerichtig den Namen »Moonraker«.

Das Team um Liske arbeitete, wie es in der Heimat nie möglich gewesen wäre. Dort hatten sie in öden Einheitsbüros gesessen und Marktforschungs-Präsentationen am Bildschirm durchgeklickt. In Los Angeles bezogen sie eine großräumige Villa in Malibu, tauschten graue Anzüge gegen bunte Poloshirts und Shorts und schraubten erst mal gemeinsam bei IKEA besorgte Schreibtische zusammen. Von nun an unterhielten sich die 23 Scouts beim Frühstück in der Gemeinschaftsküche, im Großraumbüro oder nach dem Abendessen über Ideen und praktische Recherche-Ansätze, über amerikanische Kultur und Mobilitätskonzepte. Sie konferierten »spontan in einer Sofaecke, auf der Terrasse, bei Starbucks oder am Strand. Alle sind hochmobil, ausgerüstet mit Laptops, Blackberry und Fahrzeugen der Wettbewerber«, beobachtete ein Reporter im Auftrag der Unternehmensberatung McKinsey.

Zunächst reisten sie 24 Tage lang durch die USA, besuchten Ausstellungen, drehten Filme, führten Interviews mit potenziellen Käufern. Sie studierten unterschiedliche Infrastrukturen, demografische Besonderheiten, und setzten sich bei Amerikanern auf den Autorücksitz, um herauszufinden, wie diese mit den Armaturen umgehen, wo sie ihre Einkäufe, Handtaschen und Sonnenbrillen ablegen. Zu Hause könne er vielleicht in einer Studie lesen, dass 10 Prozent der Kunden die Klimaanlage nicht gefalle, sagt Konzeptingenieur Niklas Meyer, »aber was genau gefällt ihnen nicht? Das steht da nicht drin.« Im direkten Gespräch könne er nachhaken.

Die Kollegen in Wolfsburg beobachten die Rechercheure in Kalifornien derweil skeptisch – ist das alles nur ein großer Abenteuerurlaub? »Im Vergleich zu den USA wird in vielen deutschen Unternehmen gleich torpediert, wenn eine Abteilung oder ein Projekt Sonderregelungen mit höheren Freiheitsgraden hat«, sagt Liske heute: »Nicht aus inhaltlichen Gründen, sondern aus einer Neidkultur heraus. Sowas lähmt extrem und demotiviert das vermeintliche Hochleistungsteam.«

Im Juni 2006 endet das Experiment Moonraker und viele Teilnehmer können sich nicht vorstellen, wieder in ihre Büros zurückzukehren, ins langweilige Einerlei des täglichen Arbeitstrotts. Fünf kündigen, »davon haben sich zwei selbstständig gemacht und drei sind zu anderen Unternehmen gewechselt«, so Liske: »Drei oder vier tun sich im Tagesgeschäft ihrer jetzigen Linienfunktionen sehr schwer. Andere habe ihr Arbeitsumfeld geändert, haben etwas von dem Vibe mitgenommen, lassen heute Schlips und Anzug zu Hause.« Es gab aber auch Teilnehmer, die Moonraker eher als »schwierig« empfunden hätten und jetzt wieder alles so machen wie vorher.

VW-Konzernchef Pischetsrieder und Markenvorstand Wolfgang Bernhard glaubten damals zwar an diese ungewöhnliche Form der Innovationsfindung, Liske bekam den Auftrag in Shanghai, in Indien, bei Seat und Audi weiterzumachen, den Ansatz zu multiplizieren und in die Kernentwicklungsprozesse zu verankern. Doch als die Chefs abgelöst wurden, ging auch Liske. »Die Hauptpromotoren waren weg.« Liske machte sich mit einer Agentur für Marketing und Produktdesign selbstständig, VW gehörte zu den ersten Kunden. Heute arbeitet er auch für Audi, Villeroy&Boch, Nike oder van Laack.

Projekte wie Moonraker haben in den Konzernen deutliche Spuren hinterlassen: Die ganze VW-Markenausrichtung in den USA stammt aus dem Projekt und derzeit werden – ebenfalls aus seinen Erkenntnissen heraus – mehrere Fahrzeugmodelle nur für den amerikanischen Markt entwickelt. Für den gesamten Volkswagenkonzern wurden die in den Projekten entwickelten Methoden in den Kernprozessen etabliert. Scouting gehört bei VW, Audi oder auch

BMW heute zum Standardprogramm, wenn über neue Modelle oder Markteintrittstrategien nachgedacht wird. BMW leistet sich nach wie vor jährlich mindestens zwei Projekte à la Deep Blue – diese Form der Durchbruchsarbeit mit Laborcharakter ist heute fester Bestandteil der Arbeitsweise in München.

Liske sieht im Rückblick große Unterschiede in der Unternehmenskultur seiner Arbeitgeber: »Bei BMW sind die Leute viel besser mit der organisatorischen Freiheit, mit dem Fehlen von Hierarchien und festen Arbeitszeiten zurechtgekommen. Bei VW gab es eine erheblich genauere Aufgabenstellung und trotzdem hatten Viele Probleme mit der Freiheit, brauchten einen geregelten Arbeitstag.« Für Liske ist das ein Spiegel der deutschen Unternehmenslandschaft: Manche Manager verstünden genau, dass Kreativität auch Freiheit braucht, manche eben nicht. Bei BMW seien es sicher 70 Prozent der Führungskräfte gewesen, die die Notwendigkeit für solchen mutigen Ansätze verstanden hätten, bei VW weniger als die Hälfte.

Nur wenn Unternehmen ihren Mitarbeitern mehr Freiheit einräumten als bislang, seien sie international künftig wettbewerbsfähig und hätten die Chance, neue Geschäftsfelder und Märkte erfolgreich zu erschließen. Liske: »Ohne Freiheit keine Kreativität und schon gar keine Durchbruchsinnovationen – es besteht die Gefahr, dass es vielen deutschen Firmen auch zukünftig nicht gelingen wird, ihre behördenspießigen und provinziellen Muster abzulegen. Deutschland hat ein unglaubliches Kreativitätspotenzial«, so Liske, »aber in den meisten Unternehmen wird das nicht annähernd gehoben – sie tun sich schwer, ihr Korsett der Mittelmäßigkeit abzulegen.«

Das sture Festhalten am Status Quo ist seiner Meinung nach fatal: »Sie werden heute auch in Deutschland keinen guten Kopf zum Beispiel in den Bereichen Design oder Marketing bekommen, wenn Sie ihm nicht ein Package mit entsprechenden Freiheitsgraden anbieten. Bei VW ist es bis heute nicht möglich, einen halben Heimarbeitsplatz zu haben. Das ist komplett anachronistisch.« Liske hält viel von Sabbaticals: »Bei BMW habe ich das selbst in Anspruch genommen: du ziehst ein oder zwei Jahre brutal durch und danach hast du vier Monate oder länger frei.« Alle zwei Monate mal zwei Wochen zu haben, in denen man sich zurücknehmen kann, sei auch schon viel wert. Solch hyperflexible Arbeitszeiten verhindern natürlich in der Regel die Gewerkschaften. Bei Moonraker gab es, so Liske, keine festen Urlaubs- oder Arbeitszeiten, aber »das war nur über einen Trick möglich – alle hatten amerikanische, speziell adaptierte Arbeitsverträge, ich habe sie also dem deutschen Arbeitsrecht quasi entzogen.«

Zwar seien elitäre Leuchtturmprojekte wie Moonraker und Deep Blue wichtig für große Innovationsschübe. Doch das sind natürlich Ausnahmen für wenige – und tatsächlich kann es eigentlich nicht verwundern, wenn die Kollegen zu Hause angesichts derartiger Extras neidisch werden. Darum, sagt Liske, sollten generell alle Mitarbeiter in einem Konzern 20 bis 30 Prozent ihrer Arbeitszeit in selbstbestimmten Projekten arbeiten dürfen: »Sie müssen die Freiheit haben, ihr Alltagsgeschäft umzugestalten. Mit einer anderen Atmosphäre, mit mehr Inspiration und einer besseren Work-Life-Balance.« Klingt schon wieder nach Science Fiction? Nicht bei den Unternehmen, um die es als nächstes gehen soll.

### Tüftlerzeit bei Google

Wer für Google arbeitet, bekommt nicht nur – wie wir am Anfang des Buches gesehen haben – umsonst Eiscreme und Massagen, sondern, sofern er für den Internet-Konzern neue Geschäftsmodelle finden soll, vor allem den guten Rat, aus Prinzip blau zu machen. Alle Entwickler und Ingenieure dürfen einen Tag pro Woche an Spaßprojekten jenseits des Tagesgeschäfts werkeln. Bei dem Suchmaschinen-Giganten arbeiten einige der klügsten Köpfe der Welt. Von den rund 12 000 Mitarbeitern haben allein 600 einen Doktortitel. Geschäftsführer Eric Schmidt ist stolz darauf, dass in seinem Unternehmen ein gewisses Maß an kreativer Unordnung als Organisationsprinzip herrsche.

Google lässt seine Kreativen 20 Prozent ihrer Arbeitszeit in Tüfteleien stecken, die mit ihren aktuellen Aufgaben gar nichts zu tun haben. Dabei werden sie ermutigt, lose Arbeitsgruppen über Abteilungsgrenzen hinweg zu bilden und sollen sich über den konkreten wirtschaftlichen Nutzen ihrer Erfindungen dezidiert keine Gedanken machen. Ergebnisse dieser »Kreativzeit« waren unter anderem der Webmail-Service Gmail, der es mit seinem riesigen Speicherangebot erstmals unnötig machte, elektronische Post ständig zu löschen, sowie Google-Earth, der Suchservice mittels dreidimensionaler Satellitenkarten, den inzwischen selbst TV-Nachrichten, Navigationsgeräte und Handys nutzen.

»Google ist das beste Beispiel für eine Firma, deren Erfolg darauf beruht, ihren Mitarbeitern enorm viel freien Lauf zu lassen«, schreiben David Vise und Mark Malseed in ihrem in 24 Sprachen übersetzten Firmenportrait *Die Google-Story*. »Dieser Spielraum gibt den Mitarbeitern das Gefühl, dass sie nicht wie der Affe auf dem Schleifstein in einer herkömmlichen Firma schuften«, so die Autoren. Firmenboss Schmidt erklärt, wie sie auf die ungewöhnliche Idee der großen Freiheit kamen: »Wir haben uns enorm angestrengt, an der vordersten Innovationsfront mitzuspielen, indem wir die Entscheidungsbefugnis und Selbstständigkeit ›nach unten‹ weiterreichen.«

Die einzige Ausnahme sei die Buchhaltung, »da bleiben wir beim traditionellen Modell«, so Schmidt. Die Zahl unabhängiger Tüftelprojekte ist auf irgendwo zwischen 100 und 300 gestiegen. Mit dem Ergebnis der Kreativzeit ist Eric Schmidt jedenfalls sehr zufrieden: »Wir kennen die nächste Killer-Application nicht, aber mit großer Wahrscheinlichkeit sind wir der Laden, in dem sie erfunden wird.« Google ist jedoch nicht das einzige Unternehmen, das seinen Mitarbeitern so viel Freiheit einräumt und es war auch nicht das erste. Das Paradebeispiel für den neuen Trend der Easy Economy ist paradoxerweise eines, das vor fast 100 Jahren seinen Anfang nahm.

### 3M: Freiheit für Innovation

Als Richard Drew, Ingenieur beim Unternehmen Minnesota Mining & Manufacturing, eines Morgens im Jahr 1923 in einer Autowerkstatt ein neues Schleifpapier testete, hörte er einen Mann fluchen. Der Lackierer versuchte, einen Wagen in zwei Farbtönen zu verschönern, aber zu dieser Zeit war das Abklebeband sehr schlecht – Farbe suppte von einer Farbfläche zur anderen, anstatt einen geraden Übergang zu ergeben. Richard Drew versprach ihm, Abhilfe zu schaffen – durchaus kein nahe liegender Gedanke, stellte sein Arbeitgeber, der später unter dem Namen 3M als hochinnovatives Unternehmen zu Weltruhm gelangen sollte, doch damals ausschließlich Schleifmittel her.

Der Ingenieur forschte zwei Jahre an einer Lösung für das Problem des Lackierers. Irgendwann verbot der Chef, weitere Arbeit in das Seitenprojekt zu stecken und befahl ihm, sich lieber wieder seinem eigentlichen Job zu widmen, der Entwicklung wasserfesten Schleifpapiers. Drew tüftelte heimlich weiter an seinem Steckenpferd und fand schließlich die Lösung. Das »Scotch masking tape« genannte Produkt wurde vermarktet, brachte seinem Arbeitgeber im ersten Jahr gleich über 160 000 Dollar Umsatz ein und zehn Jahre später bereits mehr als eine Millionen.

Drews Chef William McKnight, der Vizepräsident der Firma, hatte seine Lektion gelernt: Fortan wollte er Ingenieure ihren Instinkten folgen lassen. Diese Erkenntnis fasste er in die heute noch bei 3M als »15-Prozent-Regel« bekannte Anweisung: Ingenieure dürfen sich bis zu 15 Prozent ihrer Arbeitszeit mit fachfremden Themen und scheinbar abseitigen Projekten beschäftigen. Seine Mitarbeiter jeden Tag nur nach Vorschrift verbringen zu lassen, das schlussfolgerte McKnight, nahm ihnen allen Elan und viel ihrer Kreativität.

Das Ergebnis war ein stetiger Strom an Innovationen: Bei 3M wurde das reflektierende Straßenschild ebenso erfunden wie Scotchgard, die chemische Imprägnierung von Leder oder Stoffen, und – vielleicht am Bekanntesten: der Post-It-Zettel. Heute arbeiten über 75 000 Mitarbeiter in 65 Ländern für das Unternehmen, das 2006 einen Umsatz von 22,9 Milliarden US-Dollar machte. McKnight sah den Zusammenhang von Freiheit und Kreativität schon 1944: »Fördern Sie experimentelles Herumbasteln«, wies er seine Manager damals an: »Wer Zäune um Menschen baut, bekommt Schafe. Geben Sie Menschen den Raum, den sie brauchen.«

## Kreative Unordnung beim Maschinenbauer Voith

Auch in Deutschland finden sich neuerdings Anhänger der Idee, Mitarbeitern Freiheit und Zeit zurückzugeben, um patriarchalische Kontrolle gegen innovative Produkte und loyale Angestellte einzutauschen. Das Familienunternehmen Voith im schwäbischen Heidenheim baut Papiermaschinen, Lokomotiven, Wasserkraftwerke und Schiffsschrauben – also ziemlich handfeste Güter der Old Economy. Insofern ist das Unternehmen luftigen Zukunftsphantasien und abstrakten Management-Experimenten sehr unverdächtig. Und doch hat der Vorstandsvorsitzende Hermut Kormann dem Unternehmen ein radikales Kreativitätsprogramm verordnet, damit Voith-Produkte auch in Zukunft so innovativ sind, dass sie sich in die ganze Welt verkaufen. »Innovation ist, wenn unsere Kunden ein altes Produkt für ein neues verschrotten«, sagte er dem Wirtschaftsmagazin *brand eins*.

Auf einer Führungskräftetagung im Jahr 2005 gab Kormann das Motto aus, »dass Kreativität von nun an ein Thema ist.« Und so darf jede Abteilung seitdem im Tagesgeschäft zwei bis drei Leute zur Kreativarbeit freistellen. Mitarbeiter werden offen aufgefordert, ihre Ideen auch gegen den Willen des Abteilungsleiters voranzutreiben. Forscher können 10 bis 15 Prozent ihrer Arbeitszeit an neuen Projekten tüfteln. Man nennt das bei Voith »themenfreie Arbeit« oder, so Manager Günter Halmschlager, ein »gewisses Maß an Unordnung«. Heraus kamen unspektakulär klingende, aber die Branche revolutionierende Ideen wie ein Sensor zur kontaktlosen Papierdickenmessung oder eine neue Trockentechnik, mittels der Papiermaschinen ein Drittel weniger Energie verbrauchen. Heraus kam aber auch die Vision, auf die Perfektionierung von Wellenkraftwerken zu setzen, die in Zukunft den Energiebedarf ganzer Südseeinseln decken sollen. Unternehmenschef Kormann will mit seinen Befreiungsmaßnahmen und Spielzeiten die Leidenschaft der Ingenieure wecken und hervorragendes Personal überhaupt ans Unternehmen binden. Voith kann derzeit 120 offene Ingenieursstellen nicht besetzen. »Mit Geld allein kriegen sie heute keine Spitzenkraft mehr gelockt«, so

Kormann. Mit dem Versprechen von Freiheit, Flexibilität und Eigenverantwortung sowie dem Geld, aus der eigenen Idee ein fertiges Produkt entwickeln zu können, schon.

## Freudenberg: Flexible Bürogestaltung

Vermutlich ist die Unternehmensgruppe Freudenberg nicht so bekannt, weil es ein wenig schwierig ist zusammenzufassen, was die Firma überhaupt macht. Freudenberg hat 14 operativ selbstständige Geschäftsgruppen, die weltweit in unterschiedlichen Märkten tätig sind. Das Unternehmen stellt viele technische Produkte her, die man im täglichen Gebrauch nutzt, bei denen die Marke aber nicht in Erscheinung tritt. Es liefert Dichtungen, Filter, Vliesstoffe, Trennmittel und Schmierstoffe an nahezu alle Automobilhersteller der Welt sowie an Maschinen- und Anlagenbauer, Energie- und Chemie- oder Pharmaunternehmen. Eines der wenigen Produkte, die unter ihrem Markennamen bekannt sind: Vileda-Reinigungstücher. Freudenberg hat 2006 über fünf Milliarden Euro umgesetzt. Es sind Firmen wie diese, Familienunternehmen ohne großen Glamour, deren Namen kaum jemand kennt, die hierzulande die große Masse an Arbeitsplätzen schaffen und das deutsche Exportwunder ausmachen.

Ulrich Frenzel ist der Direktor des erst vor kurzem gebauten Innovationscenters von Freudenberg. Neue Produkte sind gerade in der schnelllebigen Automobilbranche ständig gefragt. »Kreativität entsteht nicht an einem Volltischarbeitsplatz und im Einzelbüro«, sagt Frenzel, »darum haben wir das Center so gestaltet, dass wir die Kreativität wo immer möglich unterstützen: Das Gebäude ist transparent gestaltet, so kann ich meine Kollegen schnell ansprechen. Es gibt keine festen Arbeitsplätze, sondern wir stellen verschiedene Arbeitsplatzsituationen zur Verfügung. Wir haben Denkerzellen, Teambereiche oder Kommunikationszonen wie den Coffeeshop.« Es gibt nur einen Drucker pro Etage, damit die Mitarbeiter sich austauschen. Kreativbereiche sorgen mit Hintergrundmusik, Lichteffekten und moderner Medientechnik für Inspiration.

Frenzel schwört auf Desksharing: Seine Mitarbeiter suchen sich morgens einen beliebigen Arbeitsplatz, auch über die Stockwerke hinweg, die Arbeitsmaterialien und Unterlagen rollen sie im Caddy hinter sich her. »So mache ich das auch jeden Vormittag«, sagt Frenzel, »schon aus Prinzip, aber auch, um möglichst viele Mitarbeiter und Projekte kennenzulernen.« Ein ganz wichtiges Prinzip, damit die Sache funktioniert: Alle befolgen die gleichen Regeln, auch der Chef. Die Standardausstattung jedes Arbeitsplatzes ermöglicht diese Mobilität – ein Laptop, ein Mobil- bzw. Internet-Telefon, ein 19-Zoll-Monitor und eben der Caddy.

Die Vorteile der offenen Raumstruktur und flexiblen Arbeitsplatzwahl sieht Frenzel vor allem im Organisatorischen: Für das bei Freudenberg geforderte technisch-kreative Arbeiten können sich Teams schnell beliebig zusammensetzen und täglich andere Eindrücke sammeln. Aber auch wirtschaftliche Effekte spielen eine Rolle: Der ständige Arbeitsplatzwechsel funktioniert nur, »weil eine stringente Datenstruktur hinter den Prozessen liegt«. Sprich: Nicht jeder hat seine Arbeitsunterlagen auf seiner lokalen Festplatte oder – noch schlimmer – auf Papier im Caddy. Sondern es gibt auf dem Firmenserver eine zentral definierte, transparente Struktur, in die jeder hineinarbeitet. Ein Raster, das jeder kennt und einhalten muss. »Damit hat man zu allen Informationen sehr leicht Zugriff und ein Mitarbeiter kann einen anderen jederzeit vertreten«, sagt Frenzel. Diese prinzipielle Flexibilisierung bietet auch praktische Freiräume. Jeder Mitarbeiter hat von unterwegs Zugriff auf alle wichtigen Daten. Frenzel: »Ich sitze gern mal in einem Café und arbeite von dort. Wenn ich im Hotel mal kein W-LAN habe, fühle ich mich schon ganz unwohl.« Ob man allerdings regelmäßig von zu Hause aus arbeiten wolle, sei ja auch eine persönliche Frage: »Ich habe mehrere Kinder, bei mir würde das gar keinen Sinn machen«, sagt Frenzel, »da habe ich im Büro mehr Ruhe.« Aber wenn ihn zum Beispiel jüngere Mitarbeiter ohne Familie darum bitten, zeitweise von woanders zu arbeiten, sei das grundsätzlich möglich.

Noch ist das Innovationszentrum bei Freudenberg ein Leuchtturmprojekt, findet aber konzernintern »sehr große Beachtung« und wird auch in andere Bereiche ausgeweitet. Im Anlagen- und

Werkzeugbau, einige Kilometer entfernt, wird es ebenso eingeführt wie in einem neu gebauten Werk in Italien

Zwischenfazit: »Die meisten Menschen haben ihre besten Ideen unter der Dusche oder während sie die Straße entlang gehen«, so Nicholas Negroponte im Interview: »Wenn Arbeit leichter genommen wird, mehr mit Spaß zu tun hat, generiert das Innovation. Wir müssen Arbeit, Spiel und Leben zu einer Einheit verschmelzen.« Diese Vision erfüllt sich für manche Menschen in der Selbstständigkeit – die allermeisten aber werden weiter eine Festanstellung vorziehen. Vorausgesetzt, diese bietet ihnen künftig dasselbe Maß an Spaß und Freiheit. Das wäre dann die Easy Economy. Moderne Arbeitgeber setzen sie schon heute in verschiedenen Ausprägungen um. Die Mitarbeiter dieser Unternehmen sind die Avantgarde einer neuen Arbeitsweise, die unser Leben radikal zum Guten verändern wird. Die Easy Economy bedeutet für Arbeitnehmer:

- weniger Stress und bessere Gesundheit,
- mehr Zeit für Alltagserledigungen,
- mehr Zeit für Freunde und Familie,
- gesteigerte Produktivität,
- höhere Zufriedenheit im Job,
- einen umgerechnet höheren Stundenlohn,
- mehr Kreativität,
- bessere Karrierechancen durch mehr Souveränität und Ideen,
- die Möglichkeit zu persönlicher Entwicklung durch Reisen, Hobbys, ehrenamtliche Arbeit.

Doch die Emanzipation des Einzelnen vom System Büro hat weitergehende Konsequenzen, auch für Arbeitgeber. Um diesen Aspekt soll es im nächsten Kapitel gehen.

## Kapitel 10

# Radikal anders arbeiten

> »80 percent of success is showing up«
>
> *Woody Allen*

> »Arbeit ist etwas, das man tut,
> nicht ein Ort, an den man geht«
>
> *Cali Ressler und Jody Thompson, Best Buy*

## Controller, Personaler, Manager: Aufgepasst!

Auch wenn es im letzten Kapitel um die Vorteile ging, die die Easy Economy insbesondere für Angestellte bietet, ist dieser Aspekt in guten Unternehmen von den Vorteilen für Arbeitgeber kaum zu trennen: So haben schon einige Studien belegt, wie mehr Freiheit zu gesteigerter Kreativität und höherer Mitarbeiterzufriedenheit führt und weniger Ablenkung zu verbesserter Produktivität. Im Folgenden sollen Beispiele deutscher Unternehmen illustrieren, wie die Easy Economy außerdem Workflows optimiert, das Wissensmanagement und die Kommunikation verbessert, eine moderne Unternehmenskultur installiert, Immobilienkosten senkt, planerische Flexibilität erhöht und schließlich hilft, die besten Köpfe fürs Unternehmen zu gewinnen. Zunächst aber wird es um das Paradebeispiel des flexibilisierten und mobilen Arbeitsplatzes gehen: Einen Konzern, der sehr erfolgreich nahezu alles auf den Kopf gestellt hat, was wir über Arbeit zu wissen glaubten und darüber, wie sie auszusehen hat.

## Die Arbeitsplatzrevolution

Wenn Steve Hance, Personalbearbeiter in der Zentrale der größten US-amerikanischen Elektronikmarktkette Best Buy, Anrufe von seinen Kollegen entgegennimmt, kann es sein, dass er das Handy in der einen und ein Gewehr in der anderen Hand hält. Der leidenschaftliche Jäger hat neuerdings viel mehr Zeit, auch in der Woche seinem Hobby nachzugehen. Das Geheimnis seiner neu entflammten Jagdbegeisterung heißt ROWE. Die allein erziehende Mutter Kelly McDevitt, Promotions-Managerin bei Best Buy, kann durch ROWE nun freitags mit ihrer Tochter Boot fahren. Einkäufer Dean Jahnke mailt lieber spätabends mit seinen Zulieferern aus Asien und hat dafür morgens frei. Dank ROWE konnte er seinen schwerkranken Vater regelmäßig tagsüber zu Untersuchungen fahren und hat am Wochenende nachgearbeitet: »Ihn in dieser schwierigen Zeit zu begleiten war mir unendlich wichtig. In welchem anderen Job wäre das möglich gewesen?«

ROWE steht für »Results only work environment«, zu deutsch: Eine Arbeitsumgebung, in der ausschließlich das Ergebnis zählt. ROWE, vor vier Jahren bei Best Buy eingeführt, ist nichts weniger als eine Revolution des Büroalltags. Denn es schafft ihn einfach ab. Mit ROWE gibt es überhaupt keine Anwesenheitspflicht mehr, keine Kernarbeitszeiten und kein Stundenzählen. Jeder darf arbeiten wann, wo und so lange, wie er will. Hauptsache, er hält die vorab vereinbarten Ziele ein. Klingt wie Anarchie? Klappt vielleicht in einem Kibbuz, aber nicht in der Zentrale eines großen Unternehmens? Dann treffen Sie sich mal mit Cali Ressler und Jody Thompson, die ROWE erfunden und für alle der mehr als 4 000 Mitarbeiter in der Best Buy-Zentrale eingeführt haben. Danach zweifeln Sie nicht mehr, dass ihre Erfindung schlichtweg die Arbeitsform der Zukunft ist. Und unser normaler Büroalltag hoffnungslos veraltete Menschenschinderei.

Die Arbeitsplatzrevolution passiert ausgerechnet in einer erzkonservativen, biederen Stadt im amerikanische Mittelwesten: Minneapolis. Die Straßen sind gesäumt mit großen Supermärkten und rustikalen Sportsbars, die Einwohner sind in der Regel übergewichtig, die Geländewagen riesig. Dies ist nicht das Silicon Valley. Minneapolis ist auch weit entfernt von der kreativen Bohème San Franciscos mit seinen schicken Straßencafés oder der internationalen Professionalität New Yorks, wo Innovationen täglich passieren und die Menschen experimentierfreudig sind. In Minneapolis wird tagsüber ehrlich geschuftet und abends American Football geschaut. Dass ausgerechnet hier der klassische 9-to-5-Arbeitstag auf den Müllhaufen der Industriegesellschaft geworfen wird, ist zumindest überraschend. Gleichzeitig zeigt es: ROWE ist kein versponnenes New Economy-Experiment, keine studentisch inspirierte Freiberuflerromantik. Bei Best Buy wird nicht geträumt, sondern professionell Geld verdient.

Der Freeway von der Innenstadt zum Industriegebiet führt in ein tristes Niemandsland aus verstreuten Bürogebäuden und Fast Food-Restaurants. Die vier imposanten Türme der Best Buy-Zentrale sind schon von weitem zu sehen. Im Inneren landet der Besucher als erstes in einer geräumigen Lounge mit Coffeeshop, bebilderter Firmenhistorie an der Wand und vielen Sitzecken, in denen kleine Gruppen aus Mitarbeitern und Besuchern informelle Meetings halten – meist Handelsvertreter, die ihre neuesten Produkte anpreisen. Erster Eindruck: Offenbar gehen doch viele Mitarbeiter ins Büro, auch wenn sie nicht mehr müssen.

Jody Thomson, eine resolute, warmherzige 50-Jährige im klassischen Business-Kostüm bestätigt das und schränkt zugleich ein: »Die meisten sind zumindest für ein paar Stunden am Tag im Büro. Aber es stehen nicht mehr – wie früher – alle um sieben im Stau, damit sie um acht am Schreibtisch sitzen. Sie kommen und gehen, wie sie wollen.« Arbeit – so das Mantra von Ressler und Thompson – ist bei Best Buy etwas, das man tut, nicht ein Ort, an den man morgens geht. Produktivität wird nicht mehr mit physischer Anwesenheit gleichgesetzt. Mitarbeiter, die erst um 14 Uhr im Büro auftauchen, sind keine Zuspätkommer. Andere, die um 14 Uhr schon wieder gehen machen keineswegs einen frühen Feierabend. Die Teilnahme an allen Meetings ist freiwillig. Es ist in Ordnung, Telefonkonferenzen von seinem Wohnzimmer aus zu halten. Mitarbeiter werden ermutigt, tagsüber einkaufen zu gehen, zum Sport oder sogar ins Kino. Niemand muss sich mehr rechtfertigen, wie er seine Zeit verbringt.

Ressler und Thompson trafen sich erstmals 2003. Bei Best Buy begann der Arbeitstag damals um acht Uhr morgens, Abteilungsleiter ließen ihre Mitarbeiter die Länge der Mittagspausen stempeln, wer früher gehen wollte, schlich sich über die Feuertreppe hinaus. Die beiden Frauen arbeiteten in der Personalabteilung des Unternehmens, und wollten diese anachronistische Tretmühle beenden. Der Auslöser war eine schon 2001 durchgeführte unternehmensweite Umfrage, laut der »im Grunde alle Angestellten sagten, ihre Vorgesetzten würden ihnen nicht vertrauen, jemand schaue immer über ihre Schulter«, so Ressler: »Sie hatten das Gefühl, dass sie kein glückliches, produktives, gesundes Leben führen konnten, auf die Art und Weise, wie sie es selbst für richtig hielten.«

Also begannen Ressler und Thompson mit Teilzeitmodellen und Telearbeit zu experimentieren – jenen scheinbaren Lösungen für das Problem der Work-Life-Balance, wie sie auch in anderen Unternehmen angewendet werden. Doch die beiden Frauen waren sicher, dass so das grundlegende Problem nicht zu lösen sei: »Flexible Arrangements sind meistens ein Täuschungsmanöver«, so Thompson: »Sie gelten nur für bestimmte Jobs und man muss sich dafür bewerben, also sucht der Chef seine Lieblinge aus.« Das größere Problem stellten die Kollegen dar. Flexible Arbeitszeiten für wenige wirke wie ein Stigma: »Die anderen sehen in einem jene Person, die nicht loyal zur Firma steht, weil man morgens nicht zusammen mit allen am Schreibtisch sitzt. Und irgendwann merkt man, dass man nur eine Zelle gegen eine andere tauscht, denn es ist im Grunde egal, ob man von acht bis fünf am Montag arbeitet oder von sieben bis vier am Dienstag.«

Außerdem beurteilen bei derartigen Modellen die Führungskräfte nach wie vor Leistung danach, wer besonders beschäftigt aussieht und wer die meisten Meetings besucht. Die wahre Lösung, so erkannten die beiden Frauen plötzlich, war es, alle alten Strukturen abzuschaffen. »Statt nur einigen Mitarbeitern Flexibilität einzuräumen, geben Sie sie allen. Niemand muss um Erlaubnis bitten«, erinnert sich Ressler an den Geistesblitz: »Wenn jemand seine Powerpoint-Präsentation bei Starbucks bearbeiten will – nur zu! Wenn das Wetter schön ist und jemand in den Park möchte – warum nicht? Die Mitarbeiter können tun, was sie wollen, solange die Arbeit erledigt wird.«

Zuerst überzeugten Ressler und Thompson zwei Abteilungsleiter, ihr Konzept auszuprobieren, dann verbreitete sich ROWE blitzschnell über das ganze Unternehmen. Ältere Mitarbeiter und viele Manager waren skeptisch, doch der Erfolg überzeugte die meisten Zweifler. Best Buy-Geschäftsführer Brad Anderson erfuhr erst 2005 von den umstürzlerischen Aktivitäten in seiner Firma, aber er erkannte gleich das Potenzial und unterstützt die beiden Damen seither bedingungslos.

»Als erstes mussten wir aus den Köpfen der Leute rausbekommen, dass sie sich gegenseitig beobachten und schlecht über den anderen reden«, sagt Jody Thomson. Das Tratschen über die Arbeitszeit der Kollegen nennt sie »Sludge«, zu deutsch Klärschlamm. »Die Raucher machen ständig Extrapausen, die Mütter gehen immer so früh um ihre Kinder abzuholen – solche Sprüche sind in jedem Büro Alltag«, so Thompson. Bei Best Buy sind sie regelrecht verboten. »Wenn mich jemand anruft und fragt, wo ich gerade bin oder was ich mache, gibt es eine Standardantwort, die jeder Kollege geben darf: ›Was brauchst Du von mir?‹ Mehr nicht«, erklärt Cali Ressler.

Das Erfolgsprinzip ihrer Arbeitszeitrevolution erklären die beiden Erfinderinnen mit der Radikalität: Sie gilt für alle und sie gilt absolut. Zu klassischen Modellen von Teilzeit, flexiblen Arbeitszeiten oder Arbeitszeitkonten haben die beiden eine deutliche Meinung: »Betrug, Augenwischerei. Es werden immer noch Stunden gezählt, man muss sich immer noch rechtfertigen, wie lange man gearbeitet hat. Und oft gelten sie nur für einige Mitarbeiter, das macht andere neidisch und schafft Unfrieden.«

## Entlohnung nach Leistung statt nach Zeit

Am schwierigsten war es, das mittlere Management von der neuen Arbeitsweise zu überzeugen. Abteilungsleiter sind es gewohnt, ihre Mitarbeiter zu sehen. Sie achten darauf, dass jeder pünktlich an seinem Arbeitsplatz sitzt, die Pausenzeiten einhält, nicht zu früh Feierabend macht und immer zu angesetzten Konferenzen erscheint. »Babysitten« nennen Ressler und Thompson diese Art der Mitarbeiterführung – die Verachtung für so eine unprofessionelle und unzeitgemäße Technik spricht aus ihren Stimmen. Stattdessen müssen Manager unter ROWE klare, messbare Ziele für ihre Mitarbeiter definieren und deren Einhaltung dann tatsächlich messen und kontrollieren. »Eigentlich klassische Führungsaufgaben«, sagt Thompson. »Macht bloß normalerweise kaum ein Chef«, ergänzt Ressler. Bei ROWE muss der Manager also tatsächlich managen, nicht nur Anwesenheiten abhaken und Konferenzen leiten.

Aber was, wenn der Chef wirklich ganz schnell sein Team zusammentrommeln muss, weil eine Sache dringend erledigt werden muss? Was, wenn dann die Hälfte der Leute im Fitnessstudio ist, beim Einkaufen oder im Kino? Die ROWE-Damen kennen das Argument. »Feuerschutzübung« nennen sie das, weil alle Mitarbeiter im Alarmton zusammengetrommelt werden. »Früher hatten wir jede Menge Feuerschutzübungen«, erinnert sich Thompson, »heute fast keine mehr. Alles eine Sache der Planung und Vorbereitung.« Chefs, die wissen, dass sie ihre Schäfchen jederzeit zusammenrufen können, planen nicht so vorausschauend wie jene, die mit ROWE arbeiten. Das bestätigt auch Kelly McDevitt: »Wir haben in der Online-Promotion oft extrem kurzfristige Arbeiten zu erledigen – Sonderangebote, die innerhalb von Minuten noch in gestaltete Anzeigen integriert werden müssen. Das sprechen wir im Team ab, kommunizieren per E-Mail und Handy – aber diese Aktualität ändert nichts daran, dass ROWE funktioniert.«

Für Konferenzen gilt dasselbe wie für »Feuerschutzübungen«. Manager überlegen sich genauer, ob sie ein Meeting einberufen und zu welchem Zweck, seitdem sie wissen, dass Mitarbeiter vielleicht nur für diesen Termin extra in die Firma kommen und sich beschweren würden, wenn es nur ein sinnloses Palaver war. Grundsätzlich entscheiden Angestellte bei Best Buy selbst, ob ein Meeting für sie sehr wichtig ist (dann nehmen sie natürlich teil), interessant, aber nicht essenziell (dann schalten sie sich per Telefonkonferenz dazu) oder größtenteils nicht relevant (dann lassen sie sich hinterher von einem Kollegen erzählen, was besprochen wurde).

Um die Tragweite dieser Revolution am Arbeitsplatz zu verstehen, muss man wissen, welche Art von Unternehmen Best Buy noch vor einigen Jahren war: »Extrem viele Meetings, sehr viel Stress, sehr strenge Kontrollen«, erinnert sich Kelly McDevitt: »Die Leute haben morgens ihre Mäntel im Auto gelassen, damit es so aussah, als wären sie schon früher in die Firma gekommen.« Und vor allem: »Wir haben endlos im Büro gesessen. Endlos! Der Chef war noch da, die Kollegen waren noch da, keiner wollte der erste sein, der geht.«

### Ein Erfolgsrezept? Die Zahlen

Was hat ROWE der Firma gebracht? Die durchschnittliche Produktivität pro Mitarbeiter stieg um 35 Prozent. Die freiwillige Kündigungsrate fiel um 52 Prozent in der Logistikabteilung und um satte 90 Prozent in der Online-Sparte des Unternehmens. Andererseits stieg die Zahl der unfreiwilligen Kündigungen um 50 bis 70 Prozent. Weil sich unproduktive Mitarbeiter nicht mehr hinter einer Show des Beschäftigt-Aussehens verstecken können, werden sie leichter enttarnt und gefeuert. Die Mitarbeiterzufriedenheit ist nach Messungen des unabhängigen Gallup-Instituts so hoch wie nie zuvor in der Geschichte des Unternehmens. »Als noch nicht alle Abteilungen nach ROWE arbeiteten, haben Kollegen eine Beförderung sausen lassen, weil sie dafür zu den alten, strikten Arbeitszeiten hätten zurückkehren müssen«, so McDevitt.

Best Buy ist längst nicht mehr das einzige Unternehmen, das die Vorteile der Flexibilität für sich erschließt. Der DVD-Versand Netflix überlässt es seinen Angestellten, wie viele Wochen Urlaub sie im Jahr nehmen wollen – Anwesenheitspflicht ist für Gründer Reed Hastings »ein Überbleibsel des Industriezeitalters«. Die British Telecom, die schon seit 1993 Telearbeit anbietet und bei der inzwischen rund 6000 ihrer etwa 100000 Mitarbeiter von zu Hause aus sowie knapp die Hälfte örtlich flexibel arbeiten, hat dadurch die Immobilienkosten allein zwischen 1993 und 2001 halbiert – eine Ersparnis von 230 Millionen Pfund. Zudem wurde ein Produktivitätszuwachs von 15 bis 31 Prozent der mobilen Kollegen gegenüber jenen mit einem festen Büroarbeitsplatz festgestellt. Als Hauptgrund vermutet das Telefonunternehmen ein Phänomen, das bereits zu Anfang des Buches ausführlich behandelt wurde: Zuhause gebe es schlicht weniger Ablenkung als im Büro.

Von anderer Seite werden im Heimatland von British Telecom noch dramatischere Fleißzuwächse vermeldet. Beim Pilotversuch der Stadtverwaltung Rotherham in Sachen Heimarbeit ergab sich angeblich eine 67-prozentige Steigerung der Produktivität und 38 Prozent weniger Krankmeldungen. Nun gut, hier handelt es sich um Verwaltungsbeamte, bei denen noch Produktivitätsreserven zu vermuten waren, aber die Tendenz wird klar.

## Wissenschaftler sind begeistert

Phyllis Moen, Soziologie-Professorin an der Universität von Minnesota, die zum Thema Work-Life-Balance forscht, begleitet das ROWE-Experiment bei Best Buy wissenschaftlich. Die Studie wird finanziert vom National Institute of Health, der weltweit größten wissenschaftlichen Organisation. Moens Urteil ist eindeutig: Unternehmen sind, was ihr Verhältnis zur Arbeitszeit angeht, in den dreißiger Jahren steckengeblieben: »Unser Begriff von bezahlter Arbeit stammt noch aus der Zeit der Fließbandkultur. Anwesend zu sein wurde gleichgesetzt mit Arbeit. Best Buy hat eingesehen, dass in einem Stuhl zu sitzen nicht länger bedeutet, zu arbeiten.« Arbeitsexperte Bill Jensen sagt über derartige Modelle: »Neue Konzepte dieser Art sind mehr als nur eine Erhöhung der Mobilität. Sie reflektieren eine Haltung, und sie sind ein Indikator für einen kulturellen Wandel. Wenn man von Menschen schon erwartet, dass sie mehr leisten sollen, dann kann man von den leitenden Mitarbeitern auch erwarten, dass sie sich mehr um die Bedürfnisse der Menschen kümmern.«

Cali Ressler und Jody Thompson haben inzwischen ein Beratungsunternehmen gegründet, um auch anderen Konzernen die Segnungen der totalen Flexibilität zukommen zu lassen. Culture Rx heißt die Firma und hat bereits erste Klienten. Das größte amerikanische Steuerberatungsunternehmen Ryan ist jetzt ROWE-Kunde und hat begonnen, seine über 700 Mitarbeiter vom Schreibtischzwang zu befreien. Die Bekleidungskette GAP prüft, ob sie ebenfalls ROWE einführen will und die *Business Week* widmete Ressler und Thompson eine Titelstory.

Noch ist der Schritt für viele Unternehmen zu radikal, vor allem weil ROWE bedeutet: Ganz oder gar nicht. Nicht nur die Außendienstler, die Programmierer, die Callcenter-Mitarbeiter oder die Berater werden aus der Stechuhr entlassen, sondern jeder Mitarbeiter. Thompson ist sicher, dass ROWE für jeden Arbeitsplatz in Frage kommt: »100 Prozent aller Jobs können so funktionieren.« Wie eine abgestufte Flexibilität für Einzelhandelsverkäufer aussehen kann, testen die beiden gerade in den Best Buy-Filialen, vergleichbar Saturn- oder Mediamarkt-Häusern in Deutschland.

Das Beispiel von Best Buy ist sicher ein radikales – aber eines, das erfolgreich den Praxistest bestanden hat und darum Mut macht. Wenn eine Konzernzentrale mit über 4000 Angestellten ihre Mitarbeiter von der Anwesenheitspflicht befreien kann, dann muss das auch in anderen Branchen möglich sein und in anderen Ländern. Wie sieht es mit der Easy Economy in Deutschland aus? Und was haben die hiesigen Unternehmen davon?

# Kapitel 11

# Die Easy Economy in Deutschland

»Die Charakteristika unserer Generation prädestinieren uns
für den frühzeitigen Umgang mit dem Computer – wir hatten Zeit, zur Schule zu gehen und mussten nichts mühsam
wieder verlernen. Aber auch die Leute in den Fünfzigern
dürften bald soweit sein.«

*Douglas Coupland, Mikrosklaven*

»Work smarter, not harder.«

*Antonella Lorenz, Lorenzsoft*

## Das Paradebeispiel

IBM zählt mit einem Umsatz von 91,4 Milliarden Dollar im Jahr 2006
zu den weltweit größten Anbietern im Bereich Informationstechnologie (Hardware, Software und Services) und ist weltweit führend in
On Demand-Businesslösungen. Das Unternehmen beschäftigt weltweit rund 356 000 Mitarbeiter und ist in über 170 Ländern aktiv. Bei
der IBM Deutschland GmbH arbeiten etwa 21 000 Mitarbeiter an
rund vierzig Standorten. Sie ist damit die größte Ländergesellschaft
in Europa.

Wer Uwe Schimanski, Leiter Liegenschaften der IBM Deutschland,
anruft, der hört im Hintergrund Kollegen plaudern und lachen. Nicht
unbedingt die typische Akustik fürs Büro einer Führungskraft. Aber
Schimanski hat seinen Schreibtisch seit einiger Zeit vom Eckbüro in
den Großraum verlegt und bereut das trotz Geräuschkulisse keine
Sekunde. Darf er eigentlich auch nicht, denn er ist der Erfinder der
vielleicht radikalsten Arbeitsplatzneudefinition, die je ein Unternehmen hierzulande durchgeführt hat. Seit 1998 wird bei IBM nach
dem »e-place«-Modell gearbeitet, das heißt non-territorial und mit

Desksharing. Mitarbeiter haben keinen festen Arbeitsplatz mehr, was nicht so schlimm ist, weil sie sowieso nicht mehr jeden Tag reinkommen müssen. Der Ansatz gilt als Vorbild nahezu aller flexiblen und mobilen Bürosysteme, hat sich von Deutschland aus bei IBM weltweit durchgesetzt, und andere Unternehmen pilgern seitdem nach Stuttgart, um sich das scheinbar Unfassbare vor Ort anzuschauen. Im Interview erzählt Uwe Schimanski, wie alles anfing:

UWE SCHIMANSKI: Früher hat man Telearbeit für eine bestimmte Gruppe von Mitarbeitern eingeführt, der man helfen wollte: Heimarbeit für Mütter, denen man die Möglichkeit gibt, weiterzuarbeiten, ohne jeden Tag ins Büro zu kommen. Oder Kollegen mit einem Pflegefall in der Familie. Das hat aber mit dem, was wir heute unter Mobilität verstehen, eigentlich nichts zu tun. Heute kann ich jederzeit arbeiten, an jedem Ort, wie und mit wem ich will.

*Das war vor kurzem noch undenkbar.*

SCHIMANSKI: Stimmt. Andererseits fing es natürlich in den späten achtziger und frühen neunziger Jahren schon an. Damals nutzte man Fax und Computer mit Modem über Telefonleitungen, aber das war alles sehr langsam. Damit konnte man gerade noch einfache Dokumente übertragen, aber keine Datenbankensuche oder Buchhaltung erledigen. Ich war damals weltweiter Einkaufsdirektor für IBM, bin viel um die Welt geflogen und hatte von unterwegs immer Kontakt zum Unternehmen, wenn ich eine Telefonsteckdose oder D1-Empfang hatte. Man sah: So geht es.

*IBM hat dann den mobilen Arbeitsplatz so radikal umgesetzt wie zunächst kaum ein anderes Unternehmen.*

SCHIMANSKI: Der Fokus von IBM wurde in den neunziger Jahren bewusst vom Hardware produzierenden Unternehmen hin zu Software und Dienstleistungen verlagert. Viel mehr Mitarbeiter waren plötzlich draußen beim Kunden. Auch intern änderte das die typischen Arbeitsprozesse: Der Kunde hat ein Problem, das muss schnell gelöst werden. Also bildet man schnell Projektteams oder Arbeitsgruppen.

*Wie muss sich deswegen das Arbeitsumfeld verändern?*

SCHIMANSKI: Ich bin seit 1998 Liegenschaftschef. Damals hatten wir noch klassische Einzel- und Gruppenbüros. Und ich habe immer am Bedarf vorbeigeplant. Ständig musste ganz schnell Raum für ein neues Projekt geschaffen werden, aber bis ich umgebaut hatte, war das Projekt längst woanders oder brauchte zum Beispiel dreimal so viele Leute wie ursprünglich geplant. Also haben wir uns grundsätzlich gefragt: Wie muss ein Büro heute aussehen, welches sind die Bedürfnisse, was ist technisch möglich? Und wir haben gesagt: Die Leute müssen sich in einem flexiblen, hochkommunikativen Umfeld bewegen können, aber einen qualitativ hochwertigen Arbeitsplatz in einer angenehmen Büroatmosphäre vorfinden.

*Klingt erstmal abstrakt. Was hieß das konkret?*

SCHIMANSKI: Am Verfall der Telefongebühren, sowohl landgestützt als auch später im Mobilfunk, hat man gesehen, dass die Kosten für Kommunikation eine immer geringere Rolle spielen. Wir haben damals gedacht: Den Einsatz dieser Technologie halten wir nicht auf, den und die sich daraus ergebenden Möglichkeiten müssen wir berücksichtigen und für uns nutzen. Dann haben wir gemessen: Wie oft sind denn Mitarbeiter überhaupt an ihrem Arbeitsplatz? Klar: Der Vertrieb seltener, die Programmierer mehr. Aber im Schnitt wird jeder Platz mindestens 20 Prozent der Zeit nicht genutzt. Das gilt sogar für Infrastrukturabteilungen wie Rechnungswesen oder Personal. Und zwar aus Gründen, die wir die fünf natürlichen Abwesenheitsgründe nennen: Der Mitarbeiter ist auf einer Schulung, im Urlaub, krank, auf Dienstreise oder in längeren Meetings.

*Also haben Sie als eines der ersten Unternehmen in Deutschland mit Desksharing angefangen ...*

SCHIMANSKI: Genau. Wir haben ausgerechnet, dass wir 35 Prozent der Schreibtische entfernen konnten, wenn wir eine offene Bürolandschaft hätten, die diese Flexibilität zulässt. Jeder bekommt sein Notebook, jeder ein schnurloses Telefon. Für vertrauliche Gespräche haben wir Rückzugsräume, wo man auch hochkonzentriert arbeiten oder zum Beispiel eine Vertragsverhandlung und vertrauliche Personalgespräche führen kann.

*Was war das Ergebnis?*

SCHIMANSKI: Ich hatte vorher ganz klassisch mein Eckbüro, davor lag das Sekretariat. Alles wurde reglementiert und nach Terminplan gemacht und wenn ich mal wegen einer Besprechung später dran war und der Unterschriftentermin musste verschoben werden, dann war das ein Verwaltungsakt. Auf der Fläche kam zutage: Jetzt sieht mich jeder und wenn ich nicht gerade hochkonzentriert arbeite oder telefoniere, dann kann man mit der Unterschrift vorbeikommen. Umgekehrt bekomme ich viele Sachen nebenbei mit. Vorher in meinem Eckbüro konnte ich zwar ins Grüne schauen, aber war sehr weit weg von allem. Im Sinne der Produktivität und leichterer Kommunikation ist die offene Bürostruktur ein unschätzbarer Wert – in beide Richtungen.

*Aber Ihre Mitarbeiter müssen gar nicht immer ins Büro kommen ...*

SCHIMANSKI: ... genau, wir haben die Arbeitszeitsouveränität eingeführt, und wir führen unsere Mitarbeiter nach Zielen. Wenn der Mitarbeiter weiß, was er wann abliefern muss, kann er sich einteilen, wie er das termingerecht, vollständig und qualitativ hochwertig erledigt. Dazu brauche ich keine Stechuhr, die ist bei uns 1997–98 abgeschafft worden. Jeder kann von überall arbeiten: Vom Kunden, vom Flughafen, im Zug, von zu Hause.

*Und dieses Modell gilt jetzt für ganz IBM?*

SCHIMANSKI: Ich bin zuständig von der holländischen Grenze bis Wladiwostok und nördlich von Flensburg bis Pakistan – da ist es überall umgesetzt. Weltweit führt die IBM es immer dort ein, wo neue Büros angemietet werden oder wenn sich der Umbau rechnet.

*IBM ist ein Hightech-Konzern, da sind derart moderne Arbeitsweisen leichter vorstellbar als in einem traditionellen Unternehmen.*

SCHIMANSKI: Falsch. Welches Unternehmen hat denn heute nicht für jeden Mitarbeiter einen PC? Den tauschen Sie einfach aus gegen ein Notebook, das ist ja auch nicht teurer. Dazu eine Netzwerkanbindung, zum Beispiel W-LAN. Als nächstes machen sie den Schritt nach Hause. Die modernen DSL-Leitungen sind fast genau so schnell wie die Netzwerkübertragungsraten am Arbeitsplatz. Vertriebsmitarbeiter werden dann noch mit UMTS-Karte fürs Notebook oder einem Blackberry ausgestattet. Für diese Schritte müssen Sie kein IT-Unternehmen sein – die Technik ist da, der Wandel passiert um Sie herum.

*Aber Manager müssen sich dann umgewöhnen?*

SCHIMANSKI: Natürlich kann ich dem Mitarbeiter auch ständig über die Schulter gucken und den ganzen Tag seine Anwesenheit am Schreibtisch überprüfen. Wenn ich ihn nicht über Zielsetzung führe, dann müsste ich genau das tun: Jeden Arbeitsschritt, den er macht, genau kontrollieren. Was da noch an Effizienz, Motivation, Produktivität, Eigenverantwortung und Kreativität übrig bleibt, dürfte klar sein.

*Anwesenheitspflicht und 9-to-5-Arbeitstag sind altmodisch?*

SCHIMANSKI: Solche Arbeitsmodelle kommen aus den Zeiten des Taylorismus, wo man dachte, man könne die Arbeit in viele kleine Schritte einteilen, jeden Schritt messen und die Zeit nehmen. Das funktioniert vielleicht in der Produktion. Aber diese Arten zu arbeiten beherrschen ja nicht den deutschen Arbeitsmarkt. Wir müssen heute versuchen, Wachstum über Innovationen zu treiben.

*Ist das Konzept des Büros also passé?*

SCHIMANSKI: Nein, ich gehe ja selbst oft genug ins Büro. Aber die Art zu arbeiten ändert sich. Durch die Einführung von e-place haben wir bei IBM Deutschland im Schnitt 45 bis 50 Prozent der klassischen Bürofläche einsparen können. Wir konnten die Produktivität der Fläche dramatisch steigern und das muss jedes Unternehmen interessieren. Und dann ist da das Thema $CO_2$, Umweltschutz. Wir sparen enorm viel Energie ein, weil wir weniger Fläche bewirtschaften. Außerdem brauchen Notebooks und Netzwerkdrucker weniger Strom als klassische Arbeitsplätze mit Bildschirm, PC und Arbeitsplatzdrucker. Wir haben nur durch unser mobiles Arbeitskonzept in meinem Verantwortungsbereich den jährlichen Energieverbrauch um 30 000 Megawattstunden gesenkt – das sind eingesparte Millionenbeträge nur an Energie.

*Und was sagen die Mitarbeiter?*

SCHIMANSKI: Die persönliche Flexibilität will keiner mehr missen. Ich selbst habe zum Beispiel mehr Zeit für mein Hobby, das Segeln, und arbeite oft vom Boot aus. Man nimmt das fast schon als selbstverständlich hin und will mehr davon. Darum haben wir 2007 – wieder zusammen mit dem Fraunhofer-Institut – gesagt: e-place muss weiter entwickelt werden. Wir haben das dann »IBM Knowledge-Space« genannt. Was immer das Problem eines Kunden ist – um die beste Lösung zu finden, holen wir aus verschiedenen Abteilungen Spezialisten zusammen und dann organisieren die sich selbst. Dazu haben wir das so genannte Workbench-Konzept eingeführt, mit dem Mitarbeiter sich kurz für Projekte zusammensetzen können.

*Ist Ihre Arbeitsweise auf andere Branchen übertragbar?*

SCHIMANSKI: Wenn ich sehe, wie viele Unternehmen sich unser Modell angeschaut haben – in letzter Zeit mehr und mehr – dann würde ich schätzen, dass in den kommenden Jahren etwa 50 Prozent aller Unternehmen ähnlich flexibel arbeiten werden.

## War for talents

Man hört es nicht gern, aber Deutschland wird als Einwanderungsland für hochqualifizierte Ausländer immer unattraktiver. Nach Angaben des Bundesarbeitsministeriums kamen 2007 nur noch 23 400 Menschen aus Nicht-EU-Staaten, um bei uns einer Arbeit nachzugehen – ein Drittel weniger als im Jahr zuvor. Auch die Zahl junger Nicht-EU-Bürger, die in Deutschland ein Studium aufnahmen oder einen Sprachkurs besuchten, sank um etwa 3 000 auf 31 400. FDP-Politiker Volker Wissing, der eine diesbezügliche Anfrage an die Bundesregierung stellte, bringt es auf den Punkt: Es sei »traurige Realität«, dass internationale Eliten einen Bogen um Deutschland machen. Es hilft nichts: Arbeitgeber auf der Suche nach Wissensarbeitern können sich nicht auf die noch von der rot-grünen Bundesgerierung Ende der neunziger Jahre vollmundig angekündigte Zuwanderung von »IT-Indern« verlassen – sie müssen weiter vor allem in der demografisch schrumpfenden deutschen Bevölkerung rekrutieren.

Das verschärft ein sowieso schon zunehmend dramatisches Problem weiter: den Fachkräftemangel. Der VDI beziffert die Zahl fehlender Ingenieure in Deutschland auf 50 000 und rechnet durch den Produktivitätsausfall mit einem Verlust an Wertschöpfung in Höhe von 3,5 Milliarden Euro jährlich. Der DIHK warnt vor deutlichen Wachstums- und Beschäftigungsverlusten durch den derzeitigen Mangel an hochqualifizierten Mitarbeitern. Der Arbeitgeberverband BDA spricht von einer neuen Dynamik in der Diskussion: Laut dem Institut für Arbeitsmarkt- und Berufsforschung (IAB) sei jede vierte Stelle länger als drei Monate vakant, 12 Prozent der Stellen müssten mindestens sechs Monate unbesetzt bleiben und jede fünfte Stelle gelte als »schwer besetzbar.«

Die Unternehmensberatung McKinsey warnt in einer aktuellen Studie, bei einem starken Wirtschaftswachstum fehlten Deutschland bis 2020 6,1 Millionen Arbeitskräfte. Das Land steuere »auf einen bedrohlichen Engpass am Arbeitsmarkt« zu. Größtes Risiko für die wirtschaftliche Entwicklung sei »sicher der Arbeitskräftemangel, die zu geringe Zahl von Hochschulabsolventen, der Mangel an Ingenieuren«, so McKinsey-Deutschlandchef Frank Mattern. Und selbst die Bundesagentur für Arbeit, die die Klagen der Wirtschaft über den Fachkräftemangel lange für überzogen gehalten hatte, sieht inzwischen deutliche Signale für das Phänomen. Die Nürnberger Behörde bestätigte, in einigen Bundesländern und Berufsgruppen ließen sich offene Stellen nur noch schwierig besetzen. Die Personalvermittlung Management Angels kommt zu dem Schluss: »Die Kombination aus demografischem Wandel, Effizienz- und Produktivitätsdruck, fehlenden Fachkräften und einer grundlegenden Flexibilisierung des Arbeitsmarktes stellt viele Unternehmer vor große Probleme. Personalfragen werden zu einer Managementherausforderung, der eine Schlüsselstellung in der strategischen Aufstellung von Unternehmen zukommt.«

Weil also immer mehr gut ausgebildetes Personal auf dem Markt fehlt, haben hochqualifizierte Arbeitnehmer in bestimmten Bereichen schon heute häufig jede Menge Auswahl an attraktiven Jobs – und die Arbeitgeber müssen sich zunehmend etwas einfallen lassen, wenn sie die besten Köpfe anziehen und dann auch halten wollen. »Die Generation der Babyboomer geht langsam in Rente und das zwingt Arbeitgeber, um neue Arbeitskräfte zu werben, indem sie junge Angestellte arbeiten lassen, wo immer diese wollen«, fasst der britische *Economist* den Trend zusammen.

»Die Idee des Büros scheint in unser Bewusstsein eingraviert zu sein: Die Erbärmlichkeit, die Betäubung des Büros zieht sich durch Franz Kafkas Kurzgeschichten wie der Geruch von Schimmel durch ein altes Haus«, sagt der an der Universität Tokio lehrende Architekt Martin van der Linden: »Das Büro scheint nicht in der Lage zu sein, seine unangenehme Reputation loszuwerden.« Kein Wunder also, dass Büroarbeiter, befragt nach ihrer wichtigsten Motivationsquelle, heute nicht das Eckbüro nennen und keine finanziellen Extras, so van der Linden weiter, sondern die Möglichkeit zur Telearbeit. Eine Studie aus dem Frühjahr 2008 bestätigt das: 8500 Mitarbeiter deutscher Unternehmen wurden befragt, welche Benefits einen Job für sie attraktiv machen. Ein Firmenwagen kam auf Platz sechs, ein Blackberry auf Rang 10. Deutliche Nummer Eins der favorisierten Extras ist die flexible Arbeitszeit, die 75 Prozent der Befragten als »attraktiv« einstuften. Gerade weil wir nicht mehr zwingend ein Büro brauchen, um unseren Job zu machen, müssen sich Arbeitgeber schon etwas einfallen lassen, um uns künftig noch für eine Festanstellung zu begeistern.

## Wie Unternehmen für Wissensarbeiter attraktiv werden

»Gute Leute wechseln nicht ihre Arbeit, wenn sie sich wohl fühlen«, weiß Gunnar Grosse: »Auch wenn ein Headhunter anruft.« Und der Chef der sächsischen Komsa AG, die mit Telekommunikations- und IT-Dienstleistungen und -Produkten im Jahr 700 Millionen Euro umsetzt, sorgt dafür, dass die mehr als 1000 Mitarbeiter sich wohl fühlen. Komsa hat eine werkseigene Kita, einen Volleyballclub, einen Yogakurs, eine Sauna und bietet Arzttermine am Arbeitsplatz an. Vor allem aber gibt es flexible Tages- und Wochenarbeitszeiten, können die Mitarbeiter innerhalb der Teams ihre Anwesenheiten individuell vereinbaren. »Der Vorstand muss sich darauf verlassen, dass genügend Leute da sind – ansonsten wird die Kompetenz zur Arbeitszeitgestaltung aber weitestgehend an die Mitarbeiter weitergegeben«, erklärt Unternehmenssprecherin Katja Förster.

Jungen Eltern stellt das Unternehmen sogar einen kompletten Heimarbeitsplatz, bietet ihnen alternierende Telearbeit an, also das beliebig abwechselnde Arbeiten von zu Hause aus oder im Büro und übernimmt die laufenden Kosten für die Technik. »So können die Mitarbeiter mit dem Unternehmen in Kontakt bleiben, ohne ständig ins Büro zu gehen«, so Förster: »An Meetings muss man vielleicht trotzdem teilnehmen, aber vieles machen die Muttis und Vatis dann abends von zu Hause aus. Dadurch sind die Wiedereinstiegszeiten in den Job viel kürzer geworden.«

Weil Komsa so viel für die Work-Life-Balance seiner Mitarbeiter tut, hat das Unternehmen diverse Preise bekommen, von der Hertie-Stiftung zum Beispiel. Der Freistaat Sachsen verlieh Gunnar Grosse 2007 den Verdienstorden des Landes. Die scheinbare Großzügigkeit des Unternehmers ist dabei auch Kalkül. Denn der Komsa-Firmensitz ist Hartmannsdorf in der Nähe von Chemnitz und die Fachkräfte, die Grosse braucht, könnten auch für IBM oder Siemens in Chicago oder Singapur arbeiten. Also muss er sich etwas einfallen lassen. »Andere bauen eine Oper, wir investieren in Mitarbeiterfreundlichkeit«, sagt Grosse, der eines der europaweit größten Unternehmen seiner Branche leitet. Und seine Sprecherin ergänzt: »Wir sind ja hier nicht am Nabel der Welt. Argumente wie freie Arbeitszeitgestaltung oder das Homeoffice für junge Eltern helfen schon sehr, qualifizierte Mitarbeiter auch aus den alten Bundesländern anzuziehen.«

Laut Führungsexpertin Jutta Rump von der Fachhochschule Ludwigshafen liegt Komsa damit im Trend: »Work-Life-Balance wird derzeit zu einem strategischen Thema für viele Unternehmen«, erklärt sie in der ZEIT: Von der kleinen Firma bis zum Großkonzern würden Mitarbeiter neuerdings mit der Aussicht auf mehr Kontrolle über die eigene Zeit geworben, auf Arbeiten daheim, auf die Möglichkeit spontanen Freinehmens oder eines Sabbaticals. »Die Fachkräfte werden knapp«, schlussfolgert die Wochenzeitung. Allerdings werde häufig noch »von Fall zu Fall bestimmt, wer in den Genuss dieser Möglichkeiten kommt«, so Rump: »Es geht nach der Kompetenz des Mitarbeiters, nach seiner Nützlichkeit und Ersetzbarkeit.« Den Festangestellten ein ausgeglicheneres Leben zu ermöglichen, werde häufig auf der Kostenseite verbucht, als Belohnung, so Rump, aber »das ist eigentlich falsch.«

Das sehen auch Cali Ressler und Jody Thompson so, die Erfinderinnen des ROWE-Modells bei Best Buy: »Flexible Arbeitszeiten funktionieren nur, wenn man sie ohne Vorbehalte und wirklich für alle Mitarbeiter eines Unternehmens einführt«, sagen die amerikanischen Managerinnen. Alles andere sei Vorzugsbehandlung weniger. Bei radikaler Gleichbehandlung hätten Unternehmen dann aber ein mächtiges Recruiting-Instrument.

Der Däne Stephen Alstrup, dessen Spätaufsteher-freundliches Unternehmen Octoshape wir schon am Anfang des Buches kennen gelernt haben, weiß ebenfalls, dass das Freiheitsversprechen seine Firma attraktiv macht: Mit dem so genannten B-Zertifikat signalisiert er notorischen Langschläfern, dass sie bei ihm spät anfangen dürfen, darum erst dann am Schreibtisch sitzen, wenn sie wirklich wach und leistungsfähig sind. Das führe zu einer insgesamt deutlich erhöhten Arbeitszufriedenheit. Alstrup ist überzeugt, das dass B-Zertifikat auch anderen dänischen Unternehmen helfen könne, hochqualifizierte Mitarbeiter zu finden – wichtig in einem Land, dessen Arbeitslosenquote bei nur 4 Prozent liegt und in dem der Wettbewerb um Facharbeiter darum mit besonders harten Bandagen geführt wird. Potenzielle Mitarbeiter würden flexible Arbeitszeiten natürlich nicht nur zum Ausschlafen nutzen, so Alstrup, sondern auch attraktiv finden, weil sie sich dann nicht mehr durch die Rush-Hour quälen müssten, nicht mehr morgens am Amt mit allen in der Schlange stünden oder nach Feierabend schnell noch zur Bank hetzen, bevor diese abends schließt.

Auch Wilhelm Bauer vom Fraunhofer Institut sieht das so: »Eine moderne, flexible Arbeitsumgebung zu schaffen, in der man entscheiden kann, wann und wo man arbeitet, das ist für junge Leute sehr reizvoll.« Wenn außerdem die Technologie zur Verfügung gestellt wird, ein Notebook selbstverständlich mit nach Hause genommen werden kann, »sind das super Argumente für Bewerber«, so der Forscher. Die Bürohäuser müssten diese Flexibilisierung und Innovation in spannender Architektur widerspiegeln, in einer »klasse Ausstattung« mit modernen Meetingräumen und Medieninstallationen. Bauer: »All das sehen wir ja heute teilweise schon.«

Dass ein gesundes Gleichgewicht zwischen Arbeit und Freizeit dem Geschäft zugute kommt, hat der amerikanische Forscher Alex Edmans von der Wharton School in Philadelphia belegt. Er verglich zwischen 1998 und 2005 die Aktienkurse der 100 führenden US-Unternehmen mit dem Grad der Zufriedenheit ihrer Mitarbeiter.

Ergebnis: Mitarbeiterfreundliche Unternehmen mit nachweislich zufriedenen Angestellten entwickelten sich doppelt so gut wie der Index der gesamten Börse.

Ähnliche Ergebnisse finden sich beim Blick auf weibliche Arbeitskräfte. Die US-Frauenorganisation Catalyst untersuchte die 500 größten Aktiengesellschaften Amerikas und kam zum gleichen Schluss wie die Unternehmensberatung McKinsey: Die Firmen mit den meisten Frauen im Vorstand erzielten im Vergleich zu solchen ohne Frauen eine bis zu 53 Prozent höhere Eigenkapitalrendite. Und natürlich kann der Fachkräftemangel nur ausgeglichen werden, wenn künftig noch mehr hochqualifizierte Frauen als heute arbeiten. Ein flexibleres Arbeitsmodell hilft, sie im Job zu halten, auch wenn sie sich der Doppelbelastung von Beruf und Kindern stellen müssen.

Zwar haben das auch in Deutschland noch nicht genügend Firmen begriffen. Der *Spiegel* zählte Mitte 2007 nach – nur eine einzige Frau arbeitete zu diesem Zeitpunkt im Vorstand eines Dax-Unternehmens, Bettina von Oesterreich vom Immobilienfinanzierer Hypo Real Estate. In den Top 50 börsennotierten Unternehmen Europas halten Frauen nur 11 Prozent aller Sitze in den Führungsgremien, so die Statistiker von Eurostat. Deutsche Aufsichtsräte sind gerade mal zu 10 Prozent weiblich besetzt – und auch das nur dank der Arbeitnehmerseite.

Doch fortschrittliche Unternehmen haben die Herausforderung erkannt und bieten Lösungen: »Das familiäre Umfeld ist für Frauen das Killerkriterium. Wenn das nicht stimmt, kriegen wir sie nicht«, so Microsoft-Personalchefin Brigitte Hirl-Höfer zum *Spiegel*. Darum hat auch bei Microsoft die Easy Economy Einzug gehalten: Für aus der Babypause zurückkehrende Mütter gibt es alle nur denkbaren Teilzeitmodelle, Jobsharing und virtuelle Teams, die per Internet kooperieren. Wer von zu Hause aus arbeiten möchte, bekommt die technische Ausrüstung gestellt. All das funktioniert nur, wenn auch in den Köpfen der anderen Mitarbeiter und der Vorgesetzen ein Schalter umgelegt wird: »Die Kultur der flexiblen Arbeitszeiten muss stark akzeptiert sein«, so Brigitte Hirl-Höfer.

Microsoft praktiziert die so genannte Vertrauensarbeitszeit. »Wir vereinbaren mit jedem Mitarbeiter bestimmte Ziele. Wie die erreicht werden und wo, ist zweitrangig«, sagt Hirl-Höfer. Mit diesem menschenfreundlichen System erwirtschaftet der drittgrößte Microsoft-Ableger außerhalb der USA nicht nur gute Renditen, sondern wurde auch wiederholt zum beliebtesten Arbeitgeber Deutschlands gewählt. Doch für viele Unternehmen sei so viel Flexibilität noch ferne Zukunft, bilanziert die McKinsey-Studie *Women Matter* (zu Deutsch: Frauen sind wichtig). Fast überall sonst sind die Regeln des Berufslebens auf Männer zugeschnitten, deren Gattinnen Haushalt und Kindererziehung regeln.

Immerhin – eine 2008 veröffentlichte Untersuchung der Deutschen Bank macht Mut. Im Jahr 2020, so die Kernaussage, würden Frauen deutlich besser dastehen als heute: 1. Aufgrund des demografischen Wandels können die Unternehmen gar nicht anders, als verstärkt auf Frauen zu setzen. 2. Die zunehmende Zahl wissensbasierter Tätigkeiten wird immer häufiger in Projektarbeit und mittels virtueller Vernetzung erledigt. Dies führt zur Verbreitung flexibler Arbeitszeitmodelle. 3. Die Telearbeit zu Hause boomt. Die Unternehmen sparen dadurch Kosten. Folge dieser Entwicklungen: Beruf und Familie lassen sich besser miteinander vereinbaren. Mehr Frauen, vor allem Mütter, sind berufstätig. Männer und Frauen teilen bezahlte und unbezahlte Arbeit gleichmäßiger untereinander auf.

### Wie die Generationen Y und Z arbeiten

Gerade die heute 20 bis 30-Jährigen, die derzeit auf den Arbeitsmarkt drängen, kann man nicht mehr neun Stunden pro Tag an den Schreibtisch ketten. Sie sind mit kollaborativen Werkzeugen wie Wikipedia und Myspace aufgewachsen, kommunizieren wie selbstverständlich unterwegs auf allen digitalen Kanälen und haben andere Erwartungen an eine Festanstellung als ihre Eltern. In den USA hat sich für Arbeitnehmer dieses Alters bereits der Begriff der »Generation Y« durchgesetzt – im Anschluss an die von Schriftsteller Douglas Coupland Ende der achtziger Jahre identifizierte Generation X. »Für die Generation Y ist Work-Life-Balance nicht nur ein Schlagwort«, schreibt die Zeitung *USA Today*: »Anders als die Babyboomer, die großen Wert auf ihre Karriere gelegt haben, wollen die jungen Mitarbeiter von heute ihre Jobs mit Freizeit und Familie unter einen Hut bekommen.« Sie verlangen, so zeigen Umfragen, von ihren Arbeitgebern Flexibilität, alternierende Telearbeit und die Möglichkeit, entweder auf Teilzeit zu gehen oder zeitweilig aus dem Job auszuscheiden, wenn sie Kinder bekommen.

Außerdem erwarten sie nicht, allzu lange in einem Job oder auch nur auf einem Karrierepfad zu bleiben. Sie haben gesehen, wie Wirtschaftsskandale Unternehmen implodieren lassen und stehen Konzepten wie Mitarbeiterloyalität skeptisch gegenüber, sagt Bruce Tulgan, der das Buch *Managing Generation Y* geschrieben hat und Unternehmen darin berät, wie mit diesen anspruchsvollen jungen Angestellten umzugehen ist. »Sie bleiben nicht gern zu lange bei einer Aufgabe«, so *USA Today*, »sie sind eine Generation von Multitaskern, die E-Mails von ihrem Blackberry verschicken, während sie mit dem Handy telefonieren und sich durch Websites klicken.« Diese notorisch unterforderten und schnell gelangweilten Arbeitnehmer kann man nur mit ständiger Stimulation und größtmöglicher Freiheit locken. Unternehmen wie die US-Versicherungsfirma Aflac haben das bereits eingesehen und bieten ausdrücklich für die Generation Y Anreize wie Extrafreizeit statt Bonusprogramme sowie flexible Arbeitszeiten.

Auch Don Tapscott hat in seinem Bestseller *Wikinomics* die Generation Y entdeckt – er nennt sie »Net Generation«: »Die neuen Instrumente der Massenkooperation ermöglichen es Angestellten, mit mehr Menschen und Weltregionen, mit weniger Mühe und mehr Spaß zusammenzuarbeiten.« Junge Leute träten ins Arbeitsleben ein, die sich eine Welt ohne Google oder Mobiltelefone gar nicht mehr vorstellen könnten, so Tapscott. Gleichzeitig lege diese Generation im Gegensatz zu vorhergehenden weniger Wert auf Loyalität, hohes Dienstalter und Autorität und stattdessen mehr auf »Kreativität, soziale Konnektivität, Vergnügen, Freiheit, Geschwindigkeit und

Vielfalt in ihrem Betrieb.« Um in einem zunehmend konkurrenzge-
prägten Umfeld solche Mitarbeiter anzulocken, zu gewinnen und
zu halten, müssten Unternehmen die »Net Generation« verstehen
lernen. Die Generation der Babyboomer sei mit Schreibmaschine
und Telefonen aufgewachsen und täglich zur Arbeit gefahren, und
es werde ihr schwer fallen, ihren Lebensstil zu andern. Tapscott:
»Die Net Generation hat solche Probleme nicht. Eine wirklich selbst
organisierte und dezentrale Art zu arbeiten zeichnet sich schon jetzt
am Horizont ab. Es handelt sich um eine nah bevorstehende Realität, auf die kaum ein Betrieb vorbereitet ist.«

Die dänische Trendforscherin Marianne Levinsen geht gar einen
Schritt weiter und meint, sogar schon die nächste Altersgruppe
entdeckt zu haben, die Unternehmen als künftige Mitarbeiter um-
werben sollten. Die Generation Z ist zwischen 1990 und 2001 ge-
boren, zahlenmäßig größer als ihr alphabetischer Vorgänger und
ihre ersten Mitglieder beginnen langsam, über Arbeit nachzudenken. Die Mitglieder dieser Generation gelten als »digitale Ur-
einwohner«, haben konsequenterweise neben vier bis acht engen
Freunden im Schnitt dreißig bis fünfzig SMS-Bekanntschaften und
sind mit 100 bis 200 weiteren über E-Mail und Internet-Messenger
in Kontakt – teilweise weltweit. Das Handy ist ihr Problemlösungs-
werkzeug und sie verschicken zwanzig bis 150 SMS pro Tag. Ein Job
muss diesen extrem vernetzten Jugendlichen vor allem die Möglichkeit bieten, unterschiedliche Menschen, Aufgaben und Arbeitsplätze kennen zu lernen. Sie vermischen Beruf und Privatleben
ganz natürlich, multitasken per Internet, Handy und iPod und sind,
so Levinsen, »die erste Generation, die sich darauf freut, den Job zu
wechseln.«

Die einzige Art, diese oft hochbegabten jungen Menschen für
traditionelle Unternehmen zu interessieren ist nicht, sie umzu-
erziehen – vielmehr müssen die Unternehmen ihre Angebote an die
Arbeitnehmer aktualisieren: Dienstwagen und Bonuspaket werden
für Leistungsträger sicher nicht komplett an Attraktivität verlieren.
Aber diese klassischen Incentives müssen ergänzt werden durch ein
Arbeitsumfeld, das Flexibilität, Stimulation, kreatives Arbeiten, ein

hohes Maß an persönlicher Freiheit und eine bestmögliche Work-Life-Balance kombiniert.

## Zufriedene Mitarbeiter dank elektronischer Kollaboration

Das deutsche Softwarehaus SAP ist einer der Technologie-Welt-marktführer. Firmen, die Software wie jene von SAP einsetzen, sind damit den ersten Schritt hin zur Easy Economy gegangen, denn die Datenbanktechnologie sorgt dafür, dass alle internen Abläufe papierlos und standardisiert werden – sozusagen eine digitale Industrialisierung. Damit ist eine der zentralen Voraussetzungen für räumlich und zeitlich flexibles Arbeiten gegeben, denn Mitarbeiter können nur produktiv von unterwegs arbeiten, wenn nicht noch in der Zentrale große Aktenschränke stehen, deren Inhalt sie täglich brauchen. Erst die durchgehend digitale Kette von Arbeitsschritten, der elektronische Workflow, ermöglicht es, auch Dienstleistungen wie Gehaltsabrechnung oder Urlaubsplanung komplett online zu organisieren.

Weil SAP also in den Unternehmen seiner Kunden – zumindest potenziell – dazu beiträgt, ein flexibles Hightech-Arbeitsumfeld zu schaffen, hat das Unternehmen mit mehr als 43 800 Mitarbeitern in über fünfzig Ländern und Stammsitz im baden-württembergischen Walldorf auch selbst eine hochmoderne Arbeitskultur.

Susanne Labonde, Leiterin des weltweiten Personalmarketings des Unternehmens, erzählt im Interview, wie das genau funktioniert. Bei SAP seien die Jobmodelle individuell vereinbar: »Hier ist fast alles vertreten und viel möglich – von der Kombi aus Homeoffice mit Büro, über die unterschiedlichsten Arbeitszeitmodelle.« Stundenweise, halbe Tage, oder ganze Tage bei einer reduzierten Arbeitszeit bis zu 35 Prozent, in Ausnahmefällen sogar weniger – bei SAP alles kein Problem. »Wir möchten damit flexibel auf die Bedürfnisse der Mitarbeiterinnen und Mitarbeiter in ihren aktuellen Lebensphasen eingehen können«, so Labonde. Dabei gehe es zum Beispiel um Altersteilzeit oder um Elternzeit. Am beliebtesten seien 80-Prozent-Teilzeitverträge.

Ende 2007 arbeiteten bei SAP weltweit 5,2 Prozent der Mitarbeiter in Teilzeit – im deutschen Teil des Konzerns waren es sogar 13 Prozent. Das ist viel, auch im Vergleich mit anderen IT-Unternehmen hierzulande, wo der Anteil bei 11,3 Prozent liegt. »Wir sehen eine leicht steigende Tendenz in Deutschland«, so Labonde. Der Anteil der Männer liegt bei immerhin 4,7 Prozent. Hier sei die Motivation meist, eine Familienpause einzulegen, »da Männer durch die gesetzliche Änderung zunehmend gleichberechtigt behandelt werden und sich auch gerne um ihre Familie kümmern«, erzählt die Personalmanagerin mit einem Augenzwinkern: »Diese Aussage trifft zumindest auf die SAP-Männer zu.«

Jenseits der klassischen Teilzeitangebote hat bei SAP aber bereits eine viel tiefer gehende Revolution der Arbeitsweise stattgefunden: Es gilt auch hier die so genannte Vertrauensarbeitszeit. Bei SAP wird die Arbeitszeit nicht erfasst. Die Mitarbeiter werden am Ende des Jahres danach bewertet, ob sie ihre individuell festgelegten Ziele erreicht haben. Labonde kommentiert: »Wann und wo sie daran arbeiten, diese Ziele zu erreichen, verfolgen wir nicht.« Es gebe diverse Beispiele von Kollegen, die nicht täglich im Büro sind und einen Heimarbeitsplatz in Anspruch nehmen. »Viele unserer Mitarbeiter sind auch ab und zu am Wochenende online oder spät abends – damit verwischen die Grenzen zwischen Privatleben und Job zunehmend«, so Labonde. Sie weiß aus eigener Erfahrung, wovon sie spricht, denn sie arbeitet selbst zweimal pro Woche im Homeoffice und telefoniert am Abend viel mit dem Ausland, »wenn die Kinder schlafen.«

Diese Freiheit anzubieten, ist auch bei SAP wichtig fürs Recruiting hervorragender Mitarbeiter: Laut einer Studie, die das Unternehmen unter mehr als 10 000 nicht bei SAP beschäftigten Arbeitnehmern durchgeführt hat, stehen flexible Arbeitszeiten in Deutschland sehr hoch auf der Liste der Anforderungen an beliebte Arbeitgeber. Interessanterweise, so erzählt Labonde, fragen Bewerber in Bewerbungsgesprächen aber nur sehr selten nach mehr Freiheit, wohl »weil sie befürchten, sich damit als ›Spaßvogel‹ zu outen«. Aber: »Wir wissen, dass flexible Arbeitszeiten vor allem für Top Talente und sehr gute Universitätsabsolventen ein Thema sind.«

Dass diese Arbeitsweise nicht nur Freiheiten bietet, sondern auch jede Menge Selbstdisziplin verlangt, ist Susanne Labonde klar: »Wir verlangen sehr viel Eigenverantwortung von unseren Mitarbeitern. Sie müssen ihren Job managen, aber auch sich selbst, das heißt sie müssen im Zweifelsfall auch selbst die Grenze zwischen Job und Privatleben ziehen.« Mitarbeiter, die übereifrig seien oder kaum ein Gegengewicht im privaten Bereich hätten, fänden es natürlich schwer, sich nicht völlig dem Job zu widmen: »Das ist aus Arbeitgebersicht nicht zu begrüßen, denn wir wissen, dass unsere Mitarbeiter am besten sind, wenn sie auch ein ausgeglichenes Leben außerhalb der Arbeit haben.«

### Flexibilität und kulturelle Hürden

Die Santander Consumer Bank AG ist ein deutsches Kreditinstitut mit Sitz in Mönchengladbach. Sie ist eine 100-prozentige Tochter der spanischen Grupo Banco Santander, der größten Bank in der Eurozone und eine der größten Banken weltweit. Unter den 100 größten Banken in Deutschland belegte Santander 2006 Platz 55. Auf der Website der Bank heißt es paradigmatisch: »Unser Grundsatz lautet: Beweglichkeit zeigen und schaffen.« Mit dem 2007 eingeweihten Neubau in Mönchengladbach will das Unternehmen diesem Leitmotiv der Mobilität für jeden sichtbar Ausdruck verleihen: Die 15 000 Quadratmeter Bürofläche mit rund 1 250 Arbeitsplätzen kosteten 65 Millionen Euro und sollen das Firmenmotto mit Hilfe von flexiblen und mobilen Arbeitsplatzkonzepten widerspiegeln.

Das zusammen mit dem Fraunhofer Institut für Arbeitswirtschaft und Organisation entwickelte Konzept hat die frühere Arbeitsweise revolutioniert: »Früher haben wir in Büroformen jedweder Art gearbeitet«, erinnert sich Jürgen Golde, Direktor Zentrale Verwaltung, »in sieben verschiedenen Lokationen, ohne Etikette. Heute arbeiten wir zentral, mobil, flexibel, kommunikativ, non-territorial, mit Prinzipien wie Open Space und Clean Desk.« Konkret heißt das: Bei Santander wird jetzt Desksharing betrieben, jeder Mitarbeiter sucht sich morgens seinen Arbeitsplatz. Golde unterschreibt die These, dass wir neuerdings arbeiten können, wann und wo wir wollen, doch versteht er darunter in erster Linie: Wo auch immer im Santander-Gebäude. »Unsere Mitarbeiter arbeiten in verschiedenen Arbeitssituationen an unterschiedlichen Plätzen, also in Think-Tanks, Projekträumen, Touchdown-Zonen, oder auch im Restaurant oder einer unserer Chillout-Areas.«

Für konzentrierte Arbeit auch mal Zuhausebleiben, hält Golde selbst zwar für »absolut möglich«, doch das Thema werde bei der Bank noch vielfach kritisch gesehen. Die Gründe seien zum Teil nicht immer nachvollziehbar und »sehr altmodisch, wie zum Beispiel die fehlende Kontrolle durch Vorgesetzte«. Vielfach sei ein Hindernis aber auch, zu Hause einen – Achtung, Gewerkschaftsdeutsch – »arbeitsstättenrichtliniengerechten Arbeitsplatz« einzurichten, bei dem die Mitbestimmung der Arbeitnehmervertretung zu beachten sei. Mit anderen Worten: Der Betriebsrat stellt sich gern mal quer. Mitbestimmung und Gesetzeslage machen die Sache für Telearbeit nicht einfacher.

Zwar ermöglicht die IT bei Santander schon heute mobiles Arbeiten innerhalb des Gebäudes an verschiedenen Arbeitsplätzen und zu unterschiedlichen Bedingungen: Es gibt drahtloses Internet per W-LAN, ein so genanntes »Follow me«-Telefonsystem, mit dem Telefonnummer und Anrufbeantworter dem Arbeitnehmer an seinen je gewählten Arbeitsplatz »folgen« sowie prinzipiell auch die Möglichkeit, sich per sicherer VPN-Verbindung mit dem Laptop von außen ins Firmennetz einzuwählen. Doch Telearbeit muss sich bei Santander erst noch durchsetzen, nach Goldes Einschätzung kein technisches, sondern eher »ein kulturelles Problem«.

## Tarifverträge und gesetzliche Regelungen

Auch bei der Siemens AG wird Vertrauensarbeitszeit praktiziert, die hier ebenfalls von einer zeit- zu einer ergebnisorientierten Kultur geführt hat. Pressesprecher Marc Langendorf: »Es ist nicht mehr nötig, Menschen für acht oder neun Stunden an den Schreibtisch zu verbannen. Arbeiten kann man heute von überall mit Handy und

Laptop. Das hat sich in den letzten Jahren dramatisch gewandelt.« Stefan Liesen, im Unternehmen der Fachexperte für Arbeitszeitgestaltung, ist stolz darauf, dass Siemens-Mitarbeiter heute eigenverantwortlich entscheiden, wann sie kommen und gehen und wie lange sie jeweils arbeiten – »natürlich in Abstimmung mit Führungskräften und Kollegen sowie unter Berücksichtigung betrieblicher Prozesse «. Für Liesen liegt die klassische Büroumgebung mit Zeitkontrolle und Anwesenheitspflicht schon in grauer Vergangenheit: Wenn man »historisch zurückblickt, haben wir früher auch so gearbeitet wie andere Unternehmen: Alle mussten morgens um acht anfangen, dann den ganzen Tag am Schreibtisch sitzen und um 17 Uhr war Feierabend.«

Doch bereits seit 1993 sei das Unternehmen von vorsichtigen Anfängen in Sachen Gleitzeit immer mehr hin zum, so Liesen, »heute flexiblen Modell hinsichtlich Volumen und Lage der Arbeitszeit weitgehend ohne maschinelle Zeiterfassung« gekommen. Mit anderen Worten: Hier wird die Zeitsouveränität auf die Mitarbeiter übertragen. Natürlich ist das auch bei Siemens in Büroumgebungen einfacher zu realisieren als in »fertigungsnahen Bereichen«, natürlich sind flexible Regelungen auch hier für leitende Angestellte unkomplizierter umzusetzen als für Mitarbeiter, die dem Tarifvertrag unterliegen.

Wie in anderen Unternehmen müssen bei Siemens tarifvertragliche und gesetzliche Regelungen eingehalten werden: Zu beachten ist vor allem Paragraph 16, Absatz 2 des Arbeitszeitgesetzes: »Der Arbeitgeber ist verpflichtet, die über die werktägliche Arbeitszeit hinausgehende Arbeitszeit der Arbeitnehmer aufzuzeichnen.« In der Praxis von Vertrauensarbeitszeit wird diese Vorgabe oft aufgeweicht und in Form von elektronischer Zeiterfassung ohne Kontrolle erfüllt oder als Selbstaufzeichnung der Arbeitszeiten. Einige weitere Regeln müssen strenger eingehalten werden: Mehr als zehn Stunden pro Tag darf keiner arbeiten, das Arbeitsverbot an Sonn- und Feiertagen ist zu beachten und Arbeitszeiten gelten nach wie vor als Grundlage fürs Einkommen. Aber wann diese Arbeit geleistet wird, ist den Angestellten weitgehend selbst überlassen – und zunehmend auch die Entscheidung, wo. Um zeitweise von zu Hause aus arbeiten zu können, muss bei Siemens zwar ein separater Telearbeitsvertrag abgeschlossen werden, aber dann »sehen wir das gern, wenn jemand diese Flexibilität nutzt und zum Beispiel in Ballungsgebieten einen oder zwei Tage von zu Hause aus arbeitet, statt im Stau zu stehen«, so Liesen. Diese Option werde auch zunehmend genutzt.

Überhaupt glaubt Liesen, dass Arbeitnehmer »langfristig verstärkt mobil und flexibel« werden. Sein Blick in die Zukunft sieht so aus: »Über ein virtuelles Netzwerk kann ich von jedem Punkt der Erde permanent arbeiten. Ich bin unterwegs, logge mich in mein Firmennetz ein, kann per Sprache oder Datenleitung kommunizieren, muss dazu nicht um neun Uhr morgens im Büro sitzen und um 17 Uhr Feierabend machen.« Bei dieser Vision müsse man halt nur aufpassen, ab und zu auch mal abzuschalten, um nicht ständig erreichbar zu sein.

## Moderne Unternehmenskultur über Generationen hinweg

Im Jahr 2007 wurde dem in Duisburg ansässigen deutschen Tochterunternehmen der US-Firma Stryker eine begehrte Auszeichnung verliehen: Es wurde von Top Job, einem Wirtschaftspreis für innovative Arbeitgeber unter der Schirmherrschaft von Wolfgang Clement, auf den ersten Platz in der Kategorie »Motivation und Dynamik« gewählt. Was andere Firmen dank Dienstwagen, Eckbüro, Umsatzbeteiligung und Spesenkonto erreichen, schaffte der global agierende Hersteller orthopädischer und medizintechnischer Produkte mit einem einfachen Trick: Stryker räumt seinen Mitarbeitern – in Deutschland, Österreich und der Schweiz sind es etwa 1500, weltweit knapp 19 000 – ein extremes Maß an Flexibilität und Freiheit ein.

Natürlich arbeitet der Außendienst bei Stryker flexibel, aber auch Produktmanagement, Marketing und Geschäftsleitung. Manchmal lohnt es sich nicht, morgens in die Firma zu kommen, wenn man mittags ein Geschäftsmeeting hat und nachmittags ohnehin zum Flughafen muss. »Wir sind ja im Ruhrgebiet und haben eine hohe

Verkehrsdichte«, so Pressesprecherin Silke van Os: »An solchen Tagen nutzen die Kollegen diese Zeitreserven, um von zu Hause aus arbeiten zu können.« Solch ein Kollege ist Peter Willmes, Marketingdirektor, der die Flexibilität bei Stryker jeden Tag lebt: »Das geht damit los, dass wir in Duisburg eine Büronummer haben, die wir aber auf unsere Mobiltelefone umleiten. Das heißt, der Anrufer merkt gar nicht, dass ich nicht im Hause sitze. Ich bin überall erreichbar.« Wenn er unterwegs ist, kann er sich mit seinem Rechner entweder über W-LAN oder Modemkarte – oder von zu Hause mit einem schnellen DSL-Zugang – ins Firmennetzwerk einwählen: »Ich habe Zugriff auf alle Daten und kann sogar einem Mitarbeiter ein Dokument direkt auf seinen Drucker schicken, wenn es sich um etwas Vertrauliches handelt.« Er habe also von zu Hause oder im Hotel alle Funktionen, so als ob er im Büro wäre.

Möglich wird dies auch dadurch, dass bei Stryker »eigentlich nichts mehr papierseitig stattfindet – wenn zum Beispiel eine Rechnung reinkommt wird sie gescannt, geht in ein automatisches Ablaufsystem ein und ich kann sie von unterwegs über das Netzwerk freigeben.« Willmes ist seit acht Jahren im Unternehmen, das immer schon auf Flexibilität gesetzt habe, aber »im Endeffekt funktioniert diese Mobilität erst seit etwa zwei Jahren wirklich professionell, weil man wegen der schnelleren Zugänge mit DSL, W-LAN und Blackberrys jetzt nahezu keine Geschwindigkeitsunterschiede mehr feststellt.«

Der klassische 9-to-5-Arbeitstag ist für Peter Willmes »absolut passé«. Er sei zwar häufig auch im Büro, wenn er zum Beispiel Gesprächstermine habe. »Aber ich komme aus dem Sauerland und wenn zum Beispiel mal wieder stark Schnee fällt, arbeite ich eben von zu Hause und bin dort genau so effektiv. Ich teile mir den Arbeitstag dann natürlich anders auf, weil ich die persönlichen Meetings nicht mehr habe, ich bin flexibel und es ist für mich kein verlorener Tag.« Er versuche sogar, in gleicher Zeit mehr zu erledigen. Für Willmes überwiegen die Vorteile dieser Arbeitsweise: »Ich kann flexibel und sehr schnell kommunizieren, habe nie das Gefühl, es laufen Dinge auf, die ich nicht abarbeiten kann. Ich kann relativ früh Informationen screenen und prioisieren und kann anhand dessen meinen Arbeitsalltag spezifizieren.« Vor ein paar Jahren musste er noch viel physikalische Post lesen und wenn er sechs Wochen verreiste, sah er erst danach, was in der Zwischenzeit auf seinem Schreibtisch gelandet war. Heute fühlt er sich schneller und effizienter, versucht Zeitverschwendung zu reduzieren: »Wenn Sie wissen, dass morgens um neun Rush Hour ist, dann arbeiten Sie erstmal zwei Stunden von zu Hause und fahren um zehn Uhr los, um den Stau zu vermeiden.«

Für Peter Willmes ist diese Art zu arbeiten schon Berufsnormalität. Grenzen sieht er, wenn neue Kollegen im Unternehmen anfangen. »Dann sagen wir: Bitte die ersten sechs Monate sehr viel im Büro sein, weil die Leute euch kennen lernen müssen. Die müssen Vertrauen zu euch aufbauen, sehen, was für ein Mensch ihr seid. Danach könnt ihr häufiger im Homeoffice sitzen.« Stryker achte sehr auf die Talente der Mitarbeiter und das erfordere häufig, den Leuten mehr Freiraum zu geben und stärker auf die Personen einzugehen. Willmes erzählt von einer Mitarbeiterin, 35 Jahre alt, die kürzlich ein Kind bekam: »Wie gestalten Sie deren Arbeitsplatz so, dass sie trotzdem weiterhin Vollzeit arbeitet? Sie macht zwei Tage im Homeoffice, bekommt von uns eine Kinderbetreuung und kann so ihrem Job nachgehen. Wir können ihr Knowhow abrufen, müssten sonst eine neue Person finden, einstellen und einarbeiten – und das wäre teuer.« Darum bietet Stryker solche Flexibilität und Mobilität gleich im Vorstellungsgespräch an. Für den Marketingchef ist das absolut keine Generationenfrage – »damit können Ältere genau so gut umgehen wie Jüngere. Sie müssen nur wissen, wo ihre Grenzen und Freiräume sind.«

## Freiheit auch für Führungskräfte

Antonella Lorenz ist Unternehmerin, beschäftigt zwanzig Mitarbeiter und erwirtschaftet einen Jahresumsatz von 1,5 Millionen Euro. Sie hat ihre Software-Firma Lorenzsoft 1991 in München gegründet, seitdem aufgebaut und man könnte sie sich als gestressten, ausgelaugten Workaholic vorstellen. Das Gegenteil ist der Fall. Die dynamische 44-Jährige sagt, sie werde als Managerin keineswegs ständig beansprucht, um schnell ein Projekt zu retten oder einen Kunden zu beruhigen. Und – undenkbar für viele ihrer Chefkollegen: Sie könne durchaus mal drei Wochen am Stück in Urlaub gehen.

Diesen für Unternehmer ganz ungewöhnlichen Zustand hat sie paradoxerweise erreicht, indem sie auch ihren Mitarbeiten besonders viel Freiheit einräumt. Ihre Philosophie ist es, »Arbeitsabläufe zu beschleunigen und so jedem einzelnen mehr Lebensqualität zu verschaffen« sowie »durch kleinteiliges Arbeiten Freiräume entstehen zu lassen«. Heißt konkret: Alle dürfen so kurz oder lang arbeiten, wie sie wollen. Sie können während der Arbeitszeit einkaufen gehen oder ins Café. Sie müssen nur innerhalb vereinbarter Zeiten alle ihre Aufgaben erledigt haben. Um acht Uhr morgens anfangen, dafür aber um drei mit den Kindern in den Zoo gehen? Bei diesem Arbeitgeber kein Problem.

Lässiges Improvisieren ist all dies dennoch nicht. Die virtuelle Stechuhr wird erst durch peinlich genaue Planung möglich, so Lorenz. Jeder einzelne Auftrag wird zunächst in kleinste Arbeitsschritte aufgeteilt: »Dann geben unsere Mitarbeiter wöchentliche Zeitangebote in unser System ein. Sie haben dabei die aktuelle Auftragslage im Visier, können aber gleichzeitig ihre Freizeitaktivitäten berücksichtigen. Sie agieren eigenverantwortlich und loten ihre Zeit im Büro mit der Zeit für die Familie selbst aus.«

Fällt ein Kollege wegen Krankheit aus, kippt nicht das gesamte Geschäft, denn Lorenzsoft arbeitet »vollkommen transparent. Der Projektleiter muss nicht stundenlang vom Krankenbett aus seinen neuen Kollegen einweisen. Er hat alle Schritte seiner Aufgaben detailliert im System festgehalten, der neue Kollege muss sich nur einlesen und kann sofort den Kunden übernehmen.« Das funktioniert auch, wenn die Geschäftsleitung im Urlaub ist, denn diese Rechte und Pflichten gelten für Angestellte und Management gleichermaßen. »Es kann nicht sein, dass bei einem Krankheitsfall nur ein einziger Mitarbeiter weiß, worum es genau geht«, so Lorenz, »Eine Organisation muss künftig systemisch in der Lage sein, personenunabhängig arbeiten zu können.«

Die tägliche Dateneingabe dauert laut Firmenchefin nicht länger als 15 Minuten, doch der Vorteil, den diese Planung auf der anderen Seite eröffne, sei gigantisch. Denn diese, wie sie es nennt, »atomare Arbeitsweise« bedeutet in der Praxis eine totale Befreiung vom Anwesenheitszwang alter Schule: »Wenn ich alle heutigen Aufgaben erledigt habe, kann ich nach Hause gehen. Wir müssen weg von der Einstellung, dass nur die Leistung zählt, bei der lange Anwesenheit im Büro nachgewiesen werden kann und gearbeitet wird, bis das Blut spritzt.« Anarchie herrscht bei Lorenzsoft deswegen nicht: Die Chefin kontrolliert auch von unterwegs per Laptop, wie weit die jeweiligen Projekte sind und welcher ihrer Mitarbeiter gerade was macht.

Die reduzierte Art des Informationsaustausches nach dem Prinzip »wenige, aber klare Absprachen« schafft Mitarbeitern wie Projektleitern großen Freiraum, sagt Lorenz: »Sie können sich auf ihre Kernaufgaben konzentrieren und verlieren keine Zeit in endlos langen Meetings.« Überstunden sind bei Lorenzsoft angeblich unbekannt und wer zwischendurch einkaufen oder ins Kino will, geht einfach. Diese flexible Arbeitsweise komme unterschiedlichen Lebensumständen entgegen, so Lorenz: »Wir haben junge Väter, die das schätzen, aber auch weibliche Mitarbeiter, die zu normalen Zeiten zum Friseur gehen wollen.« Unternehmen müssten künftig in der Lage sein, attraktive Arbeitsplätze für Mütter zur Verfügung zu stellen. Denn eine Mutter sei ja kein lästiger Ballast, der keine Verantwortung übernehmen kann, »sondern wertvolles Potenzial, das zum nächsten Wettbewerber wandern könnte.«

Ein besonders großer Gewinn dürfte für Antonella Lorenz aber in der persönlichen Freiheit liegen, die sie als Chefin aus dieser Organisationsform zieht: »Das Handy bleibt während des Urlaubs aus, da alle Zuständigkeiten, Zeitabläufe und Kundentermine im System fixiert worden sind.«

## Die Easy Economy in der Verwaltung

Selbst in der oft als unflexibel und altmodisch gebrandmarkten öffentlichen Bürokratie kann die Freiheit Einzug halten. So hat die

Stadtverwaltung Wolfsburg schon vor mehr als zehn Jahren Vertrauensarbeitszeit eingeführt. »Es wird nicht mehr gestempelt, Arbeit wird nicht nach Zeit gemessen, sondern nach Aufgaben«, sagt Christian Cauers, Pressesprecher der Stadt. Obwohl die öffentlichen Bediensteten also in Wolfsburg mehr oder weniger kommen und gehen können, wann sie wollen, leidet der Bürgerservice darunter nicht – im Gegenteil: »Unsere Bürgerdienste haben nahezu durchgehende Betreuungszeiten, ohne Mittagspause.« Das klappt heute sogar noch besser als früher, weil Teams sich jetzt flexibel absprechen: Wer will heute später reinkommen, wer hat Lust auf eine Frühschicht?

Bei internen Aufgaben wird die Anwesenheit sogar noch flexibler gehandhabt. Cauers: »Einige Kollegen arbeiten bis in die Abendstunden, manche kommen auch samstags oder sonntags rein, wenn beispielsweise bei verdichteten Projekten mit Termindruck gerade viel anliegt.« Dafür gehen sie dann tagsüber ins Fitnessstudio, widmen sich Vereinstätigkeiten, bleiben zu Hause wenn ein Kind krank ist. »Bei uns sind viele individuelle Lösungen möglich«, so Cauers.

Anfängliche Kritik habe sich nach der Einführung dieser Arbeitsweise schnell gelegt. Bald war allen klar: Jetzt zählt der Teamgedanke. Man einigt sich auf Zielvereinbarungen, »wer das wie und wann erledigt, ist egal«. Frühaufsteher stimmen sich mit Morgenmuffeln ab – das Umdenken von der strikten 40-Stunden-Woche sei schnell gegangen. »Wolfsburg war schon immer fortschrittlicher, auch weil es eine junge Kommune ist – gerade mal siebzig Jahre alt« so Cauers. Als vor zehn Jahren die Vertrauensarbeitszeit eingeführt wurde, geschah das im Rahmen damals modischer Schlagworte wie »neues Steuerungsmodell«, »innerorganisatorische Veränderungsprozesse« oder »Dienstleistungsverwaltung«. Heute garantiert diese Flexibilität nicht nur mehr Service für den Bürger, sondern auch ein komfortableres Arbeiten für die 4 000 Mitarbeiter der Stadtverwaltung. Einige haben sogar Zugriff auf das IT-System von außerhalb, können gewisse Arbeiten von zu Hause aus erledigen. »Es hat sich bewährt, sich an der Aufgabe zu orientieren und nicht an der Uhr am Arm«, so Cauers.

# Kapitel 12

# Der Arbeitsplatz der Zukunft

>»Das beste Büro kann man auf den hinteren
>Sitzen eines Autos unterbringen.«
>
>*Jean Paul Getty*

## Wozu brauchen wir überhaupt noch Büros?

Wenn die Menschen nicht mehr jeden Tag an den Schreibtisch gehen, brauchen wir dann überhaupt noch Büros? Brauchen wir überhaupt das Korsett von Arbeitsplätzen, Gebäuden, festen Strukturen? Oder ist die komplett virtuelle Firma das Ziel, deren Mitarbeiter sich nur noch digital vernetzen und die sich so altmodische Investitionen wie Immobilien ganz spart? Kurz gesagt: Sie ist es nicht. Was passieren kann, wenn ein Unternehmen quasi über Nacht alle Strukturen auflöst, zeigt ein Beispiel von vor wenigen Jahren. Es ist die Geschichte eines ambitionierten Desasters.

Jay Chiat hatte es doch nur gut gemeint. Wollte das modernste Büro der Welt bauen, seinen Mitarbeitern flexibles Arbeiten ermöglichen und dazu die neuesten technischen Entwicklungen nutzen. Aber am Ende hatte er alles falsch gemacht und den Ruf der neuen mobilen Arbeitsweise auf Jahre ruiniert. Nach dem Vorbild eines Uni-Campus ließ Chiat 1993 die neue Zentrale seiner Agentur Chiat/Day in Los Angeles ohne Trennwände und Einzelbüros bauen, ersetzte Schreibtische durch Sofaecken und Kirmes-Karussellwagen, in denen die Kreativen tolle neue Ideen haben sollten.

Ein Concierge händigte den Mitarbeitern täglich Laptop und Mobiltelefon aus – Arbeitsmaterial, das sie jeden Abend wieder zurückgeben mussten. Doch die Angestellten versuchten von Anfang an, den durch keinerlei Raumtrenner oder Schalldämmung separierten Sitzecken zu entkommen, in denen sich niemand konzentrieren konnte, weil immer in Hörweite Kollegen diskutierten und viele der Stühle auch noch lustig wackelten. Einige Kollegen nutzten Konferenzräume als Büros. Agenturchef Chiat versuchte, das zu unterbinden, indem er herumging und fragte: »Saßen Sie gestern schon hier?« Und den Mitarbeiter im Falle eines »Ja« sofort auf einen anderen Platz verscheuchte.

Weil man nirgendwo in den Räumen Arbeitsmaterialien ablegen durfte, die persönlichen Rollcontainer aber zu klein waren für die Papierberge, die damals noch Büros dominierten, fingen die Leute an, Akten in Ecken zu verstecken oder im Kofferraum des eigenen Autos zu lagern. So entstand bald ein reger Verkehr zwischen Büro und Tiefgarage. Es gab zu wenige Laptops und Mobiltelefone, sodass sich schon morgens beim Concierge Schlangen von Mitarbeitern bildeten. Wer nahe der Agentur wohnte, kam um sechs Uhr früh vorbei, lieh sich Ausrüstung, versteckte diese, ging wieder nach Hause und legte sich noch mal für zwei Stunden hin. Alles war unpraktisch und schlecht durchdacht, zum Arbeiten kam kaum noch jemand.

Nach sechs Monaten begann die Revolution: Art Direktoren kaperten Konferenzräume als ihre Büros und weigerten sich, diese zu verlassen. Mitarbeiter hörten auf, die Laptops und Telefone zurück zu bringen. Selbst gebaute Schreibtische tauchten zwischen den Sitzecken auf. Mitte 1995 war das Experiment vorbei: Chiat verkaufte die Agentur und die neuen Eigentümer installierten als erstes wieder eine klassische Büroumgebung mit Wänden und festen Schreibtischen für jeden. Das Büro der Zukunft schien grandios gescheitert.

»Es war stümperhaft umgesetzt und kam technisch zu früh«, sagt Wilhelm Bauer vom Fraunhofer Institut heute, der seine durchaus praktikable Vision einer mobilen und flexiblen Arbeitsumgebung stets gegen das scheinbar eindeutige Desaster bei Chiat/Day verteidigen muss: »Eine zentrale Voraussetzung für Mobilität und Desksharing ist, Dokumenten-Management und Workflow zu digitalisieren, also so papierlos wie möglich zu arbeiten. Das ging bei Chiat/Day noch nicht, darum mussten immer alle an die Akten in ihrem Kofferraum.« Außerdem gab es damals weder schnelle, günstige, sichere und drahtlose Internetverbindungen noch Kollaborations-Software oder Smartphones mit E-Mail-Empfang. Jay Chiat hat vieles absurd falsch gemacht, aber selbst mit einem weniger unrealistischen Konzept hätte er 1994 wohl nur scheitern können. Wie es heute anders geht, sieht man zum Beispiel im niederländischen Tilburg.

Teure Leuchten und Stuhlunikate, lange Küchentische und große Ohrensessel lassen die Zentrale der Interpolis-Versicherung wie eine Design-Hotellobby wirken. Kein Wunder – acht niederländische Gestalter und Künstler haben je einen Teil des 7 000 Quadratmeter großen, »Tivoli« genannten Bereichs der Tilburger Repräsentanz gestaltet. Doch das Gebäude sieht nicht nur gut aus. Dank der ausgefeilten flexiblen Bürostruktur sparte Interpolis 51 Prozent Arbeitsfläche, 33 Prozent Bau- und Ausstattungsinvestitionen sowie 21 Prozent der laufenden Nutzungskosten. Vor allem aber verjüngte sich das einst biedere Firmenimage. Mitarbeiter zu finden ist – anders als vor einigen Jahren – heute kein Problem mehr.

Die gesamte ehemalige Kantine wurde in einen flexiblen Arbeits-, Besprechungs-, Essens- und Entspannungsbereich umgewandelt, nach dem Vorbild einer Stadt gibt es Plätze und Straßen sowie Konferenz- und Ruheräume, Fernsehecke und Billardtische. Damit reagierte Interpolis auf die veränderte Funktion des Büros, das in Zeiten von flexibler und mobiler Arbeit eher zu einem Ort der Begegnung wird. Mitarbeiter nehmen morgens Laptop und Mobiltelefon, suchen sich den Arbeitsplatz für den Tag. Statt Unterlagen von gemeinsamen Projekten und Arbeitsvorgängen, die früher im Schreibtisch deponiert waren, gibt es heute gemeinsame elektronische Ordner und virtuelle Datenbanken, die für alle zugänglich sind. Trotz teuren maßgeschneiderten Designs geriet das Tivoli aufgrund der Platzersparnis ein Drittel billiger als ein konventionelles Büro für dieselbe Mitarbeiterzahl.

Der Kopf hinter diesem revolutionären und zukunftsweisenden Konzept war Gijs Nooteboom von der Beratungsfirma Veldhoen & Company. Im Interview erklärt er mir, warum das Interpolis-Konzept stellvertretend für alle künftigen Bürogebäude steht und wieso wir im Grunde altmodische Büros trotzdem noch brauchen:

*Herr Nooteboom, was war die Grundidee bei Ihrem Entwurf für die Versicherungsgesellschaft Interpolis?*

Gijs Nooteboom: Wir vertreten die Philosophie, dass jeder Mensch überall und zu jeder Tageszeit arbeiten kann. Dass man sich nicht auf personengebundene Arbeitsplätze konzentrieren soll, sondern auf Aktivitäten. Man arbeitet mal konzentriert und individuell. Oder mal gemeinsam – das kann virtuell passieren oder mit physischer Anwesenheit. Auf der Basis der Analyse dieser Aktivitäten entwerfen wir Arbeitsumgebungen. Das machen wir für Rathäuser, Schulen, Krankenhäuser, Banken oder eben Versicherungen wie Interpolis.

*Einzelbüros spielen dabei offenbar keine Rolle mehr?*

Nooteboom: Nein. Es gibt bei Interpolis offen gestaltete Arbeits-Stockwerke sowie ein großes Begegnungs-Stockwerk – die Plaza, die von Künstlern unterschiedlich gestaltet wurde. Dort kann man essen, Kaffee trinken und in großen oder kleinen Gruppen diskutieren. Die Mitarbeiter werden sozusagen freigelassen in Umgebungen, wo es keinen eigenen Schreibtisch mehr gibt, wo man fast papierlos arbeitet und es keine Standardarbeitsplätze mehr gibt, sondern lauter verschiedene – immer der Aktivität entsprechend. Sie brauchen aber auch nicht jeden Tag ins Büro zu kommen. Wenn sie individuell arbeiten, planen sie das vorher und machen es dann zu Hause, beim Kunden oder am Strand.

*Aber im Büro ist man schon noch ab und zu?*

Nooteboom: Wegen des sozialen Zusammenhalts soll man bei Interpolis von fünf Tagen – je nach Funktion – zumindest zwei bis drei Tage im Büro sein. Die Arbeit wird aber nicht wie früher über das Messen der Anwesenheit gesteuert, sondern über den Output, also die Leistung, die das Unternehmen von den jeweiligen Mitarbeitern erwartet. Das ist eine grundsätzliche Änderung, das hat Zeit und Training gebraucht – bei den Arbeitnehmern, aber noch mehr bei der Leitung. Denn was ist jetzt die Aufgabe des Managements? Nicht mehr zu checken, ob jemand da ist, sondern den Output zu definieren und zu kontrollieren. Es braucht Monate, um das in die Kultur eines Unternehmens zu integrieren.

*Ein erheblicher Aufwand. Was hat das Unternehmen davon?*

Nooteboom: Das Unternehmen kommt mit viel weniger Quadratmetern aus. Man hat ja nicht mehr einen Arbeitsplatz pro Mitarbeiter, sondern wir gehen von einem Verhältnis von zwei Mitarbeitern auf einen Arbeits-platz aus, also 50 Prozent. Auch die Reinigungs- und sonstigen Unterhal-tungskosten werden dementsprechend reduziert. Außerdem hat Interpo-lis 20 Prozent Produktivitätssteigerung durch die Flexibilisierung und die Krankmeldungen von 9 Prozent vor zehn Jahren auf jetzt 2,5 Prozent redu-ziert. Drittens ist es gut für Image und Kultur des Unternehmens – Interpo-lis empfängt jährlich 90 000 Besucher. Das Büro ist Marketinginstrument Nummer eins.

*Wie wichtig ist moderne Technik?*

NOOTEBOOM: Die muss natürlich state-of-the-art sein. Künftig wird man noch einfacher und intuitiver virtuell zusammenarbeiten können als jetzt. Man wird beim Telefonieren das Bild des anderen sehen, Daten austau-schen, Präsentationen zeigen und gemeinsam an Dokumenten arbeiten. Dadurch werden wir in Zukunft noch weniger beruflich unterwegs sein müssen als heute.

*Brauchen wir in Zukunft denn überhaupt noch Büros?*

NOOTEBOOM: Das Konzept des Büros ist prinzipiell altmodisch, aber wir brauchen es dennoch. Es wird in Zukunft fast nur noch für Begegnungen da sein. Mehr und mehr werden Unternehmen ihre Mitarbeiter auch von zu Hause und unterwegs arbeiten lassen.

*Sprechen wir hier von einer Mode oder einem echten Trend?*

NOOTEBOOM: Wir arbeiten an diesen Konzepten für große Firmen und Ver-waltungen seit mehr als 15 Jahren und das Wachstum ist enorm. Aktuell auch wegen der Themen Umweltschutz und Nachhaltigkeit. Niederländi-sche Unternehmen sehen zunehmend ein, dass man nicht größer baut als nötig und dass das, was man baut, superfunktionell sein muss.

Denselben Trend beobachtet auch Debra Moritz von der amerikani-schen Firma Jones Lang LaSalle, die Unternehmen dabei hilft, ihre Bürogebäude zu verwalten und sie bei Immobilieninvestitionen berät. Die gesamte Fläche an klassischen Büroräumen beginnt abzu-nehmen, wenn auch erst langsam. »Ineffizienzen fallen offensicht-licher auf, wenn die Mitarbeiter zunehmend mobil werden«. Nach Studien des Unternehmens halten sich Angestellte im Schnitt weni-ger als 40 Prozent der Arbeitszeit überhaupt an ihren Schreibtischen auf – eine Zahl, die nochmal deutlich über der bei IBM gemessenen liegt, sich aber mit den Ergebnissen von Dr. Bauer vom deutschen Fraunhofer Institut deckt.

Das bedeute nicht, dass sich der Bürobedarf um 40 Prozent verringern werde, aber dass Designer darüber nachdenken, wie man die Fläche besser nutzt. Der ausschließlich dem isolierten Arbeiten gewidmete Bereich – deutsche Einzelbüros oder amerikanische Cubicles – werde abnehmen zugunsten von vielfältig nutzbaren, flexiblen Einheiten, die je nach Bedarf umgewidmet werden können. Wände und Mobiliar werden beweglich. Treffpunkte, auch informeller Art, werden mehr Platz einnehmen. Das ist keine graue Theorie: Debra Moritz selbst besitzt schon lange keinen eigenen Schreibtisch mehr.

## Die neuen deutschen Büropioniere

Arbeitsumgebungen, die die Mitarbeiter radikal von zeitlichen und räumlichen Zwängen befreien, können im Ausland also ganz wunderbar funktionieren (Best Buy, Interpolis) oder auch komplett an die Wand fahren (Chiat/Day). Der Unterschied liegt in der konsequenten Digitalisierung aller Arbeitsabläufe und ein wenig gesundem Menschenverstand bei der Raumplanung. Aber wie weit ist die Suche nach dem Büro der Zukunft bei deutschen Unternehmen gediehen? Gibt es erste bauliche Anzeichen der Easy Economy im Land der Gummibäume, Eckbüros und Bürotassen? Es gibt sie und die Firmen, die auf sie setzen, wiederholen nicht die Fehler von Chiat/Day, sondern testen mit einer Mischung aus nüchterner ökonomischer Pragmatik und visionärem Zukunftshunger bereits heute, wie die meisten von uns schon bald arbeiten werden.

## Wissensmanagement und Globalisierung

Unter dem Namen »DB New Work Space« mobilisiert die Deutsche Bank gerade ihre Büros. In der ersten Stufe hat das Unternehmen für 75 große Bürostandorte ein flexibles Raumkonzept umgesetzt: 80 Prozent der Arbeitsplätze sind als »Open Space«, also Großraum, angelegt und ein Teil der Mitarbeiter testet Desksharing. Sie können sich mit dem Laptop an einen beliebigen Arbeitsplatz setzen, stöpseln sich ein und haben ohne Anmeldungsprobleme Zugang zu allen Datenbanken und Ressourcen der Bank.

Drahtloses Internet über W-LAN kommt dabei aus Sicherheitsgründen in vielen Bereichen nicht infrage und Händlerarbeitsplätze müssen immer mit einem Kabel angebunden sein, das ist gesetzlich vorgeschrieben, darum ist für sie gar keine Mobilität möglich. Doch für einige Mitarbeiter ist der feste Arbeitsplatz jetzt schon überholt. Manche entscheiden zum Beispiel morgens, welches der fünf großen Frankfurter Büros der Deutschen Bank sie als Standort für den Tag wählen. Die Büros haben überall Gästearbeitsplätze und man geht einfach mit dem Laptop unterm Arm dorthin. Soweit es in diesem Bereich zweckmäßig ist, können Mitarbeiter auch von zu Hause aus arbeiten. Die Bank entwickelt da eine Vertrauenskultur und überlässt die Entscheidung dem Mitarbeiter und seinem Vorgesetzten. In manchen Abteilungen gibt es einen wöchentlichen »Homeworking Day«, doch die Durchdringung der Überallarbeitsfähigkeit ist noch unterschiedlich.

Das soll sich jetzt ändern, wenn die nächste Stufe des New Work Space startet. Schon heute hat das Projekt für einen Technologie- und Ausstattungsschub gesorgt, haben die relevanten Mitarbeiter Laptops und Blackberrys bekommen. Eine repräsentative Studie von zwölf Bankstandorten hat für die nahe Zukunft eine erhebliche Mobilität vieler Mitarbeiter prognostiziert. Etwa 40 Prozent der Mitarbeiter gehen als so genannte »Resident People« weiter täglich ins Büro, etwa 40 Prozent arbeiten als »Mobile People«, und etwa 20 Prozent »Super-Mobile People« werden die technische Infrastruktur zu voll flexiblem Arbeiten erhalten.

Die Arbeitsplatzrevolution hat sich schon jetzt ausgezahlt: Der Flächenverbrauch wurde durch Desksharing, moderne Bürogebäude und eine scharfe Reduktion der Papierablagen von 17 bis 19 Quadratmetern pro Mitarbeiter auf 10 bis 11,5 Quadratmeter heruntergefahren. Außerdem seien der Wissensaustausch und damit das Risikomanagement viel besser geworden, weil die neue Arbeitsweise innerhalb größerer Gruppen die informelle Kommunikation fördert. So erfährt der Mitarbeiter auch mal Dinge, die ihn vielleicht nicht direkt betreffen, aber die sich später als wichtig heraus stellen. Womöglich ist diese verbesserte abteilungsübergreifende Kommunikation ein Grund dafür, dass die Deutsche Bank aus der Kreditkrise der Branche vergleichsweise glimpflich hervorgegangen ist.

Dass die Bank flexible Arbeitsmethoden so konsequent umsetzt, liegt auch an ihrem internationalen Geschäft: »Der globale Arbeitstag findet zwischen 14 und 15 Uhr statt«, scherzt ein Mitarbeiter: »Dann ist es in New York acht Uhr morgens und in Singapur 21 Uhr, also machen wir dann die internationalen Videokonferenzen.« Der übliche Kommunikations-Dreischritt geht so: Grundsätzlich werden Informationen erstmal über E-Mail ausgetauscht. Wo es wichtig wird, macht man eine Telefonkonferenz und in kritischen oder kreativen Situationen eine Videokonferenz oder man trifft sich direkt. Letztere Variante ist bei der Deutschen Bank allerdings auf dem kritischen Prüfstand: Seit 2007 hat sich das Unternehmen, auch im Sinne der Nachhaltigkeit, auferlegt, physische Reisen möglichst zu vermeiden.

Die Flexibilisierung der Arbeit darf nach Angaben eines leitenden Mitarbeiters nicht als Sozialprogramm verstanden werden: Man wolle es den Mitarbeitern damit nicht gemütlich machen, sondern lege sehr viel Wert auf Leistung – immerhin sei ein Firmenwert ja »Passion to Perform« und das nehme man sehr ernst.

### Effizienter Workflow und weniger Meetings

Wer Heiko Humpal auf der Büronummer anruft, kommt schon mal ungelegen. »Oh hallo«, sagt er dann, »ich konnte Ihre E-Mail noch nicht lesen – ich bin im Urlaub.« Böse ist er offenbar nicht über die Störung, denn die gehört zum Konzept: Alle Anrufe auf seiner Kurzwahl werden automatisch aufs Handy umgeleitet, wenn er nicht am Platz ist. »Ich bin jetzt quasi jederzeit erreichbar und kann mich nicht verstecken«, erklärt er: »Ich habe das Telefon in der Regel immer an.« Er geht also auch im Urlaub ans Handy? »Naja, wenn's die Nummer vom Chef ist, vielleicht auch mal nicht«, sagt er scherzend.

Der Mann mit dem komplizierten Titel *Projektmanager Operative Strukturplanung* ist in dem von der Star-Architektin Zaha Hadid gestalteten Verwaltungsgebäude des Leipziger BMW-Werks verantwortlich für Raumplanung, Workflow, kurz: für das hochmoderne Bürokonzept, das der Autobauer hier erstmals realisiert hat. »Wir leben Flexibilisierung«, sagt Humpal. Zwar gibt es kaum Desksharing – »das ist eher interessant für Firmen mit Außendienstlern« –, also niemand muss sich jeden morgen einen Schreibtisch suchen. Aber der Arbeitsplatz kann bei Bedarf fast beliebig durchs Gebäude wandern, wenn neue Team-Konstellationen das erfordern. »Es gibt keine räumlichen Abteilungsgrenzen. Wenn eine Abteilung einer anderen für ein Projekt zehn Leute leiht, nehmen die Mitarbeiter den Caddy mit ihren Unterlagen, stöpseln das Telefon aus, rollen zehn Meter weiter und haben dort denselben Schreibtisch wie vorher.«

Das funktioniert nur, weil die Büroeinrichtung komplett demokratisch ist: Der Chef hat denselben Arbeitsplatz wie seine Mitarbeiter. »Also kein Einzelbüro mit Wurzelholzschreibtisch«, so Humpal, ein Beispiel, bei dem er offensichtlich an die Münchner Zentrale denkt: »Bei uns ist alles Großraum, auch der Werksleiter sitzt auf der Fläche.« Flexibilität entsteht durch Arbeit in Gruppen, deren Mitglieder beliebig »geclustert« werden können. Humpal: »Wir können Teams beliebig zusammenstellen und müssen nichts umbauen.« Die einzigen geschlossenen Büroräume im durchdesignten Zentralgebäude sind etwas mehr als vierzig »Think Tanks« als Rückzugs- und Besprechungsräume sowie 13 größere Konferenzräume. Humpal: »Anfangs wollte es uns keiner glauben, aber das reicht für 650 Leute.«

Für ihn spiegelt sich die Firmenphilosophie in der Architektur: Transparenz, Dynamik, Innovation, Kreativität und Kommunikation sind hier keine abstrakten Begriffe. Das geht so weit, dass die Produktionsstraße durchs Büro führt und alle Mitarbeiter ständig neue BMWs an der Decke entlang schweben sehen, »damit wir immer sehen, was wir hier eigentlich herstellen«. Das Bürokonzept hat Humpal zusammen mit Wilhelm Bauer vom Fraunhofer Institut erstellt und dessen Theorien funktionieren hier in der Praxis ganz vortrefflich: »Ich kann mir zum Beispiel viele Telefonate ersparen, weil ich sehe, ob die Leute frei sind«, so Humpal:»Man redet viel mehr miteinander.« Die Zahl der offiziellen Meetings – regelmäßiger Nervfaktor in vielen Unternehmen – sank um über 50 Prozent,»wenn nicht noch mehr. Ganz vieles klärt sich informell, spontan.«

Alle Mitarbeiter – außer den Ingenieuren, die an speziellen CAD-Rechnern arbeiten müssen – haben Laptops, auch Humpal:»Den nehme ich mit nach Hause, auf die Dienstreise oder an einen anderen Arbeitsplatz.« Gut 20 Prozent der Leute praktizieren Telearbeit. Das sei häufig ein Extra für Führungskräfte, die am Wochenende noch zu Hause arbeiten wollen. Oder ein Zugeständnis an Mitarbeiter mit langen Anfahrtswegen.»Wir haben ein großes Einzugsgebiet, einige Kollegen kommen über 80 Kilometer weit her«, so Humpal:»Die müssen nicht jeden Tag reinkommen.« Und arbeiten dann zum Beispiel montags und freitags zu Hause.

Das sei manchmal geradezu nötig, denn das Großraumbüro habe zwar einen Vorteil:»Viel Kommunikation. Aber auch einen Nachteil: Viel entbehrliche Kommunikation.« Für konzentrierte Arbeit sei ein Telearbeitsplatz darum durchaus sinnvoll. Der Mitarbeiter muss seine Abwesenheit in den Kalender eintragen, aber nicht jedes Mal einen Antrag beim Chef stellen:»Das läuft bei uns über Selbstorganisation.«

### Das Zukunftslabor

Einige der größten und erfolgreichsten deutschen oder in Deutschland ansässigen Konzerne gehören also zu den Vorreitern der Easy Economy. Sie setzen schon heute auf flexible, offene Bürolösungen, in denen sich Mitarbeiter kreativ austauschen und spontan projektweise zu Teams zusammenfinden können – wenn sie denn überhaupt im Büro sind. Wie sich derartige moderne Arbeitsumfelder in Zukunft noch weiter verändern können, ist schon heute in Berlin zu besichtigen.

Der typische Arbeitstag von Hermann Hartenthaler beginnt damit, dass er in den 18. Stock des Hochhauses der Technischen Universität Berlin fährt, wo die Telekom gemeinsam mit Wissenschaftlern aus aller Welt Innovationen entwickelt, die später als Produkte für uns alle auf den Markt gebracht werden. Oben schaut er auf einen Bildschirm im Flur, der den Grundriss der Stockwerke anzeigt. Rot markiert sieht man hier besetzte Schreibtische, grüne sind frei, denn 150 Mitarbeiter teilen sich 110 Arbeitsplätze. Hartenthaler hält seine Chipkarte an den Schirm, tippt auf einen freien Tisch und hat ihn damit für sich reserviert. Der Programmmanager hat dieses Desksharing-System hier eingeführt und preist die »große Flexibilität«, sowie die »Arbeitsatmosphäre, die Innovationen unterstützt, wo man leicht mit anderen in Kontakt kommt.«

Danach geht es vorbei an Postfächern, die größtenteils leer und doch clever aufgerüstet sind: »Man bekommt ja heute immer weniger physische Post«, sagt er, »wenn aber doch ein Brief für mich ankommt, drückt der Hausservice den Knopf neben meinem Postfach und ich werde per E-Mail benachrichtigt, egal wo ich gerade bin.« Kommt ein Päckchen, wird gar per eingebauter Digitalkamera ein Foto gemacht und an die Benachrichtigungs-E-Mail angehängt. »So kann ich einen Kollegen bitten, das Paket für mich zu öffnen, wenn es dringend ist, ich aber nicht im Büro bin«, erklärt Hartenthaler.

Am Schreibtisch angekommen, schließt er den mitgebrachten Laptop an einen großen Bildschirm an. Weil er sich für diesen Arbeitsplatz angemeldet hat, werden alle Telefonate automatisch hierhin umgeleitet. Das so genannte »Sharepoint-Portal« auf dem Rechner zeigt an, ob Kollegen heute im Haus sind, wo sie ihren Arbeitsplatz gebucht haben und ob sie gerade telefonieren. Alle Daten und Informationen über laufende Projekte sind digital übers Internet zugänglich, so dass Hartenthaler dieselbe Arbeitsumgebung hätte, wenn er zu Hause säße, in einem Hotel oder Café mit DSL-Zugang. »Bei uns muss man nicht jeden Tag ins Büro gehen«, sagt er – einige Kollegen arbeiten mehrere Tage pro Woche zu Hause: »Das ist ja auch die Basis fürs Desksharing: In dieser Zeit kann jemand anders an dem Arbeitsplatz sitzen.« Dadurch kann man Fläche reduzieren, die sonst nutzlos leerstehen würde. Das eingesparte Geld hat Hartenthaler in Technik investiert.

Aber wer eben doch in die T-Labs-Räume kommt, profitiert von der offenen Raumarchitektur, die Kontakte leicht macht, Austausch und Kreativität fördert. Und das nicht nur theoretisch. Während unseres Gesprächs in der Kaffeeküche sitzen Mitarbeiter auf dem Tresen und spielen Fußball auf einer fest installierten X-Box-Videospielkonsole. Wer im Büro kurz Ruhe sucht, geht in die abgetrennte Bibliothek oder eine der schalldichten »Denkerzellen«. Wer länger konzentriert arbeiten will, tut das eben von zu Hause aus.

Die Kombination aus Desksharing mit technik-unterstützter Arbeitsplatzwahl, aus einer offenen Büroarchitektur mit Rückzugsmöglichkeiten und aus Arbeitsdaten, die von überall aus übers Internet zugänglich sind – das ist für Hartenthaler das Büro der Zukunft: Man kann hingehen, muss aber nicht. In den T-Labs, der Forschungs- und Entwicklungsabteilung der Telekom, wurde das zum ersten Mal so eingesetzt. Doch inzwischen wurde das Desksharing-Modell mit einem Arbeitsplatz-Buchungssystem auch auf die Großkunden-Abteilung T-Systems ausgeweitet und ist dort inzwischen an acht Standorten umgesetzt.

Weil die technische Infrastruktur Voraussetzung für diese offene und flexible Form des Arbeitens ist, haben die Kollegen von T-Systems sie nicht nur für sich selbst adaptiert, sondern – viel wichtiger – ein Produkt daraus gemacht, das sie nun ihren Kunden anbieten. »Für T-Systems ist dieses Büro der Zukunft derzeit ein wichtiges Vertriebsthema«, sagt Hartenthaler: »Wir sehen eine sehr große Resonanz. Büroarbeit besser und effizienter zu organisieren, ist gerade ein Hype-Thema.« Viele Unternehmen waren in den letzten Jahren zurückhaltend mit Investitionen. Jetzt sehen sie, dass sie ihre Effizienz steigern müssen, um aus den Leuten, die sie haben, mehr herauszuholen, etwa, indem sie das Arbeitsumfeld optimieren.

Das Timing sei richtig, denn mobiles Arbeiten funktioniere erst dann wirklich, wenn alle Anwendungen auf Internet-Anwendungen umgestellt sind. Hartenthaler: »Das war vor drei, vier Jahren erst in Ansätzen erkennbar – jetzt ist das kein Problem mehr.« Darum beobachtet der hauptberufliche Innovator derzeit viele Umstrukturierungsprozesse und Neubauvorhaben, bei denen seine Erfindungen in der Praxis angewandt werden: »Uns besuchen wöchentlich Firmen von der Pharmaindustrie bis zu Automobil- oder Chemieunternehmen. Das Thema interessiert wirklich über alle Branchen hinweg und vom Mittelständler bis zum Großkonzern.«

Die Easy Economy ist hier ganz sicher kein Hirngespinst mehr, sondern ein neues, hochattraktives Geschäftsmodell. »Flexible Arbeit war früher nur für ganz kleine Gruppen möglich, zum Beispiel Künstler oder Studenten. Aber dass für eine größere Anzahl von Menschen nicht mehr die Anwesenheit im Büro zählt, sondern die Ergebnisse – das ist neu«, so Hartenthaler. Und dann fasst der eher nüchterne Techniker das Thema für ihn untypisch emotional zusammen: »Wir sind die erste Generation, die sich von der Anwesenheitspflicht im Büro emanzipieren kann.«

Zwischenfazit: Ein Mann im gut geschnittenen Anzug sitzt in einem Meeting, hört den Ausführungen seines Vorgesetzten scheinbar aufmerksam zu. Eine Frau in lässiger Freizeitkleidung geht mit dem Hund im Park spazieren und telefoniert dabei auf dem Mobiltelefon. Wer von beiden arbeitet? Es ist interessant zu beobachten, wie sozialisierte Rollenbilder bei jedem von uns nachwirken – egal, für wie aufgeschlossen wir uns selbst halten. Männer, so haben wir durch jahrelange Anschauung seit unserer Kindheit beigebracht bekommen, sind im Schnitt häufiger berufstätig als Frauen. Arbeit wird im Büro erledigt, nicht im Park. Wer arbeitet, trägt repräsentative Kleidung. In Konferenzen werden wichtige Dinge besprochen.

Doch wer sagt, dass der Mann im Meeting sich nicht kolossal langweilt und an den Fußballabend mit seinen Kumpels denkt? Woher wissen wir, dass die Frau nicht gerade einen Deal über viele Millionen Euro abschließt? Arbeit hat heutzutage viele Gesichter und doch fallen wir immer wieder in alte Raster zurück: Wir haben gelernt, wie Arbeit angeblich auszusehen hat: an einem Schreibtisch in einem Büro sitzend. Wir haben gelernt, dass Fleiß in Stunden gemessen wird, Effizienz in Anwesenheit und Einsatzbereitschaft anhand der Menge von Privatleben, die wir bereit sind, unserem Job zu opfern.

In der Easy Economy gelten diese alten Vorurteile nicht mehr und das ist nicht nur eine große Befreiung für die Angestellten. Es entlastet auch den Arbeitsprozess von der längst überholten Fixierung auf Zeit und verschiebt den Fokus stattdessen hin zur einzigen Kennziffer, auf die es im Berufsleben wirklich ankommt: Ergebnisse. Wer seinen Job gut macht, muss dabei nicht wie ein kleines Kind kontrolliert werden. So einfach ist das. Wie wir gesehen haben, setzen einige fortschrittliche Unternehmen diese Erkenntnis bereits um und das ist für sie ein erheblicher Wettbewerbsvorteil. Noch einmal zusammengefasst: Die Easy Economy bedeutet für Arbeitgeber:

- leichteres Recruiting hochqualifizierter Mitarbeiter
- gesteigerte Produktivität,
- höhere Mitarbeiterzufriedenheit und Motivation, dadurch geringere Fluktuation,
- leichtere Identifikation unproduktiver Mitarbeiter,
- weniger Flurfunk, Meckern, demotivierende Gruppendynamik,
- verbesserte Kreativität und Innovationsfähigkeit,
- sinkende Immobilien- und Unterhaltungskosten,
- besserer Worfklow, weniger Meetings,
- größere Planungsflexibilität.

Leider sind die bislang vorgestellten Unternehmen nicht die Regel. Der größte Teil der deutschen Bürowirklichkeit dreht sich vielmehr noch immer um Anwesenheitszwang und Ablenkung, um Überstunden und Chefs, die ihre Mitarbeiter ständig sehen wollen. Um endlose Konferenzen, allmorgendliches Hetzen durch die Rush-Hour und eine Schreibtischuhr, die sich abends nur in Zeitlupe auf den Feierabend zubewegt.

Aber was kann der Einzelne konkret tun, um dahin zu kommen? Was sind praktische Handlungstipps für Angestellte, die nicht länger Schreibtischsklaven sein wollen? Wie können Eigentümer oder Manager die Vorteile der mobilen und flexiblen Arbeitsweise für ihr Unternehmen nutzen? Wie sich die Easy Economy für Arbeitnehmer und Unternehmen, die bislang noch nicht so arbeiten, im Alltag umsetzen lässt, wird das nächste Kapitel zeigen.

# Kapitel 13

# Die Easy Economy in der Praxis

»Work all day or work all night, it's all the same
If you want the pay
(But do you really want the pain?)
Some drive tankers, some are bankers
Some are workers, some are not
It is time for a party
Liberation for the nation now«
*»Crushed by the wheels of industry«, Heaven 17*

## Flexibel werden, aber auf die Gefahren achten

Einige deutsche Unternehmen setzen also die Easy Economy – in unterschiedlicher Ausprägung – in ihrem Arbeitsalltag ein, doch einige praktischen Fragen sind noch offen: Was sind die Nachteile der Easy Economy? Wie und unter Anwendung welcher Management-Theorien setze ich die Easy Economy als Vorgesetzter um? Welche Infrastruktur und Technologie ist dafür nötig? Was muss ich als Angestellter konkret tun, um auch so frei arbeiten zu können? Wie bringe ich es meinem Chef bei? Und was fange ich mit der neu gewonnenen Zeitsouveränität eigentlich an?

Zunächst geht es nun darum, was Arbeitgeber tun müssen, die die Easy Economy umsetzen wollen. Dazu beschreibe ich Einwände aus der Praxis und wende mich noch einmal der Firma Best Buy zu, die mit ihrem ROWE-Programm auf wahrscheinlich radikalste Weise den Arbeitsalltag in einem großen Unternehmen revolutioniert hat, seit mehreren Jahren erfolgreich so agiert und dabei die üblichen Hindernisse und gängigen Fehler kennen gelernt hat, die mit der Implementierung von extremer Freiheit in vormals rigide Organisationsmodelle einhergehen.

## Die potenziellen Nachteile der Easy Economy

David Ladipo, Partner einer Londoner Beratungsfirma, sitzt auf der Terrasse eines Berliner Frühstückscafés und berichtet, wie die IT-Abteilung des Unternehmens zu seinem privaten Glück beiträgt: »Ich kann mich von jedem Computer der Welt auf meinen Bürorechner einwählen. Die Klienten merken nicht, ob ich in der Zentrale in London sitze oder mit dem Laptop in Deutschland.« Diese Flexibilität nutzt der 38-Jährige, um mitten in der Woche seine Frau zu besuchen, eine Deutsche, die in Berlin lebt. Gleich wollen die beiden eine Fahrradtour machen – an einem Freitag –, dafür wird Ladipo abends noch E-Mail-Korrespondenz erledigen. Der Brite ist also eigentlich ein Paradebeispiel für die Vorteile der Easy Economy, aber er ist auch skeptisch, was viele ihrer Folgen angeht. Beim Kaffee in der Vormittagssonne erzählt er anschaulich und pointiert, weshalb das so ist.

*Herr Ladipo, womit verdienen Sie Ihr Geld?*

DAVID LADIPO: Wir beraten die Vorstände großer Aktiengesellschaften, was die Grundsätze ihrer Unternehmensführung angeht. Und wir stellen siebzig im britischen FTSE-350-Index gelisteten Unternehmen spezialisierte Informationen und Anwendungen über Internet-Datenbanken zur Verfügung.

*Sie leiten also – zusammen mit zwei Partnern – ein erfolgreiches Unternehmen, aber Sie sind eindeutig ein moderner, mobiler und nomadischer Arbeiter, oder?*

LADIPO: Die Geschwindigkeit breitbandiger Internetanschlüsse und die Nutzung von Blackberrys machen es heute viel einfacher, von zu Hause oder unterwegs aus zu arbeiten als noch vor fünf Jahren. Tatsächlich ist es so, dass Klienten, mit denen ich kommuniziere, in der Regel nicht sagen können, ob ich gerade in Deutschland bin, in England oder Abu Dhabi.

*Auch in London halten Sie sich nicht länger als nötig im Büro auf?*

LADIPO: In unserem Unternehmen konzentrieren wir uns ausschließlich auf Ergebnisse. Nur deshalb lange im Büro zu bleiben, um positiv aufzufallen, ist bei uns kein Thema. Wenn jemand früher als geplant mit einem Projekt fertig ist, geht er nach Hause, zum Sport oder in den Pub.

*Sind klassische Arbeitszeiten ein Ding der Vergangenheit?*

LADIPO: Im Gegenteil: Ich finde, die meisten Berufstätigen sollten sich wieder stärker am guten alten 9-to-5-Arbeitstag orientieren. Als wir unsere Firma gegründet haben, haben wir abends sehr lange gearbeitet und oft auch am Wochenende. Aber nach und nach wurde unser Zeitmanagement immer effizienter. Heute fangen wir etwa um zehn Uhr an und machen um 17 Uhr Feierabend. Es ist doch so: Die wenigsten Menschen arbeiten effektiv sieben Stunden lang. Sie verschwenden bloß extrem viel Zeit damit ›im Büro zu sein‹. Und dann geben sei damit an, wie hart sie arbeiten müssen. Das ist doch traurig.

*Was empfehlen Sie stattdessen?*

LADIPO: Statt auf den klassischen Arbeitstag mit pünktlichem Feierabend herabzuschauen und zu meinen, er sei altmodisch, uncool und bürgerlich, sollte die so genannte kreative Klasse dafür kämpfen, wieder von neun bis fünf arbeiten zu können. Dann hätten die meisten von ihnen viel mehr Freizeit, um kreativ zu sein und Zeit mit ihrer Familie und ihren Freunden zu verbringen. Ich versuche, nicht jederzeit erreichbar zu sein. Ich stelle oft den Blackberry aus. Und ich nehme während meiner Freizeit keine beruflichen Telefonate an. Ich habe herausgefunden, dass die Geschäftspartner das schnell zu respektieren lernen. Die ›always-on‹-Mentalität der ständigen Erreichbarkeit, die ich bei anderen sehe, macht diese Menschen vor allem extrem ineffizient. Außerdem können sie nie richtig entspannen.

*Hilft flexibles Arbeiten nicht dabei, mehr Zeitsouveränität zu gewinnen und so Zeit für eigene Projekte zu haben?*

LADIPO: Wie viele Investmentbanker oder Anwälte kennen Sie, die Zeit haben, Bilder zu malen, Gedichte zu schreiben oder einen schönen Garten zu pflegen? Ich denke, die meisten Berufstätigen sind erfahren genug zu erkennen, dass das Angebot »flexibel« zu arbeiten, ein zweischneidiges ist. »Kontrolle« bedeutet nicht immer das, was wir zunächst denken. Ich kenne viele Menschen, die die Kontrolle über ihre Zeit exakt deshalb verloren haben, weil ihre Arbeitgeber sie ermutigt haben »freier«, »mobiler« und »ergebnisorientierter« zu arbeiten. Das ist eine ziemlich bittere Ironie.

Als in der auf Geschäftliches spezialisierten Internet-Community Xing die Themen ROWE, Vertrauensarbeitszeit und flexibles Arbei-

ten zur Diskussion gestellt wurde, schlugen – bei aller grundsätzlichen Zustimmung – unter den Teilnehmern die Wellen hoch: Einen
gängigen Einwand formulierte Daniel Fichtner, Berater bei der Steria Mummert Consulting AG:»Manche Menschen brauchen Druck
und Kontrolle. Wenn diese nicht existiert – und sei es in Form einer
Stechuhr – sinkt unter Umständen deren Produktivität und letzten
Endes die Motivation.«

Doch die größten Bedenken hatten die Diskussionsteilneh-
mer – ähnlich wie David Ladipo – beim Thema Work-Life Balance.
Viele befürchteten, dass das Abschaffen der Stechuhr zu einem
Arbeitstag ohne Ende führt. Sven Scheffler, Chefredakteur der Zeitschrift *Handelsblatt Junge Karriere* und Initiator der Diskussion:
»Manche Mitarbeiter haben eventuell Schwierigkeiten, die Trennung von Arbeit und Privatem zu definieren – und arbeiten dann
ständig.« Stefan Moser, ein Sparkassen-Mitarbeiter aus Feldkirch,
kommentierte offenbar aus eigener Erfahrung:»Hier noch was
Kleines zu tun, da noch was abzuklären, dort noch irgendwas – und
schon steckt man mitten drin in diesem Kreislauf.«

Ähnlich klingt die Kritik an flexiblen Arbeitsmodellen aus poli-
tisch linker Sicht: Hier geht es in der Regel um die Furcht vor Ausbeutung beziehungsweise Selbstausbeutung. Stellvertretend für
diese Sichtweise, wenn auch polemisch überspitzt, sei hier aus
*Gegenstandpunkt* zitiert, einer Zeitschrift für marxistische Theorie:
Bei der Vertrauensarbeitszeit werde die Arbeitszeit »zu einer nach
oben offenen Größe. Das Management legt die Resultate fest, die es
sehen will, schreibt Termine vor, die eingehalten werden müssen,
gibt Erfolgsdaten vor – und die Beschäftigten können dann in wah-
rem Teamgeist – der auf dieser Grundlage logischerweise seine ekel-
haften Seiten entfaltet – zusehen, wie sie das aus den betrieblichen
Vorgaben resultierende Arbeitsquantum in ihrer Zeit unterbringen;
das ist sie dann, die ›Zeitsouveränität‹«. Hintergrund sei das »uralte,
immer gleiche Haupt- und Generalanliegen des Kapitals, das Lohn-
arbeit verrichten lässt: Es geht um die möglichst kostengünstige An-
eignung von möglichst viel Arbeit.« Trotz der arg altmodischen und
agitierenden Wortwahl spricht dieses Zitat wohl auch manchem be-

sorgten Gewerkschafter aus der Seele, der angesichts zunehmend individueller Arbeitszeitgestaltung die Tarif- und Deutungshoheit für seine Organisation schwinden sieht.

Zusammengefasst drohen in der Easy Economy potenziell also die folgenden Gefahren: Aus Arbeitnehmersicht kann die ständige Erreichbarkeit dazu führen, dass wir gar keinen Feierabend mehr machen und in Überstunden versinken, die wir nicht mal mehr abbummeln können. Zu viel Zeit am Heimarbeitsplatz zu verbringen, kann zu Vereinzelung und Vereinsamung führen. Wer seltener im Büro ist, hat womöglich doch schlechtere Karriereaussichten und genießt unter Kollegen ein niedrigeres Prestige. Und schließlich kann es sein, das wir im Grunde keinen Effizienzvorteil aus der Flexibilität ziehen, weil wir die gleiche Arbeitsbelastung wie vorher haben, nur verlagert an einen anderen Ort.

Aus Arbeitgebersicht ist zu befürchten, dass Mitarbeiterführung und -motivation schwieriger werden, es an der Kommunikation zwischen Angestellten hapert und all das in Effizienzverluste und mangelnden Teamgeist mündet. Es kann sein, dass faule Mitarbeiter die neue Freiheit ausnutzen. Und, die vielleicht größte Angst des Chefs: Im Notfall erreicht er seine Angestellten nicht, weil die gerade im Kino oder im Park sind.

Nicht alle diese Befürchtungen sind aus der Luft gegriffen. Vor allem die Begrenzung der ständigen Erreichbarkeit muss jeder einzelne für sich schaffen, wie wir in Kapitel 6 gesehen haben. Doch vor allem die vermuteten Nachteile aus Arbeitgebersicht lassen sich widerlegen. Cali Ressler und Jody Thompson, die Erfinderinnen von ROWE, haben über ihre Erfahrungen ein Buch geschrieben, in dem sie Antworten und Tipps für den Alltag potenzieller Nachahmer geben. Vor allem haben sie auf die meisten Einwände Antworten aus der Praxis parat. Die beiden vergleichen das Arbeiten in einer rein an Ergebnissen orientieren Umgebung mit einem Samstag, an dem man viel zu erledigen hat – Einkäufe, Zeit mit Freunden verbringen, einen Film sehen, Mittagessen, Rechnungen bezahlen undsoweiter. Weil man an diesem Tag aber Kontrolle über seine Zeit hat, arbeitet man alles ab, wie und in welcher Reihenfolge es einem am besten passt. Und am Ende hat man in der Regel alles geschafft, ohne gestresst zu sein. »Wenn Menschen hohen Ansprüchen ausgesetzt sind, sie aber ein hohes Maß an Kontrolle über ihre Zeit haben, kann ihr Leben hektisch sein, aber beherrschbar. Sie finden heraus, was wann getan werden muss«, schreiben die beiden. Bei hohen Ansprüchen und wenig Kontrolle wird das Leben hektisch und elend. Es gibt nichts herauszufinden. »Man ist gefangen in einem System, das immer neue Ansprüche auftürmt, aber einem die Kontrolle verwehrt, diesen gerecht zu werden.«

Aber ist Stress nicht oft auch gut, hilft er nicht, Mitarbeiter zu motivieren? Das mag stimmen. Stress ist nicht grundsätzlich schlecht. Arbeitsplatzrevolutionäre wie Ressler und Thompson sind nur gegen den zusätzlichen Stress, der entsteht, wenn man sich für seine Zeit rechtfertigen muss, keine Kontrolle über seinen Tagesablauf hat, bei der Arbeit beschäftigt tun muss, auch wenn man es nicht ist oder wichtige Dinge in seinem Privatleben nicht erledigen kann, weil man im Büro gefangen ist. »Die Arbeit bei Best Buy kann sehr intensiv sein«, so die ROWE-Erfinderinnen: »Wir wollen nicht, das die Menschen ihre Leidenschaft für das Unternehmen verlieren. Das ist positiver Stress. Den zusätzlichen Stress allerdings braucht niemand.«

Werden die Mitarbeiter es nicht ausnutzen, wenn niemand mehr ihre Arbeitszeit kontrolliert? Ressler und Thompson vergleichen das mit der Studienzeit. An der Universität kann man weitgehend selbst entscheiden, welche Kurse und Vorlesungen man belegt, wann man lernt und wann feiert. Man kann auch nur faulenzen und Party machen, bloß erwirbt man dabei keine Scheine, kommt nicht weiter, schließt sein Studium nicht ab. Dasselbe gilt im Beruf: Wer faulenzt und seine Arbeit nicht erledigt, verliert seinen Job. Der Unterschied zwischen einer traditionellen Arbeitsumgebung und der flexiblen Easy Economy: In letzterer fliegen die Drückeberger eher auf, weil sich niemand mehr tarnen kann, indem er den ganzen Tag am Computer sitzt oder ein Meeting nach dem anderen besucht, statt wirklich zu arbeiten. »Unsere Erfahrung: In einer ROWE-Arbeitsumgebung verhalten sich die Menschen nicht weniger verantwortungsbewusst, sondern mehr, weil sie mit Freiheit belohnt werden. Sie nutzen diese Freiheit nicht aus, sondern erledigen im Gegenteil mehr Arbeit als vorher.«

Was, wenn man jemanden wirklich dringend erreichen muss, aber er ist Shoppen? In einer traditionellen Arbeitsumgebung kann man die Mitarbeiter auch nicht permanent erreichen. Egal, ob jemand gerade Lebensmittel einkaufen ist oder in einem Meeting – er ist beschäftigt. Der einzige Unterschied: Einkaufen zu gehen, ist im Büro sozial nicht akzeptiert. Außerdem, so Ressler und Thompson: »Wenn ein wirklicher Notfall eintritt und nur eine Person kann helfen, dann gibt es in diesem Unternehmen ein größeres Problem als die Erreichbarkeit dieser Person.«

Fühlen sich die Mitarbeiter nicht isoliert, wenn sie nicht mehr alle zusammen jeden Tag ins Büro gehen? Das kann in der Tat ein Problem sein. Darum verabreden sich die Mitarbeiter bei Best Buy zu sozialen Aktivitäten außerhalb der Firma: »Das ist nicht Teambuilding oder erzwungener Spaß. Ein Team entscheidet, dass es auf einer sozialen Ebene mehr Gemeinsamkeit herstellen will und findet dann selbst den besten Weg heraus, dies zu erreichen.« Wenn die Mitarbeiter selbst solche Initiativen ergreifen, sei das viel wirkungsvoller als Meetings nur um ihrer selbst willen.

### Drei Managementtheorien: MBO, Mobile-Work, ROWE

Wenn Unternehmen aufhören, die Leistung ihrer Mitarbeiter nach Zeit zu messen und sich stattdessen auf die Ergebnisse konzentrieren, wirft das eine simple Frage auf: Wie geht das? Man kann sich vorstellen, dass ein Außendienstler an der Zahl seiner Verkäufe gemessen wird, ein Sachbearbeiter an der Menge der erledigten Vorgänge oder ein Programmierer am fertig gestellten Code. Aber wie misst man die Leistung eines Buchhalters, einer Personalchefin, eines Marketing-Assistenten oder eines Einkäufers?

Die Frage ist schwierig, weil sie nicht allgemein zu beantworten ist. Und sie ist ganz einfach, weil sie im Grunde nur eines erfordert: Dass sich beide Seiten – Angestellter und Management – zusammen setzen und sich auf Ziele einigen. Natürlich gibt es dabei die Gefahr, sich misszuverstehen, unklare Vorgaben zu haben oder dem Mitarbeiter zu viel aufzuhalsen. Nur – dasselbe gilt genauso in einer klassischen Arbeitsumgebung, in der aber nicht mal versucht wird, klare Ansagen über zu erreichende Ziele zu machen und der Angestellte häufig im Ungefähren darüber gelassen wird, was er nun eigentlich genau zu tun hat, um als produktiv zu gelten.

Bei der Siemens AG zum Beispiel nennt sich der Vorgang des Zusammensitzens »Performance Management Process«. Stefan Liesen, Experte für Arbeitszeitgestaltung im Unternehmen: »Das ist ein ganzjähriger Prozess, der mit der Zielvereinbarung startet. Unterjährig gibt es Zeitfenster zur Analyse der Zielerreichung. In einem Round-Table mit Führungskräften und Human Resources wird dann über Personalentwicklungsthemen, bezogen auf die einzelnen Mitarbeiter, gesprochen.« Im Mittelpunkt des Prozesses stehen Dialog zwischen Mitarbeiter und Führungskraft. Liesen: »Wir geben dazu unternehmensweit ein Raster aus vier Bereichen vor, die eigentlich bei jeder Arbeitsplatzbeschreibung zutreffen«. Diese sind: Mitarbeiter, Kunden, Prozesse und Finanzen. Der Weg zur Zielerreichung ist weitgehend Sache des Angestellten. Klingt etwas abstrakt, aber, so Liesen: »Das funktioniert grundsätzlich immer, wenn man sich Gedanken macht, wie man so ein System für seinen Verantwortungsbereich sinnvoll anwenden kann, darin einen Mehrwert erkennt und davon überzeugt ist.«

Hintergrund dieser Arbeitsweise ist eine von Peter Drucker in den fünfziger Jahren des 20. Jahrhunderts entwickelte Betriebswirtschafts-Technik, die in den sechziger bis achtziger Jahren zunehmend Verbreitung fand: »Management by Objectives« (MBO) oder zu deutsch kurz »Führen nach Zielen«. Laut Lehrbuch-Definition »bezieht MBO die Mitarbeiter in den Prozess der Zielabstimmung mit ein. Innerhalb der vereinbarten Ziele kann der Mitarbeiter frei entscheiden. Das Zielsetzungsgespräch zwischen der Führungskraft und den Mitarbeitern bildet den Kern dieses Führungsstils. In dem Gespräch werden Leistungsstandards präzisiert und Kontrolldaten definiert, mit denen überprüft wird, ob die Ziele erreicht wurden.

Die Maßnahmen zur Zielerreichung werden durch den Mitarbeiter selbst bestimmt.« Allerdings führt MBO alleine keineswegs automatisch dazu, dass Mitarbeiter vom Bürozwang befreit und mit Zeitsouveränität ausgestattet werden – wie wohl die meisten Angestellten in Unternehmen bestätigen können, in denen heute von MBO die Rede ist. Einen Schritt weiter in Richtung dieser Emanzipation ging die Managementtheorie in den neunziger Jahren durch die Ergänzung von Aspekten des Projektmanagements und der Mobilität.

Uwe Schimanski, der Erfinder des mobilen Arbeitsplatzes e-place bei IBM, spricht nicht von MBO, aber sieht das Führen nach Zielen durchaus als Voraussetzung für sein Arbeitsmodell: »Ich sage dem Mitarbeiter, was ich brauche und er sucht sich selbst, basierend auf seinen Qualifikationen, Erfahrungen und Kenntnissen, den besten Weg dorthin. Wir vereinbaren einmal im Jahr, abgeleitet von den Kernzielen des Unternehmens, die Ziele der Abteilungen, herunter gebrochen bis auf jeden einzelnen Arbeitsbereich. Das funktioniert wie eine Kaskade.«

Die Ziele werden qualitativ und quantitativ definiert. Damit weiß der Mitarbeiter, welche Ergebnisse erreicht werden müssen, welche Ressourcen ihm dazu zur Verfügung stehen und bis wann er fertig sein muss. Diese Zieldefinition sei ein gemeinsamer Prozess: »Wenn Führungskraft und Mitarbeiter sich einig sind, drücken beide auf einen Knopf, womit diese Ziele elektronisch gespeichert und in einer weltweiten Datenbank abgelegt werden.«

Ist das nicht wahnsinnig bürokratisch und kompliziert? Findet Schimanski keineswegs: »Wie will eine Führungskraft denn sonst definieren, was gemacht werden soll und kontrollieren, ob dies auch erreicht wurde?« Spätestens zur Jahresmitte gibt es bei IBM ein Feedbackgespräch zwischen Mitarbeiter und Vorgesetztem, ob alles so läuft wie geplant. »Eine gute Führungskraft macht das aber laufend, arbeits- und projektbegleitend«, so Schimanski. Haben sich äußere Parameter oder die Firmenstrategie und -ziele in der Zwischenzeit geändert, wird die Zielvereinbarung überarbeitet und angepasst.

Diese prozessorientierte Arbeitsweise ist aus Arbeitgebersicht auch hervorragend geeignet, frühzeitig zu merken, wenn etwas nicht so klappt wie geplant. Schimanski: »Spätestens beim Feedbackgespräch werden Schwierigkeiten und Probleme bei der Zielerreichung oder beobachtete Leistungsschwäche besprochen und geeignete Korrekturmaßnahmen festgelegt. Ich erwarte aber, dass ein Mitarbeiter mich rechtzeitig informiert, wenn etwas schief läuft, auch das muss ein begleitender Prozess sein. Am Jahresende festzustellen, das man nicht angekommen ist, bedeutet, Ergebnisorientierung ad absurdum zu führen.« Die regelmäßigen Feedbackgespräche seien außerdem ein gutes Werkzeug, die individuellen Entwicklungspläne der Menschen zu begleiten: Wie soll sich der Mitarbeiter weiterbilden, was ist sein angestrebter Karriereweg? »So etwas muss man planen und kontinuierlich weiterentwickeln.«

Am Ende des Jahres folgt dann der so genannte Bewertungszyklus: Jeder Mitarbeiter schätzt zunächst selbst ein, wie er seine Ziele erfüllt hat. Danach gleicht die Führungskraft diese Einschätzung mit der eigenen ab. Schimanski: »Die Leistung aller Mitarbeiter eines Bereiches wird in einer Integrationsrunde mit allen Führungskräften des Bereiches diskutiert und die Bewertung festgelegt. Die Leistungsbewertung am Ende des Jahres hat Auswirkungen auf die Bonuszahlung und eine mögliche Gehaltserhöhung. Darum müssen die Mitarbeiter wissen, wo sie stehen.« Erst das Führen nach Zielen versetze den Mitarbeiter »in einen hochmotivierten Zustand, der seine volle Qualifikation, Erfahrungen und Kenntnisse ausnutzt.«

Dem Mitarbeiter die Kontrolle darüber zu geben, wie er seine Ressourcen einsetzt, um die verabredeten Ziele zu erreichen – und ihn damit von 9-to-5 und Anwesenheitspflicht zu befreien – ist in dieser Sichtweise nicht das Ziel von MBO, sondern ein angenehmer Nebeneffekt. »Zeitsouveränität hat damit zu tun, ob die Führungskraft loslassen kann«, erklärt Schimanski. »Müssen die Leute trotzdem jeden Tag von neun bis 17 Uhr im Büro sitzen, ist das ein falsches Verständnis von Ergebnisorientierung. Wenn ich mündige Mitarbeiter will, muss ich sie auch so behandeln. Das hat viel mit Vertrauen zu tun.«

Dieses Vertrauen, das in Ergebnisorientierung gründet und Zeitsouveränität zur Folge hat, gilt in Unternehmen, die das Führen nach Zielen ernst nehmen, eben nicht nur für Vertriebler und andere Mitarbeiter, deren Leistung sich leicht anhand von Zahlen messen lässt, sondern wirklich für jeden. Schimanski gibt ein Beispiel: »Einmal im Jahr hole ich alle meine Mitarbeiter aus vielen Ländern der Welt zusammen. Dieses Ereignis hat meine Sekretärin zu planen und zu betreuen. Das ist eines der ganz allgemeinen Ziele, die ich ihr gebe. Sie erganzt die Zieldefinition dann um die Details, die sie viel besser kennt als ich: Hotelblockreservierungen, Catererangebote einholen, auswählen und bestellen, Konferenzräume reservieren, Einladungen und so weiter.« Im Zielsetzungsgespräch schaut er nur noch über die Liste und dann vereinbaren die beiden gemeinsam das Ergebnis. »Sie kennt meine Ziele für das Jahr und kann sie sinngemäß auf ihren Arbeitsbereich herunterbrechen, sodass sie meine und damit die Unternehmensziele unterstützt.« Das Ganze sei ein transparenter Prozess. »Jeder weiß, woran wir als Organisation gerade schaffen und sieht, was sein Beitrag ist.«

Cali Ressler und Jody Thompson sind mit ihrem ROWE-Ansatz wiederum noch einen Schritt weiter und skeptisch, was die Wirksamkeit des klassischen MBO-Ansatzes für die Easy Economy angeht. »Die Absicht hinter MBO war zweifelsfrei eine gute und zu der Zeit als es erfunden wurde, galt es sicher als fortschrittlich. Heutzutage wird diese Praxis aber von der Trägheit der Arbeitskultur unterminiert.« Einfach dem MBO-Ansatz zu folgen, führe nicht zu mehr Freiheit, Mobilität und Kontrolle für Angestellte. »Heutzutage findet MBO in den engen Grenzen traditioneller Arbeitsumgebungen statt, eingeengt von all den Vorurteilen darüber, wie Arbeit zu funktionieren hat: Von acht Uhr morgens bis fünf Uhr nachmittags. Von Montag bis Freitag. In einem Bürogebäude. Zeit gleich Produktivität.«

Unternehmen könnten zwar präzise und schriftliche Zielvorgaben einführen, mit Zeitachsen zur Beobachtung und Kontrolle der Ergebnisse. Doch ihr altmodisches Glaubenssystem werde diese Anstrengungen unausweichlich konterkarieren: »Als Manager setze ich vielleicht eine Zeit lang klare Ziele für meine Mitarbeiter fest, bis ich merke, dass es im Grunde viel einfacher ist, mich stattdessen doch auf ihre Anwesenheit im Büro zu verlassen. Warum auch nicht – scheint ja viel unkomplizierter zu sein.«

Eines der Kernkonzepte von MBO ist es, der so genannten »Aktivitätsfalle« zu entgehen. Das jedoch ist genau nicht möglich, wenn man – so wie heute meist noch üblich – die Leistung der Mitarbeiter nach Zielen aber auch nach Zeit misst. Denn dadurch werden Angestellte ja ermutigt, Aktivitäten zu erfinden, um jene Zeit auszufüllen, die sie sowieso im Büro verbringen müssen. »Der Aktivitätsfalle entgehen zu wollen, ist zum Scheitern verurteilt, wenn ein Unternehmen Arbeitszeit misst«, so Ressler und Thompson.

Zwar sollen Manager sich in einer MBO-Umgebung theoretisch auf Ergebnisse und nicht auf Aktivitäten konzentrieren – eine Forderung, die auch dem ROWE-Konzept zugrunde liegt – aber die Realität sei doch meist eine andere: MBO oder nicht, »Vorgesetzte überwachen die Büroräume, um sicherzustellen, dass ihre Leute aussehen, als ob sie arbeiten, sprich: Aktivität vortäuschen.« Selbst in den fortschrittlichsten und scheinbar flexibelsten Firmen kontrolliere das Management nach wie vor oft die Einhaltung antiquierter Regeln und Verfahrensweisen. All das führt laut Ressler und Thompson dazu, dass Führungskräfte sich eben nicht auf das wichtigste Thema in einem Unternehmen konzentrieren – Ergebnisse –, sondern auf Unwichtiges wie im Büro verbrachte Zeit, beschäftigt aussehende Mitarbeiter und eingehaltene Verfahrensregeln.

»Bei Best Buy haben Manager nicht den Luxus, einfach nur Anwesenheiten kontrollieren zu dürfen. Jeder Job kann gemessen werden. Die Vorgesetzten in unserem Unternehmen wurden von ihren Angestellten dazu gedrängt, herauszufinden auf welche Weise das am besten geht – selbst in der schwieriger zu messenden Wissensarbeit.« Manager und Mitarbeiter hätten bei Best Buy auf jeder Ebene Klarheit über Ihre Aufgaben. Die Erwartung der Angestellten an ihre Chefs laute sinngemäß: »Sag mir, was ich bis wann zu tun habe und dann tritt zur Seite, um es mich machen zu lassen.«

Als das Unternehmen Abteilung für Abteilung zum ROWE-Modell übergegangen sei – in dem jeder arbeiten kann, wann und wo er will –, wurde schnell deutlich, dass die Mitarbeiter nach eindeutigen Zielen und Erwartungen von Seiten der Vorgesetzten geradezu hungerten. Sie erwarteten, dass die Chefs Klarheit darüber schafften, was jeder zu tun hat und woran er erkennt, dass er seine Leistung erbracht hat. Die Manager wiederum versuchen hier tatsächlich, Vorgaben so exakt wie möglich zu formulieren, denn diese sind, so Ressler und Thompson, »ihr einziger Anker«. In einer ROWE-Umgebung ist eben keineswegs jeder Mitarbeiter ständig im Büro und der Chef kann mangelhafte Planung nicht mehr dadurch kaschieren, dass er sich täglich sprunghaft umentscheidet und seine Angestellten über die genauen Gründe und Ziele im Unklaren lässt.

MBO sei demnach keineswegs die Basis für ihren Ansatz, gerade umgekehrt: »In traditionellen Arbeitsumgebungen meinen die Angestellten auf allen Ebenen nur, dass sie sich bereits auf Ziele konzentrieren statt auf Aktivitäten.« Wenn aber, wie bei Best Buy geschehen, tatsächlich eine ROWE installiert werde, dann merkten alle sehr schnell, dass dafür sehr viel mehr Klarheit nötig ist als bislang existierte: »MBO kann nicht richtig funktionieren, ohne dass zuerst ein Results Only Work Environment existiert. Danach kann ein Unternehmen entscheiden, welches Zielvorgaben-Programm es einsetzen will.«

Man sollte sich die verschiedenen Modelle idealerweise nicht als konkurrierend, sondern als aufeinander aufbauenden evolutionären Prozess vorstellen:

1. In den fünfziger bis achtziger Jahren brachte Peter Druckers Idee des *Management by Objectives* Unternehmen erstmals dazu, statt auf vorgetäuschte Aktivität lieber auf messbare Ergebnisse zu setzen.

2. Das von IBM vorbildlich praktizierte *e-place*-Prinzip ergänzte in den neunziger Jahren diese Denkweise durch die technischen Möglichkeiten der Internet-Ära, die Angestellte in Unternehmen erstmals – zumindest theoretisch – von Raum und Zeit emanzipierte.

3. Doch erst die sich im neuen Jahrtausend mit unterschiedlichen Ausprägungen und Freiheitsgraden abzeichnende *Easy Economy* denkt die beiden Ansätze konsequent zu Ende. Paradebeispiele wie das *ROWE*-Modell befreien Festangestellte komplett von Anwesenheitspflicht, Meetingzwang, vorgetäuschter Aktivität und permanenter Ablenkung im Büro. Aber auch in weniger radikalen Unternehmen und Verwaltun-

gen hat die Easy Economy Einzug gehalten – wenn diese akzeptieren, dass wir uns am Anfang einer eigenverantwortlichen, ergebnisorientierten und technologisch avancierten Ära der Arbeitskultur befinden, in der die Manager lernen müssen, loszulassen und ihren Mitarbeitern zu vertrauen. Die Beispiele haben wir gesehen – sie gehen in Deutschland von Lorenzsoft und Komsa über SAP bis zu Siemens, der Deutschen Bank oder der Stadtverwaltung Wolfsburg. Hier können Mitarbeiter selbst bestimmen, wann sie am produktivsten sind, können von unterwegs und zu Hause arbeiten und die Anforderungen, die das Privatleben an sie stellt, auf eine noch nie da gewesene Weise mit den Pflichten des Jobs kombinieren. In Firmen wie diesen arbeiten die neuen Freiangestellten.

## Sich vom Schreibtisch befreien

Die Espressomaschine ist zu laut. Die W-LAN-Verbindung im Café auf dem Londoner Flughafen will einfach nicht zustande kommen. Und die Service-Hotline der Telekom schaltet ständig zwischen verschiedenen Menüs hin und her, weil sie das Zischen des Cappuccino-Schäumers für gesprochene Befehle hält. Ich höre inzwischen seit einer halben Stunde »Sagen Sie ›Eins‹ für Technik« und »Wir konnten Sie nicht verstehen« übers Handy, murmele immer wieder »Eins« oder »Beratung« ins Telefon, vor mir das MacBook, das trotz Telekom-Hotspot nicht ins Internet will, neben mir offensichtlich genervte Tischnachbarn. Schließlich habe ich einen Menschen am Telefon. Er erklärt mir einmal mehr den Unterschied zwischen Anmeldename und Benutzername und rät mir, auf der Telekom-Website letzteren zu überprüfen. Dazu müsste ich online gehen. Genau das aber geht ja eben nicht. Nach wahrscheinlich 20 Euro Roaming-Gebühren gebe ich auf. Rechner aus, noch ein Espresso, Buch raus. Das Leben als mobiler Büroarbeiter ist manchmal kein einfaches.

Die Technik kann uns helfen, unterwegs genauso produktiv zu sein wie am Schreibtisch. Sie hätte mir erlaubt, die drei Stunden bis zum Anschlussflug nach Peking sinnvoll zu nutzen. Aber sie will gebändigt sein. Damit die Welt zu unserem Büro werden kann, müssen wir uns zunächst die Technik untertan machen. Wir müssen die neueste und smarteste Technologie nutzen und sie für uns einsetzbar konfigurieren. Denn kein IT-Kollege kommt – wie in der Firma – mal schnell vorbei, wenn man in Heathrow sitzt, auf den Flug wartet und das Laptop streikt. Dafür kann man sich fragen, ob angesichts der entspannten britischen Biertrinker an den Nebentischen vielleicht ein erstes Lager erlaubt ist. Und man kann ja auch ein wenig offline arbeiten.

Dennoch gilt: Um solche nervenden Situationen zu vermeiden, erfordert das Projekt der Mobilisierung eine exakte Analyse der Bedürfnisse und eine Marktübersicht der neuesten Produkte und Services. Außerdem womöglich einige Investitionen in Laptop, Smartphone und – wo nötig – kostenpflichtige Dienste. Achtung, die nun folgenden Seiten werden etwas technisch. Wenn Sie an praktischen Lösungen interessiert sind, lesen Sie weiter. Wenn Sie Computer-Kauderwelsch eher abschreckt, blättern Sie einfach weiter zur Seite 215.

Also los: Ein Blackberry ist bequem, um E-Mails mobil zu checken, allein der Service kostet aber rund 10 Euro pro Monat. Nicht viel Geld, doch es gibt inzwischen auch die kostenlose Alternative, Gmail und Microsoft Exchange als Push aufs Handy zu holen, also E-Mails zu empfangen, sobald diese gesendet wurden. Apples iPhone kann inzwischen ebenfalls über den in Unternehmen gern verwendeten Exchange-Standard E-Mails, Termine und Kontakte in Echtzeit aus der Firmenzentrale empfangen. Damit ist das schicke Gerät endgültig zum Business-Allrounder geworden.

Mit dem Laptop geht man unterwegs mit UMTS-Karte und Flatrate online. Per W-LAN und oft umsonst in vielen Cafés, Hotels und den so genannten Hotspots an Bahnhöfen und Flughäfen, oder – etwas umständlich aber verbreitet – mit dem per Bluetooth verbundenen UMTS-Handy. Und wenn 2009 die Bundesnetzagentur weitere UMTS-Lizenzen – vermutlich wiederum an Mobilfunkfirmen – versteigert, wird von den Käufern erwartet, dass sie ihre Netze mit den neuen Frequenzen noch leistungsfähiger machen, um höhere Übertragungsgeschwindigkeiten zu erreichen. Denn die Netzbetreiber sehen in mobilen Datendiensten eine Erlösquelle mit Zukunft. Laut Behördenpräsident Matthias Kurth hat sich »die

Zahl der regelmäßigen UMTS-Nutzer von 2005 bis 2007 mehr als verdreifacht«.

Die neue Generation vielseitiger Handys wie das iPhone und seine Konkurrenten kann häufig schon genauso viel wie ein Notebook: E-Mails checken, Websites aufrufen, Word-, Excel oder Powerpoint-Dokumente bearbeiten, Kalendertermine in Echtzeit aus dem Büro empfangen und aktualisieren. Überlegen Sie also genau, ob Sie wirklich ein Laptop mit sich herumtragen wollen. Wenn Sie längere Texte schreiben oder Präsentationen anfertigen müssen, empfiehlt sich das natürlich. Die neue Generation immer leichterer und mobilerer Computer wie die populären EEE-Subnotebooks oder Apples Macbook Air macht dies auch immer einfacher. Aber geht es nur um die übliche Büro-Kommunikation, tut es auch das anspruchsvolle Mobiltelefon, eventuell mit einer externen Tastatur zum schnelleren Tippen.

Die neueste Erfindung von T-Systems, des Geschäftskunden-Ablegers der Deutschen Telekom, ist ein Büro, das man in der Hosentasche mit sich herumtragen kann – auf einem USB-Stick sind alle Applikationen, also Passwörter und Programme gespeichert, die man für seine Arbeit braucht. Steckt man diesen Stick nun in einen beliebigen Computer mit Internet-Zugang, öffnet sich die vertraute Arbeitsumgebung inklusive Datenbanken, Nachrichten, laufenden Projekten und mobiler Internettelefonie. Nachdem man ein wenig gearbeitet hat, speichert man, schließt alle Anwendungen, zieht den Stick wieder aus dem Computer und hinterlässt angeblich keine elektronischen Spuren auf dem Gerät. Selbst hochsensible Firmenvorgänge könnten laut T-Systems so komfortabel von einem Internet-Café am anderen Ende der Welt erledigt werden. Wobei die häufigsten Anwender der neuen Technologie, die unter dem Namen »My Access Key« – kurz: MAX – vermarktet wird, wahrscheinlich Geschäftsreisende sein werden, die sich in auswärtigen Filialen der eigenen Firma an einen freien Rechner setzen und arbeiten wollen, ohne immer ein Laptop herumzuschleppen. Die Daten auf dem Stick sind passwortgeschützt und verschlüsselt und der Stick kann aus der Entfernung deaktiviert werden, falls er mal verloren geht – anders als ein Laptop, das ja zudem noch alle sensiblen Dateien auf der Festplatte hat. Vergleichbare Lösungen sind auch mit Open-Source-Software machbar.

T-Systems-Mitarbeiter Uwe Klein: »MAX war auf der Cebit 2008 der absolute Renner.« Tatsächlich war dieser Bereich des Telekom-Standes permanent umlagert. Unternehmen die großen Wert darauf legen, dass ihre Mitarbeiter mobil arbeiten können und zu jeder Zeit, von jedem Ort Zugriff auf Applikationen haben, schauten sich die Technik an, aber auch Firmen, die viele Heimarbeitsplätze haben. Dann stellt der Arbeitgeber nicht mehr einen kompletten PC, sondern nur noch den USB-Stick – Rechner und DSL-Leitung hat ja heute jeder zu Hause. Praktisch für den Arbeitgeber, wenn der Angestellte den Computer selbst kauft. Klein selbst outet sich als Fan des mobilen Arbeitens: »Es gibt immer weniger das klassische Büro wie wir es bisher kannten. Heute ist es vollkommen wurscht, ob ich hier in Bonn am Schreibtisch sitze oder in Palma de Mallorca im Yachthafen – Hauptsache, ich mache meinen Job und bin erreichbar.« Wenn man dann noch per Internet telefoniere und die im Vergleich mit Köln günstigeren Flüge von Palma zu Geschäftsterminen einrechne, spare man dem Unternehmen sogar Geld, wirbt er für die neue Technik.

Auch der Software-Hersteller Microsoft setzt zunehmend auf nomadische Arbeitnehmer. Mit Hilfe einer neuen Anwendung namens Live Mesh sollen sie von jedem ihrer mobilen Geräte auf jedes andere zugreifen können. Fotos, Musik, Videos, aber auch Programme und Datenbanken könnten dann jederzeit von überall auf der Welt abgerufen und genutzt werden. Das Internet würde so zum Bindeglied und Datenspeicher zwischen den Geräten, die online zu einer Art Datenwolke verschmelzen.

Bei einer Demonstration holte ein Microsoft-Entwickler von seinem Laptop aus per Mausklick den Desktop seines Arbeits-PCs auf den Bildschirm und steuerte mit der Laptop-Maus den weit entfernten Rechner fern. Die Fernsteuerung in Live Mesh überwinde jegliche Hindernisse, also beispielsweise störrische Firewalls in Firmennetzwerken – ein Gedanke, der IT-Verantwortliche vermutlich erschaudern lässt. Doch auf diese Weise lasse Microsoft »die Grenzen zwischen physischem Arbeitsplatz und Online-Zugriff verschwimmen«, kommentiert Spiegel-Online die Idee begeistert: »Technisch gibt es kaum noch Hürden: Speicherplatz kostet nur noch wenige Cent pro Gigabyte, Breitband-Internet wird in vielen Haushalten zum Standard, ist über die Mobilfunknetze der dritten Generation vielerorts auch drahtlos verfügbar, und selbst mobile Geräte verfügen über ausreichend Rechenpower, um große Datenmengen zügig verarbeiten zu können.« Apple hat mit mobile me eine ähnliche Anwendung im Programm.

## Bessere Technologie = weniger Technik

Weil also Ihre komplette Arbeitsumgebung inzwischen schon auf einen kleinen USB-Stick passt, machen Sie sich nicht zu viele Gedanken über die Hardware. Jede Computerzeitschrift empfiehlt Ihnen Geräte, die aktuell am besten getestet wurden. Auf der Cebit werden jedes Jahr neue mobile Gadgets vorgestellt, vom »vokalen Drucker«, der Textnachrichten in gesprochene Informationen umwandelt, über das wasserdichte Outdoor-Notebook bis zum Mini-Computer, der allen klimatischen Widrigkeiten trotzt.

Das Wichtigste ist nicht, immer das neueste und teuerste Notebook oder Handy zu besitzen. Viel wichtiger ist es, die aktuellsten Programme, Anwendungen und Websites zu kennen, die Ihnen das Leben leichter machen. GoToMyPC beispielsweise lässt Sie von überall auf der Welt auf ihren Heimcomputer zugreifen. Google bietet nicht nur den komfortablen Webmail-Service Gmail mit nahezu unbegrenzter Speicherkapazität, sondern mit Google Docs auch professionelle Bürosoftware inklusive Kalender, Tabellenkalkulation, Textverarbeitung und Präsentationen, die sich von jedem Internetcafé der Erde aus nutzen lässt – laut der amerikanischen Fachzeitschrift *PC World* »eine konzeptionelle Verschiebung hin zu mehr Produktivität und Kollaboration«. Skeptiker fürchten allerdings um den Datenschutz, denn theoretisch kann Google alle Dokumente durchsuchen – wie es das mit den E-Mails auf seinen

Servern ja auch tut, um inhaltliche passende Werbung daneben zu schalten. Für kritische und geheime Daten ist diese Lösung sicher nicht das Richtige, für tägliche Notizen oder öffentliche Präsentationen aber nützlich. Microsoft will mit Office Live Workspace ebenfalls in diesen Markt.

Der zum Zeitpunkt des Buchdrucks leider erst in den USA erhältliche Service Grandcentral sammelt alle auf unterschiedlichen Accounts und Telefonnummern aufgelaufenen Sprachnachrichten, E-Mails und SMS ein und lässt sie von einer zentralen Website aus verwalten. Google hat die Firma gekauft und wird die Dienstleistung in seine eigenen Angebote integrieren – Datenschützer aufgepasst: Damit hätte das Unternehmen dann Zugriff auf die gesamte Kommunikation seiner Nutzer und könnte zum Beispiel Konsum-Profile erstellen

Mit Services wie YouSendIt kann jedermann große Dateien, die für E-Mail zu umfangreich sind, per Weblink hoch- und herunterladen. Mithilfe von Kollaborations-Software wie Netviewer, Mindjet, Collanos oder Socialtext lassen sich Projekte von Teams zeitlich und räumlich getrennt aber doch gemeinsam bearbeiten oder in Form von Wikis – ähnlich der bekannten Internet-Enzyklopädie Wikipedia – begleiten und dokumentieren. Monatlich kommen neue nützliche Services, Software und Webseiten hinzu, die dem mobilen Arbeiter helfen, unterwegs mindestens so professionell und effektiv zu agieren wie im Büro. Die meisten dieser webbasierten Dienste sind auch für Laien extrem leicht zu bedienen – Nutzerfreundlichkeit ist hier ja die Basis des Geschäftsmodells. Um ausgereifte von unsicheren Anbietern zu unterscheiden, reicht es in der Regel, den Markennamen zu googeln und aus der Trefferliste die Kommentare auf aktuellen Technologie-Websites und -Blogs zu überfliegen, die solche Angebote permanent kritisch testen.

Die IT-Abteilungen von Unternehmen haben inzwischen Erfahrung darin, externe und mobile Mitarbeiter per sicherer Leitung an das Firmennetz anzuschließen – entweder mit einer VPN genannten Technik oder, noch einfacher, über webbasierte Anwendungen, die wie Internetseiten funktionieren. Muss ein Homeoffice-Rechner gewartet werden, kann das in der Regel per Fernzugriff aus der Zentrale geschehen. Kein Computertechniker macht sich gern auf den Weg zur Wohnung des Heimarbeiters.

Auch die Abdeckung mit schnellen, drahtlosen Netzverbindungen wird ständig besser. Damit das mobile Arbeiten insgesamt noch einfacher funktioniert, vereinbarten die Deutsche Bahn und T-Mobile ihre Zusammenarbeit beim Projekt »Railnet«: Mit W-LAN-fähigen mobilen Endgeräten sollen Reisende in ICE-Zügen im Internet surfen können – noch ist der Service aber eher lückenhaft, so wie auch bislang der Handy-Empfang im Zug, der aber ebenfalls verbessert werden soll. Und die Internet-Verbindung in Flugzeugen ist – nach ersten, leider eingestellten Versuchen – für Fluglinien wieder ein großes Thema: Anbieter wie Aircell und Row 44 verfügen bereits über funktionierende Technologie und auch Handy-Telefonate werden bald während des Fluges möglich sein – für ruhebedürftige Mitreisende nicht unbedingt eine gute Nachricht.

Weil die volle Leistungsstärke und Verbindungsqualität in Zug und Flugzeug dennoch nicht immer durchgehend gewährleistet ist, können Datenverluste entstehen, wenn elektronische Dokumente versandt werden und die Verbindung während der Übertragung abbricht. Deshalb entwickeln Forscher des EU-Projektes »Chianti« Internet-Protokolle, die ein produktives Arbeiten mit mobilen Endgeräten wie Handys oder Notebooks erlauben, auch wenn der Zugang zum Web von Zeit zu Zeit abbricht.

Wenn die meisten Mitarbeiter künftig von zu Hause, aus dem Café oder vom Strand aus arbeiten, müssen sie natürlich mit den Kollegen im Büro kommunizieren. Mit verbreiteter Software wie WebEx lassen sich online Konferenzteilnehmer zusammenschalten und gemeinsam Präsentationen anschauen – doch inzwischen braucht es dazu nicht mal mehr ein Programm, sondern nur noch Websites wie dimdim.com. Über andere Internet-Seiten wie voicemeeting.de oder telefonkonferenz.de kann man für wenig Geld von jedem Anschluss aus eine Telefonkonferenz abhalten. Hersteller von Videokonferenz-Systemen verdienen ihr Geld damit, Menschen virtuell an einen Tisch zu bringen. Die Produkte werden immer besser. »In der Vergangenheit wurde viel Porzellan zerschlagen, weil die Kundenerwartungen enttäuscht wurden«, sagt Frank Schulze, Videokonferenz-Spezialist der Uni Dresden im Interview mit dem *SPIEGEL*, »aber das ändert sich nun«. Eine neue Generation soll der Videokonferenz zum Durchbruch verhelfen, die prompt in »Telepräsenz« umgetauft wurde.

Cisco rühmt sich, das derzeit beste System zu haben, mit Verzögerungszeiten von unmerklichen 0,2 Sekunden, 150 Zentimeter Bildschirmdiagonale und scharfen Bildern wie beim hoch auflösenden Fernsehen. Bis zu 72 Menschen können an einer solchen Konferenz teilnehmen und wenn jemand hinten links spricht, kommt seine Stimme dank versteckten Lautsprechern wirklich aus dieser Richtung. Die Einrichtung eines solchen Telepräsenzzimmers kostet denn auch stattliche 300 000 Dollar. Das zusammen mit dem Filmstudio Dreamworks entwickelte Konkurrenzsystem Halo des Herstellers HP liegt in ähnlichen Preisregionen. Immerhin hat HP mithilfe dieses Systems angeblich den Umzug einer Druckerfabrik aus den USA nach Singapur innerhalb eines Monats geschafft, statt, wie ursprünglich geplant, ein halbes Jahr zu brauchen. In den nächsten Jahren soll der Markt für Videokonferenzen nach Schätzungen der Anbieter um 50 Prozent pro Jahr wachsen. Das dadurch entfallende Pendeln kommt auch der Umwelt zugute. Der Netzwerkanbieter Cisco will mit Hilfe von Videokonferenzen schon jetzt 10 Prozent des bisher durch dienstliche Flugreisen entstehenden $CO_2$ einsparen.

Für die meisten Zwecke ist ein kostengünstigerer, mobiler Weg der Anwesenheits-Simulation per Bildschirm aber viel interessanter. Internet-Telefonie-Anbieter wie Skype ermöglichen heute, nicht nur Ton-, sondern auch Bilddaten über das World Wide Web zu transportieren. Das hat zwei Vorteile: Es lässt sich mit einem Laptop samt eingebauter Webcam von jedem Ort der Welt realisieren, vorausgesetzt das Café in Singapur oder das Hotel in Buenos Aires hat einen (idealerweise drahtlosen) Internetzugang. Außerdem kostet diese demokratische Form der Videokonferenz nichts. Die Qualität ist gut, mehr als zwei Personen passen aber in der Regel nicht vor die Webcam.

Ein ungewöhnlicherer aber vielleicht zukunftsweisender Weg der technikgestützten Kollaboration ist die Zusammenarbeit weltweit verstreuter Kollegen in virtuellen Umgebungen wie man sie aus der Online-Welt »Second Life« kennt. 2007 stellte IBM 20 000 neue Mitarbeiter ein, viele davon aus Ländern wie Brasilien, China, Indien oder Russland. Um geografische und kulturelle Entfernungen zu überbrücken, treffen sich diese neuen IBM-Angestellten zunehmend in 3D-Welten. »So wird es einfacher, Beziehungen zueinander zu entwickeln«, sagt Chuck Hamilton, der im Unternehmen für Neue Medien und Fortbildung zuständig ist. »Mitarbeiter, die weiter entfernt von der Zentrale sind, haben auf diese Weise das Gefühl, nicht so isoliert zu sein.«

In anderen Unternehmen erledigen die Mitarbeiter sogar Teile des Tagesgeschäfts in Second Life und sparen so Reisekosten. Der Markengigant Unilever hat seit April 2007 einen eigenen Bereich der künstlichen Realität für sich reserviert, in dem sich über den ganzen Globus verteilte Teams austauschen können: »Es ist unmöglich, alle diese Menschen tatsächlich am selben Ort zusammenzubringen – oder jedenfalls würde es enorme Summen Geld und Zeit verschlingen«, sagt Chris Turner, Technologiechef des Konzerns. »Jetzt haben die Leute einen eigenen virtuellen Treffpunkt, mitten in Second Life, wo sie gemeinsam arbeiten oder sich auch mal privat austauschen können.« Während der Hype um die virtuelle Welt als Spielplatz für jedermann abnimmt und die Nutzerzahlen von Second Life stagnieren, entdecken nun also Unternehmen die Plattform für ihre Bedürfnisse in einer globalen Wirtschaft.

Auch bei Sun Microsystems, wo über die Hälfte der Mitarbeiter nicht mehr täglich ins Büro kommt, helfen virtuelle Welten, den Teamgeist aufrechtzuerhalten: »Es ist schwer, eine Firmenkultur zu pflegen, wenn die Menschen so verstreut arbeiten«, sagt Nicole Yankelovich, Forscherin an den firmeneigenen Sun Labs: »Virtuelle Welten, in denen sich Mitarbeiter treffen, helfen dabei.«

Sun Microsystems entschied sich statt des prinzipiell offen zugänglichen Second Life für eine selbst programmierte virtuelle Welt, die man mit den firmeneigenen Datenbanken und Nutzerprofilen

verbinden konnte. »Als wir anfangs mit Second Life experimentier-
ten, merkten wir schnell, dass dies keine angemessene Umgebung
für professionelle Zusammenarbeit in Unternehmen ist«, so Yankelovich. Sun erfand daraufhin »Project Wonderland«, eine 3D-Soft-
ware, mit der auch andere Firmen sich nun virtuelle Arbeitswelten,
Avatare und Animationen für Ihre Angestellten erschaffen können.
Weitere Anbieter, die derartige künstliche Business-Treffpunkte anbieten, heißen Forterra Systems, Virtual Heroes, Qwaq und Multi-
verse.

Auch wenn die Nützlichkeit solcher digitaler Welten im Berufsleben noch keineswegs erwiesen ist, hat IBM sich begeistert in die
neuen technischen Möglichkeiten gestürzt und sogar ein virtuelles Mentoren-Programm gestartet: Mitarbeiter im Ruhestand oder
kurz davor teilen ihre Erfahrungen mit jungen Kollegen. Die Treffen
zwischen Lehrern und Schülern, die keineswegs immer am selben
Firmenstandort arbeiten – oder eben schon pensioniert sind – finden häufig in künstlichen Umgebungen statt. IBM hat nach eigenen
Angaben sehr gute Erfahrungen mit dieser Technik gemacht. Die
Mitarbeiter des Technologieunternehmens treffen sich offenbar
gern online und tauschen sich aus, über kulturelle Grenzen, Alters-
unterschiede und große Entfernungen hinweg. »Geographie scheint
nicht mehr die Hürde zu sein, die sie früher einmal war«, so Chuck
Hamilton.

### Mobiles Arbeiten – die Zahlen

Auch als neuer Freiangestellter muss man nicht jeden Techniktrend
mitmachen. Ist zum Beispiel »Twitter die nächste E-Mail«, wie der
einflussreiche amerikanische Blogger Robert Scoble behauptet? Der
lustige Service lässt Nutzer superkurze Textnachrichten ihrer jeweils
aktuellen Aktivität versenden – also »Ich bin gerade im Café« oder
»Ich lese gerade das Buch XY«. Scoble: »Wenn man regelmäßig reist
und aus Kaffeehäusern oder vom Rücksitz eines Taxis aus arbeitet,
sind solche Anwendungen großartig, um mit Kollegen im Büro oder
Kunden in Kontakt zu bleiben«. Schwer zu sagen, ob er damit Recht

behält – bislang ist Twitter eher ein Spaß für Privatleute als ernsthaftes Businesstool.

Um angesichts solcher subjektiver Hype-Phänomene die Fakten im Blick zu behalten, hier noch einmal die wichtigsten Daten zur geschäftlichen Nutzung mobiler Technologie: Für die Telekommunikationsbranche ist mobiles Internet der wichtigste Umsatzmotor der Zukunft. Laut einer Studie von Steria Mummert Consulting von 2008 ist für 56,5 Prozent der befragten Experten das Handy-Web auf Platz eins der Mobilfunkdienste mit der größten Bedeutung, gefolgt von SMS (54 Prozent) und Mobile Office wie Adress- und Kalenderverwaltung (50,8 Prozent). Besonders gefragt sei der Netzzugang bei Business-Kunden, die unterwegs E-Mail, Termine und Kontakte wie im Büro nutzen wollen. Einen weiteren Schub wird das mobile Internet durch die verstärkte Vermarktung günstiger Pauschaltarife für die Datenübertragung sowie die nächste Handy-Generation erhalten. Ende 2007 besaßen bereits mehr als zehn Millionen Deutsche ein UMTS-fähiges Gerät.

Nach einer aktuellen Marktstudie ist auch das Interesse an mobilen PCs mit integrierter Breitbandtechnologie erheblich: Die von Pyramid Research im Auftrag der GSM Association (GSMA) und Microsoft erstellte Untersuchung prognostiziert für 2008 im Segment bis etwa 700 Euro ein weltweites Absatzpotenzial von rund 80 Millionen Notebooks, während die Hersteller voraussichtlich nur 33 Millionen Geräte in dieser Preisklasse liefern können. »Die Studie zeigt, dass eine substanzielle Nachfrage nach Notebooks mit integriertem Breitband, passendem Formfaktor und Preis sowie ›Out of the Box‹-Connectivity besteht, die noch nicht erfüllt wird«, fasst GSMA-Chef Rob Conway zusammen.

53 Prozent der Teilnehmer einer Befragung von CHIP Xonio Online wollen mit ihrem nächsten Handy »E-Mails empfangen und versenden« und 47 Prozent »im WWW surfen«. Aktuell nutzen bereits 22 Prozent das Internet mit ihrem Mobiltelefon. Ein weiterer wichtiger Handy-Trend ist laut Einschätzung der Experten Voice-over-IP, also mobiles Telefonieren über das Internet. Auch am Nachfolger der mobilen Breitband-Technik UMTS wird gearbeitet: Er nennt sich

Long Term Evolution (LTE). »Ab 2010 wird das Netz der Zukunft, das auf HSPA aufsetzt, bis zu 170 Megabit pro Sekunde im Downlink und bis zu 50 Megabit im Uplink erlauben«, erklärt Ericsson-Pressesprecher Lars Bayer. Übersetzt in Alltagsdeutsch: Das ist sechs- bis hundertmal schneller als heutige stationäre Internetverbindungen. In Dresden wird das neue Mobilnetz bereits getestet.

Weil mithilfe derartiger Technologien Dienstreisen potenziell zunehmend überflüssig werden, ebenso wie das Pendeln ins Büro, könnte die Telekommunikationsbranche einen wesentlichen Beitrag zur Verringerung des $CO_2$-Aufkommens leisten – vorausgesetzt ein Sinneswandel bei Arbeitnehmern und Unternehmen setzt ein. Für die gesamte Branche errechnete der World Wide Fund for Nature ein Einsparungspotenzial in Europa von 50 Millionen Tonnen $CO_2$-Emissionen jährlich.

Videokonferenzen könnten zwischen 5 und 30 Prozent der Geschäftsreisen einsparen, das allein brächte laut WWF eine $CO_2$-Reduktion von 5,6 bis 33,5 Millionen Tonnen pro Jahr. Zehn Millionen Kunden, die von Papier- auf Online-Rechnungen umsteigen, sparten dadurch 10 000 Tonnen $CO_2$ und zehn Millionen so genannte Flexi-Workers, die pro Woche ein bis zwei Tage von zu Hause aus arbeiten, würden eine Reduktion von elf Millionen Tonnen $CO_2$ pro Jahr bringen.

Haben Sie als Mitarbeiter die zeitliche Emanzipation vom Bürozwang geschafft und die technischen Möglichkeiten zur räumlichen Unabhängigkeit gemeistert, bedeutet die ins Extrem gesteigerte Konsequenz dieses Modells, dass Sie tatsächlich arbeiten können, wann und wo Sie wollen. Und zwar nicht nur zwei Tage pro Woche von zu Hause aus oder zwischendurch mal ein paar Stunden im Park oder im Café. Sondern zum Beispiel an der italienischen Riviera. Oder in der malerischen Normandie. In beiden Regionen haben sich Dörfer mithilfe von DSL-Leitungen in denkmalgeschützten Häusern und durch W-LAN-Netz verbundene Bauernhöfe bereits auf die neue Generation nomadischer Freiangestellter vorbereitet, die abseits der Großstädte Naturfrieden mit Leistungseffizienz verbinden wollen.

Coletta di Castelbianco, ein mittelalterliches Städtchen an der italienischen Riviera, gilt schon seit einiger Zeit als Vorzeigebeispiel der komplett breitbandig angebundenen Idylle, in der aus den Groß-städten geflohene mobile Wissensarbeiter das Landleben mit hoch-qualifizierten Jobs verbinden. Zevillage in der Normandie hat sich sogar auf dem Ortsschild in »zevillage.net« umbenannt und rühmt sich, Frankreichs erstes Online-Dorf zu sein. Zwischen Kühen und Treckern leben hier Telearbeiter, die dem hektischen Paris entkom-men wollen und lieber bei Mittagessen und Rosé über Blogs und Downloadraten plauschen.

# Kapitel 14

# Anleitung zum Freisein in der Festanstellung

>»Arbeit = Das, was man tut, damit man es
> eines Tages nicht mehr zu tun braucht.«
>
> *Alfred Polgar*

>»Bei der aufgeschobenen Lebensplanung wird es immer
> die nächste Belohnung geben, hinter der man her ist, die
> nächste Ablenkung, den neuen Hunger, der zu stillen ist. Sie
> werden immer zu kurz kommen.«
>
> *Randy Komisar*

## Trauen Sie sich!

Volker Schriefer war erfolgreich, aber unglücklich. Als Controller in einem internationalen Unternehmen hatte er Personalverantwortung für einen Bereich mit 25 Mitarbeitern, verdiente hervorragend. Als seine Firma von einem Finanzinvestor übernommen wurde, festigte das seine Stellung weiter: Bei der Umstrukturierung mussten die Zahlen stimmen, also war Schriefer nun ein noch gefragterer Mitarbeiter. Und als Mitglied des Managements nahm der damals 34-Jährige sogar an den für Finanzinvestoren üblichen Sonderausschüttungen teil, »da kam schnell noch mal ein Jahresgehalt oben drauf«, erinnert er sich. Aber Schriefer war nicht zufrieden. Jeden Tag zehn Stunden im Büro, sich Ausreden einfallen lassen, wenn man mal zwischendurch etwas erledigen wollte, nie den ganzen Urlaub nehmen und wenn, dann höchstens zwei Wochen am Stück – das Leben zog derweil an ihm vorbei. Eines Tages hatte er genug. Er kündigte den gut bezahlten Job mit Aufstiegschancen, machte stattdessen einen Fotokurs, buchte ein Ticket nach Buenos Aires und reiste acht Monate lang durch Südamerika, wo er fotografierte und »erstmal runterkam von dem Stress der letzten Jahre«. Soweit eine Aussteigergeschichte, wie es sie viele gibt.

Doch nach seiner Rückkehr aus Kolumbien merkte Schriefer, dass man als freiberuflicher Fotograf – zudem noch Berufsanfänger – seinen Lebensunterhalt nicht bestreiten kann und er begann, wieder in seinem alten Job zu arbeiten. Nur diesmal für einen anderen Arbeitgeber und mit maximalen Freiheitsgraden. Heute, mit 36, ist Schriefer abwechselnd eine Woche bei Kunden, deren Controlling er auf Vordermann bringt und dann einige Tage im Heimbüro, wo er sich seine Arbeitszeit beliebig einteilen kann. Zwischen Aufträgen hat er auch einfach mal ein paar Tage frei, an denen er sich der Fotografie widmen kann, die er inzwischen als engagiertes Hobby betreibt. Zum ersten Mal, sagt er, macht ihm seine Arbeit Spaß, weil er sich den Zwängen des täglichen Schreibtischtrotts, der Büropolitik und den endlosen Meetings weitgehend entziehen kann. Im Interview erzählt er, wie er wieder Freude an seinem Job gefunden hat:

*Sie haben einen sehr gut bezahlten Job als Führungskraft in einem großen Unternehmen aufgegeben. Was stimmte nicht?*

VOLKER SCHRIEFER: Mir ging die Fremdbestimmtheit auf die Nerven und auch die mangelnde Abwechslung des persönlichen Umfeldes. Damals hätte ich das aber gar nicht so in Worte fassen können. Diesen Abstand habe ich erst in Südamerika bekommen und endgültig sogar erst jetzt, wo ich eine neue Arbeitsweise in der Praxis erlebe.

*Wie sah Ihr Arbeitstag früher aus?*

SCHRIEFER: Wir haben um neun Uhr morgens angefangen und vor acht Uhr abends bin ich nie nach Hause gegangen. Es waren in der Regel sehr intensive Tage, man hat sehr viel telefoniert und E-Mails beantwortet. Die Arbeit bestand oft aus Dingen, bei denen die Organisation sich sehr mit sich selbst beschäftigt hat. Und vielen Meetings, bei denen ja immer viele Abteilungen involviert werden müssen und dann geht es oft weniger um das Ergebnis als darum, dass jede Abteilung ihren Redeanteil hat und sich Leute profilieren wollen.

*War es denn immer so stressig?*

SCHRIEFER: Nein, es gab auch Phasen, in denen wir nicht so viel zu tun hatten, aber dann ist man halt trotzdem bis um sechs im Büro geblieben. Weil man das Signal geben musste, dass man leistungsbereit ist. Leistungsträger gehen einfach nicht um drei nach Hause. Da denken die Kollegen: Ist der schon gekündigt?

*Wie ist Ihre Arbeit im Gegensatz dazu heute organisiert?*

SCHRIEFER: Diese Woche muss ich zum Beispiel einen Bericht für einen Kunden schreiben. Dafür habe ich sieben Tage Zeit. Wie ich mir die Arbeit einteile, ist komplett meine Sache: Ich kann mich nachmittags im Café mit Freunden treffen, kann Dinge erledigen. Es gibt eine klare Agenda, bis wann was fertig sein muss.

*Was ermöglicht Ihnen diese neue Arbeitsweise an einem normalen Arbeitstag, an dem Sie nicht beim Kunden sind?*

SCHRIEFER: Man geht einkaufen, hält Mittagschlaf und pflegt tagsüber auch mal soziale Kontakte, statt wie vorher mit Freunden nur abends schnell in die Kneipe und dann ab ins Bett. Bei privaten Erledigungen hat man sich früher immer mit einem schlechten Gewissen aus dem Gebäude geschlichen. Das ist eigentlich Unsinn. Menschen müssen mal einkaufen oder zur Bank und wer von neun bis 20 Uhr arbeitet, ist schon mal aus den normalen Öffnungszeiten raus. Ein Arzttermin ist ein sozial akzeptierter Grund, das Büro zu verlassen. Aber Gründe wie Freunde treffen, Sport machen oder einfach mal ausschlafen sind sozial inakzeptabel, obwohl sie – wie der Sport – vielleicht sogar die Leistung steigern.

*Wann haben Sie gemerkt: Ich will das nicht mehr?*

SCHRIEFER: Ich habe mich immer öfter gefragt: Was mache ich eigentlich hier? Abends sitzt man noch da, der Flur ist schon leer. Ich musste mich mit Dingen beschäftigen, von denen ich wusste, die sind nicht so wahnsinnig relevant für die Firma, aber aus politischen Gründen muss das jetzt erledigt werden. Irgendwann hab ich dann die Entscheidung getroffen, dass ich gehen muss. Ich wollte nicht gleich wieder arbeiten, sondern mich erst mal regenerieren.

*Sie sind lange verreist ...*

SCHRIEFER: Ich habe mich erst mal mit Fotografie beschäftigt, dann die Kamera genommen, einen Monat in Buenos Aires verbracht und bin sieben

Monate von Feuerland bis Nordkolumbien durch den ganzen Kontinent gereist. Ich habe viel Zeit gebraucht, um Abstand zu gewinnen. Noch fünf Monate nach der Kündigung, allein in den Anden in einem Zelt, hatte ich einen enorm realistischen Traum von einem Meeting. Da habe ich gemerkt, wie lange die Arbeit in meinem Unterbewusstsein noch präsent war.

*Sie sind aber kein Aussteiger, arbeiten heute wieder für einen Finanzinvestor. Wie kam das?*

SCHRIEFER: Ich habe die Fotografie als Hobby behalten und mir gesagt: Schuster bleib bei deinen Leisten. Heute fällt der ständige politische Beziehungs- und Organisationsaspekt des Büros weg, ich kann mich auf meine Arbeit konzentrieren. Und plötzlich bringt es enorm Spaß zu arbeiten, wie ich erstaunt feststelle. Ich habe immer noch sehr intensive Arbeitsphasen, in denen ich keine Zeit für Fotografie oder anderes habe. Das ist aber in Ordnung, weil ich weiß: Es ist temporär. Bei meinem alten Job wusste ich: Es hört nie auf. Es wird immer so weiter gehen. Das vor allem hat mich demotiviert.

*E-Mails bekommen Sie aber doch auch zu Hause oder unterwegs.*

SCHRIEFER: Ja, aber ich merke, dass ich nicht mehr jede so wichtig nehme. Und es bringt schon viel, wenn man nicht mehr jederzeit persönlich erreichbar ist, indem jemand mal kurz im Büro reinschaut, oder man spontan zu Meetings dazu geholt wird, mit deren Thema man dann doch eigentlich nichts zu tun hat. Auch Telefonkonferenzen dauern in der Regel kürzer als Besprechungen vor Ort, wo man erst mal Small Talk macht, Kaffee trinkt und dann auf den Chef wartet, der eine halbe Stunde zu spät kommt.

*Vermissen Sie das soziale Umfeld des Büros?*

SCHRIEFER: Eigentlich überhaupt nicht. Sicher gab es auch mal nette Situationen im Büro. Aber ist denn der Job dafür da, einem ein Sozialleben zu bieten? Bis zu einem gewissen Grad sicher, aber ich würde das doch eher trennen. Das Soziale sollte im Privatleben stattfinden und der Job ist für berufliche Kontakte da, die die Firma oder den aktuellen Auftrag weiterbringen.

Natürlich ist die Kündigung ein radikaler Schritt, der in der Regel gar nicht notwendig ist. Für die meisten Angestellten empfiehlt sich eine offene – wenn auch strategisch vorbereitete – Verhandlung mit dem Arbeitgeber über mehr Freiheit und Flexibilität, wie das folgende Beispiel zeigt. Auch Hanna Gossen war verzweifelt. Ihr Job als Brand-Managerin großer Kosmetikmarken machte ihr sehr viel Spaß. Sie mochte ihre Kollegen, kam mit dem Chef gut zurecht, wurde für ihr Engagement gelobt. Eigentlich war also alles perfekt. Wäre sie nur nicht in diesen jungen Mann aus der anderen Stadt verliebt. Hannas Firma ist in Hamburg, ihr Freund aber zog nach Berlin. Beide arbeiteten viel, sahen sich kaum noch. »Ich bin total durchgedreht«, erinnert sie sich heute an diese Zeit. »Zwei Monate lang dachte ich immer nur: Ich muss kündigen! Mir war überhaupt nicht klar, dass es irgendeine Möglichkeit geben könnte zu bleiben. Dabei hänge ich doch so an meinem Job.«

Immer weiter schob die 28-Jährige das unabwendbare Gespräch mit dem Chef hinaus, bis sie sich schließlich ein Herz fasste. Sie dachte, sie führte gerade ein Kündigungsgespräch. Doch Hannas Chef reagierte verblüffend entspannt. Er wollte seine hervorragende Mitarbeiterin nicht verlieren, erkannte ihr Dilemma und bot spontan und souverän an, sie könne doch zwei Tage pro Woche aus Berlin arbeiten. Hanna bekäme ein Homeoffice eingerichtet und ein Laptop für unterwegs, Telefonate würden auf ihr Diensthandy umgeleitet – alles kein Thema heutzutage. Das Gespräch dauerte gerade mal eine halbe Stunde. Hanna war perplex: So schnell konnte sich ein scheinbar riesiges Problem lösen, wenn man nur mal den Mut hatte, mit Vorgesetzten darüber zu sprechen.

Von nun an arbeitete Hanna drei Tage in Hamburg und zwei in Berlin. Per sicherer VPN-Verbindung und DSL-Leitung wählte sie sich aufs Firmennetzwerk ein. Kommuniziert wurde in erster Linie per E-Mail. »Auf meinem Bildschirm zu Hause sehe ich dasselbe wie auf dem Computer im Büro.« Sie war nach wie vor immer erreichbar, »nur dass ich manchmal eben nicht im Büro sitze«. Lieferanten und Kunden, die anrufen, merkten nicht, in welcher Stadt sie sich gerade aufhielt.

Als die Beziehung zu dem Berliner endet, entscheidet Hanna Gossen darum, die flexible Arbeitsweise beizubehalten. Derzeit arbeitet sie grundsätzlich freitags von zu Hause aus. »Letztendlich bin ich total glücklich darüber, dass alles so kam. Die Regelung ist für beide Seiten positiv, ich profitiere davon und mein Arbeitgeber auch.« Zwei ihrer Kolleginnen arbeiten inzwischen ähnlich mobil wie sie, andere haben es ebenfalls vor, »weil man so wirklich unheimlich viel schafft. Und für Kolleginnen, die einmal Kinder haben wollen, ist es sowieso ideal.«

## Was die Experten empfehlen

Wenn man also – was für die meisten deutschen Arbeitnehmer gelten dürfte – nicht in einem der wenigen vorbildlichen Unternehmen arbeitet, in denen die Easy Economy bereits funktioniert, gibt es eine zentrale Erkenntnis: Der wichtigste Schritt auf dem Weg zu mehr Freiheit als Festangestellter ist, den ersten Schritt überhaupt erst zu machen: das Thema Zeitsouveränität, mobiles und flexibles Arbeiten gegenüber dem Vorgesetzten ansprechen und gegenüber den Kollegen verteidigen. Was die beste Art angeht, sein bisheriges Berufsleben derart radikal auf den Kopf zu stellen, empfehlen die einschlägigen Experten durchaus ähnliche Strategien: die Effizienz steigern, sich möglichst unentbehrlich machen, schrittweise vorgehen, die eigene Einstellung zu Arbeit und Zeit ändern und auch mit Vorgesetzten und Kollegen darüber sprechen, sowie schließlich – wenn all das nichts fruchten sollte – auch bereit sein zu kündigen.

Für die meisten dürfte der gangbarste Weg sein, dem Chef eine widerrufbare Testphase vorzuschlagen, zum Beispiel zwei Wochen lang zwei Tage pro Woche von zu Hause aus zu arbeiten. Die Unternehmens-IT muss dafür einen Zugang zum Firmenrechner von außen ermöglichen, sei es per VPN oder webbasiertem Workflow-Programm. Für die Testphase kann es auch reichen, Dokumente in E-Mails zu verschicken. Wichtiger als technische Fragen: In dieser Zeit muss man die eigenen Überallarbeitsfähigkeiten erproben und trainieren. Das Ergebnis sollte idealerweise sein, dass man aufgrund fehlender Ablenkung deutlich mehr schafft als im Büro und dies auch dokumentiert. Telearbeit, das betont zum Beispiel Timothy

Ferriss, der Advokat der 4-Stunden-Woche zu Recht, muss dem Chef als vernünftige unternehmerische Entscheidung präsentiert werden. Nach der Testphase kann, wer will, versuchen, die Heimarbeitsfrequenz auf drei oder vier Tage pro Woche zu erhöhen.

Das radikale Ziel einer vollständigen Abwesenheit vom Büro ist für die meisten Menschen sicher nicht realistisch und wohl auch gar nicht erstrebenswert – wobei Verfechter dieser totalen Freiheit wie Ferriss argumentieren, das Ziel sei eben nicht das einsame Rumsitzen am Computer zu Hause, sondern ausführliches Reisen und das Pflegen interessanter Hobbys – doch dazu mehr im nächsten Kapitel. Zunächst muss klar sein: Solch ein extremer Schritt ist sicher nichts für jedermann. Die meisten Menschen werden schon glücklicher sein, wenn sie einen oder zwei Tage lang nicht ins Büro müssen, sondern in dieser Zeit frei bestimmen können, wann sie was erledigen.

Um eine größere – und möglichst totale – Zeitsouveränität zu erreichen, empfehlen Cali Ressler und Jody Thompson, zunächst die Art und Weise zu ändern, wie wir mit Vorgesetzten und Kollegen über das Thema Zeit im Job reden: »Wenn Sie über das Thema Work-Life-Balance sprechen, benutzen Sie nicht mehr das Wort ›Flexibilität‹ und sagen sie stattdessen lieber ›Kontrolle‹ (›Ich suche nach einem Job mit Kontrolle‹ statt ›Ich suche nach einem flexiblen Job‹)«, so die Erfinderinnen von ROWE, des Arbeitsplatzes ohne Anwesenheitspflicht. »Benutzen Sie nicht mehr die Worte ›früh‹ und ›spät‹ oder antiquierte Formulierungen wie ›Bis zum Endes des heutigen Arbeitstages‹. Hören Sie auf, darüber zu sprechen, wie viele Stunden Sie arbeiten und wie hart Sie arbeiten. Um Gottes willen fangen Sie an, das Wort ›Ergebnisse‹ zu benutzen.«

Dadurch, so die Managerinnen, die sich durchaus selbstbewusst als Vorboten einer sozialen Revolution verstehen, komme das Gespräch automatisch auf das Prinzip des ergebnisorientierten Arbeitens. »ROWE ist nicht nur eine neue Art zu arbeiten, sondern eine neue Art zu leben. Wir wollen, dass die ganze Welt so arbeitet, vom mächtigsten Geschäftsführer bis zum Berufseinsteiger.« Dazu müssten Individuen und Unternehmen ihr Denken ändern und das fange bei jedem Einzelnen an mit der Art, wie wir über Arbeit und Zeit denken und sprechen.

Wenn die beiden Ihre Ideen vortrügen, spalte sich das Publikum meist genau in der Mitte: in Menschen, die das Konzept und seine positiven Implikationen sofort verstünden und jene, die sagen: »Das kann bei uns nicht funktionieren.« Ressler und Thompson weisen darauf hin, dass die kritischsten Frager oft die intuitiv größten Befürworter seien, die nur zunächst alle argumentativen Schwächen des Modells abklopfen wollten.

Bill Jensen, der Befürworter des radikalen Vereinfachens am Arbeitsplatz, teilt den missionarischen Eifer der beiden Frauen, ebenso wie Ferriss' Empfehlung zu schrittweisem Vorgehen. Nachdem man alle Regeln zur Effizienzsteigerung und Erhöhung der Zeitsouveränität angewandt hat, muss man ein Fazit ziehen. Funktioniert das in diesem Unternehmen? Mit diesem Chef, in dieser Kultur? Die Antwort kann lauten: Leider geht es nicht. Jensen: »Löschen Sie noch mehr E-Mails und bleiben Sie noch mehr Meetings fern. Lernen Sie, in ziemlich jeder Situation nein zu sagen. Lernen Sie, zu fragen, warum man Ihnen bestimmte Aufgaben gibt. Lernen Sie, mit solchen Chefs umzugehen, die es nicht kapieren und die alles auf Ihrem Schreibtisch abladen. Lernen Sie, die Dummheit bestimmter Unternehmensstrukturen beim Namen zu nennen.« Wenn all das funktioniert und sogar noch der eigenen Karriere im Unternehmen förderlich ist, solle man bleiben. Wenn nicht, müsse man gehen.

Auch Ferriss empfiehlt, die letzte Konsequenz der Kündigung zumindest immer als Option zu begreifen, um dem eigenen Anliegen der Befreiung vom Büro nötigen Nachdruck zu verleihen: »Nur weil es Ihnen peinlich ist, sich einzugestehen, dass Sie immer noch die Folgen einer falschen Entscheidung ausbaden, die Sie vor fünf, zehn, 15 oder 20 Jahren getroffen haben, sollten Sie nicht darauf verzichten, heute eine richtige Entscheidung zu treffen.« Wer einen Job oder ein Projekt anfange, ohne festzulegen, an welchem Punkt die Sache sinnlos wird, handele wie jemand, der ins Spielkasino gehe, ohne sich ein Limit zu setzen: gefährlich und dumm. Kurz: »Manche Jobs sind einfach nicht zu retten.«

Zum Glück muss selbst eine Kündigung kein Drama sein. Denn nicht nur gibt es – wie wir gesehen haben – inzwischen diverse Unternehmen, bei denen die Denk- und Arbeitsweise der Easy Economy Einzug gehalten hat. Und ständig werden es mehr. Die Voraussetzungen für ein Leben als neuer Freiangestellter werden also immer besser. Vor allem steht hinter der Entscheidung, ob man in einem Job bleibt oder nicht, die größere Frage nach den angemessenen Kriterien für diese Entscheidung. Seth Godin, einer der weltweit erfolgreichsten Business-Blogger, unterscheidet in seinem Buch-Bestseller *The Dip* zwischen zwei Szenarien, vor denen wir in der Regel stehen, wenn uns nach Kündigung zumute ist: der »Senke« und der »Sackgasse«. In einer Senke befinden wir uns, wenn eine schwierige Situation anstrengend wird, aber am Ende des Tunnels Licht zu sehen ist. Senken durchzustehen unterscheidet laut Godin »Superstars« vom Mittelmaß. Die Senke ist der Grund, warum wir etwas gut machen, weshalb Menschen oder Firmen sich spezialisieren können: Wäre es einfach, könnte es jeder tun.

Häufig verzetteln wir uns aber in zu vielen Seitenprojekten oder hängen an Jobs, in denen wir niemals zu den besten gehören werden. Wenn eine solche Situation schwierig ist, dann nicht, weil wir uns in der Senke befinden, sondern in der Sackgasse. Hier führt kein Weg hinaus, hier wartet keine Belohnung auf den Hartnäckigen. Wenn wir uns in einer solchen Sackgasse befinden, müssen wir die Aktivität beenden, und zwar sofort, um unsere Ressourcen auf vielversprechendere Dinge zu lenken.

Dieser kluge Rat trifft vor allem auf folgende Jobs zu: Wenn unser Chef keinerlei Willen erkennen lässt, jemals auch nur ein wenig mehr Flexibilität zuzulassen. Wenn wir wissen, dass wir auch in fünf Jahren noch jeden Tag zehn oder elf Stunden an diesem Schreibtisch verbringen werden, ohne zwischendurch auch nur mal einkaufen oder zum Sport gehen zu dürfen. Wenn wir in einem starren, autoritären und auf altmodischer Anwesenheitspflicht basierenden Unternehmen gefangen sind, ohne Aussicht auf Besserung. Dann sollten wir kündigen. Denn diese stupide Monotonie aus Pendeln, Meetings, Ablenkung und Fremdbestimmtheit darf nicht unser Leben sein.

## Wie es als nächstes weitergeht

Die Marktforscher der amerikanischen Future Foundation haben 2006 im Auftrag des japanischen Büroausstatters Brother untersucht, wie sich die Arbeitswelt in den kommenden Jahren verändern wird und dabei folgendes Szenario aufgestellt, das viele der im Buch aufgestellten Thesen bestätigt und zusammenfasst: »Ein signifikanter Trend ist, dass Arbeitnehmer sich aus Bussen, Hotels, Schlafzimmern und abgelegenen Hütten einloggen, verbinden und Daten downloaden können. Die Arbeiter von Morgen werden von überall aus arbeiten können und viele von uns werden das auch tun.«

Unsere Körper werden unser Büro sein, so die Forscher – wir tragen unseren Arbeitsplatz immer mit uns herum. Wir werden zwar nach wie vor auch in Büros gehen oder zu Hause Arbeitsbereiche haben. Das Wachstum der Telearbeit werde aber die Grenzen zwischen Arbeit und Heim verwischen und interessante neue Lösungen erfordern, wie wir für beides in unserem Leben Platz schaffen. In den meisten Wohnungen wird man auch arbeiten können, aber es wird neuer Regeln und Strategien bedürfen, um den berufstätigen Familienmitgliedern die Ruhe und Abgeschiedenheit zu ermöglichen, tatsächlich konzentriert dem Job nachgehen zu können.

Die Menschen werden ihre Arbeit beginnen und beenden, wann es ihnen am besten passt und immer mehr private Aufgaben werden während des Arbeitstages erledigt. Manche werden dann wohl mehr arbeiten als heute, vor allem ehrgeizige Berufstätige, die immer erreichbar sein wollen. Die Büros selbst werden sich verändern und zunehmend Orte kollaborativer und sozialer Interaktion werden, anstatt wie bisher für die Arbeitsaktivität selbst da zu sein.

Arbeiten auf Entfernung und stärkere individuelle Verantwortung des einzelnen Mitarbeiters werden das Verhältnis von Arbeitnehmer und Arbeitgeber auf scheinbar paradoxe Weise verändern: Einerseits wird es eine stärkere Betonung der messbaren Ergebnisse geben. Gleichzeitig werden fortschrittliche Arbeitgeber feststellen, dass im Umgang mit ihren Angestellten Vertrauen und soziale Netzwerke an Bedeutung gewinnen. Der Auftraggeber der Studie, Brother-Chef Yuji Furukawa, sieht es so: »Unternehmen müssen Vertrauen in ihre Angestellten entwickeln – in die Freiheit, eine bessere Balance zwischen Leben und Arbeiten zu entwickeln.«

Die Basis dieser flexibleren und, so die Forscher, »flüssigeren« Arbeitsweisen wird die Kommunikation sein. Mehr als je zuvor werden wir einen großen Teil unseres Arbeitstages damit verbringen, miteinander in Kontakt zu bleiben, Beziehungen zu pflegen, Verbindungen zu knüpfen. Neue Technologien werden uns ermöglichen, dies auf immer komplexere und subtilere Arten zu tun. Am interessantesten fanden die Forscher den voraussichtlichen Einfluss dieses Trends auf unsere Definition von Arbeit und Privatleben. Arbeit werde immer weniger ein Ort, an den wir gehen und immer mehr eine Frage, wie wir unsere Zeit nutzen: »Wir werden im Jahr 2020 nicht mehr zur Arbeit gehen«, schreibt die Future Foundation in ihrem Bericht: »Wir werden unsere Arbeit einfach machen.«

Bis zu diesem Zeitpunkt, so die optimistische Voraussage der Experten um Studienautor Paul Flatters, würden in Deutschland 81 Prozent der Arbeitnehmer als flexible und mobile so genannte »freE-worker« – wir nennen sie neue Freiangestellte – arbeiten, in Großbritannien 80 und in Frankreich 76 Prozent. Man darf sich diesen Prozess nun aber nicht als Automatismus vorstellen, den man bequem zurückgelehnt einfach abwarten kann. Aus Arbeitnehmersicht lohnt es sich, die Entwicklung schon heute aktiv einzufordern, denn bis 2020 würde man doch noch eine ganze Weile an den Schreibtisch gekettet verbringen. Als Arbeitgeber muss man erst recht zu den aktiven Protagonisten dieses Wechsels gehören, denn nur so kann das Unternehmen von den oben beschriebenen Vorteilen profitieren und zu den fortschrittlichen First Movern gehören.

Allerdings werde es in dieser Entwicklung Gewinner und Verlierer geben, warnt Catherine Hakim von der London School of Economics, die sich seit Jahren mit Teleworking beschäftigt. Denn die zusätzliche Autonomie, die Flatters preist, gebe es nicht automatisch und für alle: »Es wird eine immer stärkere Differenzierung geben zwischen Wissensarbeitern und unqualifizierten Arbeitern.« Diese sicher zutreffende Befürchtung weist auf ein grundsätzliches Paradox der Easy

Economy hin: Nur mit hinreichender Aus- und permanenter Fortbildung, mit hoher geistiger Flexibilität, lebenslangem Lernen, technischer Unbefangenheit, Freude an Kommunikation, umfangreicher
Fachkompetenz, ausgeprägtem Selbstbewusstsein und ohne Existenz-
angst werden wir ihre Vorteile genießen können. Sich nicht mehr von
der Arbeit stressen zu lassen, ist ein ziemlich anstrengender Job.

### So viel Zeit – was tun damit?

In der Easy Economy gewinnen wir die Kontrolle über unser Leben
zurück. Als neuer Freiangstellter sind wir wieder Herren über unsere
eigene Zeit – wie zuletzt eigentlich nur an der Uni oder als Kinder
in den Sommerferien. Durch effizienteres Arbeiten, weniger Ablenkung, höhere Konzentration, das Weglassen von Unwichtigem und
vor allem durch die Emanzipation von der täglichen Anwesenheitspflicht im Büro haben wir plötzlich jede Menge Zeit, die wir sonst mit
Surfen am Arbeitsplatz, Kollegenplaudereien an der Kaffeemaschine
oder uneffektiven Arbeitsimulationen spät abends am Schreibtisch
vertrödelt hätten. Doch was tun mit den vielen gewonnen Stunden?

Zunächst mal: Das soll jeder selbst entscheiden. Wenn Sie Lust
haben, tagsüber auf dem Sofa ein Nickerchen zu halten, zwischendurch eine DVD zu schauen, mit Freundinnen shoppen zu gehen
oder morgens erst mal zum Sport – bitte, nur zu. Genau das ist die
Idee der neu gewonnenen Freiheit. Hauptsache, Sie setzen sich zwischendurch noch lange genug an den Rechner, um Ihre Arbeit zu
erledigen und die neuen Ideen aufzuschreiben, die Ihnen beim mit-
täglichen Joggen gekommen sind.

Auf eine Gefahr sei aber hingewiesen: Die meisten von uns sind
so sehr im Tran des täglichen Büroeinerleis gefangen und sind es
so sehr gewohnt, dass andere Ihnen den Tag wie einen Schulstun-
denplan strukturieren, dass sie – einmal aus diesem Korsett entlassen – zwischen zwei Extremen pendeln: melancholisches Nichtstun
und als einzige Rettung dann doch wieder E-Mailen, Websurfen,
sinnlos vor sich hin arbeiten. Oder, wie Timothy Ferriss es im Interview mit mir formulierte:

TIMOTHY FERRISS: »Das Ziel ist, mehr zu leben und nicht einfach nur weniger zu arbeiten. Das ist eine Wissenschaft für sich. Egal, wie großartig Ihre Fähigkeiten in Sachen Zeitmanagement sind – wenn Sie nicht lernen, den für sich idealen Lebensstil zu entwerfen, enden Sie trotzdem damit, Samstagnachmittag E-Mails zu verschicken, weil Sie sich so langweilen. Oder Sie liegen deprimiert am Strand, nachdem Sie sich zur Ruhe gesetzt haben. Ich konzentriere mich nicht nur darauf, unwichtige Dinge zu eliminieren, sondern das, was Spaß macht, um das zehn- bis zwanzigfache zu vermehren.«

*Und das müssen wir erst mal wieder lernen?*

FERRISS: »Ja. Während immer mehr Mitglieder der Babyboomer-Generation in Rente gehen, merken die Menschen, dass der Ruhestand kein Ausgleich sein kann für ein unerfülltes oder langweiliges Leben. Man will nicht mehr alle schönen Dinge fürs Ende aufsparen. Die Umverteilung des Ruhestandes über das ganze Leben – viele ›Mini-Ruhestände‹, wie ich das nenne – wird im nächsten Jahrzehnt eine große Veränderung im Verhalten der Menschen werden. Und man kann jetzt schon damit anfangen.«

*Trotz aller Effizienztechniken kann ich doch nicht komplett selbstbestimmt leben, wenn ich einen normalen Job habe.*

FERRISS: »Doch, absolut. Es geht darum, sein Leben Schritt für Schritt neu zu gestalten und dabei einen Hebel ihrem Umfeld gegenüber in die Hand zu bekommen, sodass Sie nicht mehr jene Dinge tun müssen, zu denen Sie keine Lust haben. Ich kenne alleinerziehende Mütter, die mit der Unterstützung ihrer Vorgesetzten ein Jahr um die Welt reisen.«
*Klingt toll, aber nach einer Ausnahme …*

FERRISS: »Das ist ein erreichbares Ziel für jeden, der bereit ist, das Ungewohnte auszuprobieren – zunächst nur einen bis sieben Tage am Stück. Dieser Prozess muss nicht hart sein, er geschieht in Phasen. Ich erwarte nicht, dass jemand über Nacht von achtzig Stunden auf vier Stunden Arbeitszeit pro Woche kommt. Aber man kann durcharbeitete Nächte und Wochenenden eliminieren, dann zehn Stunden weniger schuften, dann zwanzig Stunden. Goethe hat gesagt: ›Viele Menschen kümmern sich nicht um ihr Geld bis sie an sein Ende kommen, und andere tun genau dasselbe mit ihrer Zeit.‹ Heute haben wir bessere Werkzeuge, unsere Zeit zurückzuerobern.«

*Wie sind Sie eigentlich zu dieser radikalen Einstellung zum Thema Arbeit gelangt?*

FERRISS: Mein Vater war ein selbstständiger Immobilienmakler und meine Mutter bei der New Yorker Verwaltung im Bereich Gesundheit angestellt. Ich habe also beides kennen gelernt: Die Gefahren und Belohnungen des selbstständigen Daseins und wie es ist, in langsam denkenden Organisationen zu arbeiten. Ich habe früh gelernt, dass Erfahrung wertvoll ist, nicht Einkommen auf dem Papier. Und für Erfahrungen braucht man Zeit. Diese Philosophie wurde mir in der High School, auf dem College und bei meinen ersten Jobs in Unternehmen ausgetrieben. Aber seitdem ich in den letzten vier Jahren Menschen aus mehr als 15 Ländern interviewt habe, die es schaffen, Zeit und Einkommen zu optimieren, bin ich wieder derselben Meinung, die ich schon als Dreijähriger hatte: Einkommen ist nur in dem Maß wertvoll, wie man seine Zeit kontrolliert und es für erstklassige Erfahrungen einsetzen kann.

Was sind »erstklassige Erfahrungen«? Was macht Spaß? Das wiederum sei jedem selbst überlassen. Nur: Eine Aktivität außerhalb der Arbeit sollte schon damit verbunden sein. Egal, ob Sie eine Fremdsprache lernen wollen oder Klavier spielen, Ihre sportlichen Fähigkeiten verbessern oder Freunde bekochen. Egal, ob Sie gern verreisen, mehr Zeit für Ihre Familie haben wollen, Bilder malen, Musik machen, sich ehrenamtlich engagieren oder endlich die kaputte Schranktür reparieren. Der Tipp lautet: Machen Sie etwas aus Ihrer gewonnen Zeit, das übers Faulenzen und Abschalten hinausgeht.

Es gibt eine Folge der Fernsehserie *Die Simpsons*, in der Homer diverse Kilo zunimmt, weil er als Dicker nicht mehr jeden Tag ins Kraftwerk muss, sondern am heimischen Computer Telearbeit machen darf. Er muss nur darauf achten, regelmäßig eine bestimmte Taste zu drücken. Dem zügellosen Egoisten bekommt das naturgemäß nicht gut: Fett, faul und asozial sitzt er auf dem Sofa und kümmert sich nicht mehr um die Arbeit. Das Tastendrücken überlässt er einem rhythmisch pickenden Spielzeug-Nickvogel – was natürlich schiefgeht und im Kraftwerk eine Kernschmelze auslöst. Auch der Comic-Antiheld Dilbert verwahrlost sozial völlig, als er in einigen Episoden von zu Hause aus arbeiten darf. Unrasiert und im Bademantel spricht er bald nur noch mit seinem Hund Dogbert. Seien Sie nicht wie Homer und Dilbert. Beweisen Sie sich und Ihrer Umgebung, dass Sie nicht jeden Tag an einem Schreibtisch im Büro sitzen müssen, nur um Ihrem Leben Sinn und Struktur zu geben.

Der Motorrad fahrende Internet-Finanzier Randy Komisar macht es vor: Statt des »Deferred Life Plan«, der aufgeschobenen Lebensplanung, die sich alles Gute für später vornimmt, predigt er den »Whole Life Plan«, den das ganze Leben umfassenden Plan. »Bei der aufgeschobenen Lebensplanung wird es immer die nächste Belohnung geben, hinter der man her ist, die nächste Ablenkung, den neuen Hunger, der zu stillen ist. Sie werden immer zu kurz kommen.« Der äußerst erfolgreiche Manager rät, durchaus hart und leidenschaftlich zu arbeiten, aber »den wertvollsten Besitz den Sie haben – Zeit – dafür einsetzen, was Sie selbst als sinnhaft betrachten. Wenn Ihr Leben überraschend morgen enden würde, könnten Sie dann sagen, dass Sie gemacht haben, was Ihnen selbst wirklich wichtig war?« Schon klar, klingt etwas esoterisch. Aber nicht verkehrt. Man muss ja nicht wie Komisar auf zwei Rädern durch asiatische Wüsten brettern und mit buthanischen Mönchen beten. Fragen Sie sich selbst, wie Ihr Leben aussehen könnte, wenn Sie nicht den Großteil Ihrer wachen Zeit im Büro verbringen müssten.

Der schon erwähnte selbst ernannte »Ultravagabund« Rolf Potts rät in seinen preisgekrönten Artikeln für das Internet-Magazin Salon.com zu langen Weltreisen und behauptet, das könne jeder nachahmen und dabei – wenn er Luxushotels vermeide und Unterschiede in der Kaufkraft nutze – sogar Geld sparen. Potts zitiert als Motivation gern die Formulierung »World Hum« des amerikanischen Schriftstellers Don DeLillo. Dieses »Summen der Welt« beschreibe »den Rausch, den wir beim Reisen fühlen: eine Woge von Adrenalin, Elektrizität, Freude und manchmal, auf diesem ständig kleiner werdenden Planeten, Verbundenheit«.

Thomas Ramge rät zu handfesteren selbstloseren Beschäftigungen: In seinem Buch *Nach der Ego-Gesellschaft* beschreibt er, wie sich Stifter, verantwortungsvolle Unternehmer und ehrenamtliche Helfer für die Rückkehr eines Werksystems einsetzen, in dem das freiwillige Engagement des Einzelnen zählt. »Der ganz überwiegende Teil unserer Gesellschaft hat die Ressourcen zu geben«, so Ramge. Er glaubt, eine »neue Kultur der Großzügigkeit« entdeckt zu haben. Diese baue »auf das freiwillige Engagement aller, die verstanden haben, dass dieses Engagement das eigene Leben bereichert«.

Nochmal: Es bleibt Ihnen überlassen, wie Sie Ihre durch Ihr Leben als neuer Freiangestellter gewonnene Zeit nutzen, ob für Reisen, Freunde und Familie, Hobbys oder soziales Engagement. Nur nutzen sollten Sie sie, sonst können Sie auch gleich weiter jeden Tag ins Büro trotten.

## Und jetzt?

Vor einem Jahr saß ich noch jeden Tag im Schnitt elf Stunden am Schreibtisch. Das Büro war mein Zuhause. Wenn ich abends in die Wohnung kam, machte ich mir etwas zu essen, schaute fern und ging früh ins Bett, weil ich am nächsten Tag ja wieder einsatzfähig sein musste. Zweimal pro Woche Fitnessstudio, um halbwegs in Form zu bleiben. Ab und zu ein Bier mit Kollegen, aber nicht zu lange – »muss morgen wieder früh raus«. Ich hatte keine Hobbys, kaum Zeit, Freunde zu treffen und den Urlaub ließ ich mir auszahlen.

Heute arbeite ich fast nur noch dann, wann ich will und wo ich will. Manchmal im Ausland, manchmal im Café oder im Zug. Zeitweise auch ganz traditionell im normalen Büro mit Kollegen. Größtenteils von meinem Homeoffice aus. Ich gehe morgens dann pünktlich um neun an den Rechner, weil ich weiß, dass ich vormittags produktiv bin. Ab Mittags mache ich es mir nett: schaue mir eine Folge meiner aktuellen Lieblingsfernsehserie an. Treffe Freunde zum Lunch. Gehe laufen. Lese ein Buch. Mache ein Nickerchen. Gegen vier bin ich zurück am Rechner, manchmal nur für eine oder zwei Stunden, manchmal – wenn es gut läuft – bis in den späten Abend oder auch mal am Wochenende. Feierabend mache ich, sobald ich dazu Lust habe. Einen freien Tag gönne ich mir selbst. Ach und natürlich bin ich so trotzdem erheblich kreativer und produktiver als vorher.

Wenn Sie dieses Buch gelesen haben, werden Sie Ihren Büroalltag vermutlich mit anderen Augen sehen. Sie wissen nun, dass der tägliche Weg zur Arbeit ebenso wenig unvermeidlich ist wie die permanente Ablenkung durch Meetings, Chefs und Kollegen. Sie haben gesehen, welche positiven Auswirkungen eine selbstbestimmte und mobile Arbeitsweise auf Kreativität, Work-Life-Balance und allgemein den Spaß an der Arbeit hat.

Wenn Sie ein Angestellter sind, werden Sie sich wahrscheinlich wünschen, genauso mobil sein zu dürfen wie die Mitarbeiter bei IBM oder der Deutschen Bank, so eigenverantwortlich wie jene bei Google oder 3M und mit so viel Kontrolle über die eigene Zeit ausgestattet wie bei Best Buy oder Lorenzsoft. Wenn Sie eine Führungskraft, eine Managerin, ein Unternehmer oder eine Personalchefin sind, denken Sie womöglich darüber nach, wie Sie die beschriebenen Vorteile in Sachen Recruiting, Motivation, Produktivität und Loyalität für Ihr Unternehmen aktivieren, gleichzeitig Innovation freisetzen und Kosten für Infrastruktur sparen können.

Kurz: Sie haben angefangen, über die Easy Economy nachzudenken. Über das emanzipierte Dasein als neuer Freiangestellter, über die veränderte Rolle des Büros in der Wissensgesellschaft – über eine neue Art, Leben und Arbeit miteinander zu verbinden: Ohne Anwesenheitszwang, Schreibtischfron und all die kleinen Frustrationen, die uns heute noch jeden Tag im Job begegnen. Es spricht viel dafür, dass Sie nun denken: Klingt ja alles toll, aber in meiner Firma, in meiner Abteilung wäre das nicht möglich. Wahrscheinlich fallen Ihnen viele Gründe ein, weshalb gerade bei Ihnen doch jeder Mitarbeiter jeden Tag von neun bis fünf oder länger im Büro sein muss.

Dieses Gefühl ist normal. Geben Sie ihm nicht nach.

Veränderung passiert nicht von selbst und nicht über Nacht. Vermutlich wird niemand eines schönen Tages in Ihr Unternehmen oder Ihre Abteilung kommen und sagen: Ab jetzt arbeitet Ihr, wann und wo Ihr wollt, viel Spaß! Diese Revolution der Arbeitsweise muss gewollt sein, sie einzuführen kann als durchaus schmerzhafter Prozess voller Irrtümer und Fehler ablaufen, aber sie wird geschehen und Menschen müssen sie einfordern. Die nicht beim ersten Hindernis umkehren, beim ersten »Nein!« einknicken und so weitermachen wie bisher. Denn das »Weiter-so« ist keine Option.

Die Fakten sind ebenso schlicht wie eindeutig: Wir leben in der Wissensgesellschaft. In einer globalisierten Wirtschaft. Und mit Technik, die den Einzelnen zunehmend zum mobilen und kollaborativen Zentrum aller beruflichen Aktivitäten macht. Es hat keinen Sinn, am Überkommenen festzuhalten, nur weil es so schön vertraut erscheint. Unternehmen müssen ihren Mitarbeitern Freiheit, Selbstverantwortung, Mobilität und Kontrolle über Ihre Zeit einräumen, sonst werden sie im internationalen Wettbewerb nicht mithalten. Wer soll die nächtlichen Telefonate mit den USA oder Asien führen, wenn nicht Langschläfer, die morgens später reinkommen? Wer soll die Ideen für innovative neue Produkte und Dienstleistungen haben, wenn nicht die Kreativen, die auch mal tagsüber im Park beim Joggen über die Arbeit nachdenken? Wie soll die Gesellschaft Müttern die Berufstätigkeit ermöglichen ohne dramatisch flexiblere Arbeitsmodelle? Welches Unternehmen will langfristig riesige, scheinbar repräsentative Büroklötze finanzieren, wenn die Mitarbeiter viel lieber mit dem Laptop im Café sitzen oder sowieso irgendwo auf der Welt beim Kunden unterwegs sind?

Es spielt keine Rolle, ob wir es Easy Economy nennen, Mobile Work oder ROWE – diese fundamentale Veränderung unserer Arbeitswelt ist nicht aufzuhalten, und nur wer ihre Regeln versteht, wird dabei mitspielen können. Wer aber die Vorteile zu nutzen weiß, wird mit einem konkurrenzfähigeren Unternehmen belohnt werden, mit zufriedenen, einfallsreichen und hochmotivierten Mitarbeitern und vor allem: mit einem ausgeglicheneren Alltag, der nicht mehr länger aus dem frustrierten Blick durchs Bürofenster besteht, während irgendwo da draußen das richtige Leben stattfindet. Den eigentlichen Wert, den dieser Wandel hervorbringen wird, kann keine ökonomische Kennziffer fassen, keine Managementtheorie beschreiben und keine Zielvorgabe definieren.

Man könnte ihn »Glück« nennen.

# Dank

Für Ratschläge, Diskussionen, Ideen: Adriano Sack, Thomas Ramge, Thomas Hölzl, Ralph Schüngel. Und meinen Eltern, die mir beigebracht haben, dass Freiheitswille und Pflichtbewusstsein sich nicht ausschließen müssen.

Für ein großartiges Lektorat und ideale Betreuung: Sabine Niemeier und allen beim Campus Verlag.

Für Fotos: Max Miller.

Für anregende Interviews und E-Mail-Korrespondenz: Dr. Wilhelm Bauer (Fraunhofer Institut), Cali Ressler und Jody Thompson (sowie ihren Kollegen bei Best Buy), Stefan Liske (Unlike Media), Hermann Schnell (Deutsche Bank), Dr. Ulf Zillig (Daimler), Hermann Hartenthaler (T-Labs), Uwe Klein (T-Systems), Frank Hartmann und Susanne Labonde (SAP), Heiko Humpal (BMW), Dr. Uwe Schimanski (IBM), Richard Florida (University of Toronto), Jürgen Golde (Santander), Dr. Ulrich Frenzel (Freudenberg), Peter Helfenstein (Collanos), Stefan Liesen (Siemens), Camilla Kring (B-Society), Nicholas Negroponte (MIT, OLPC), Frank Frößler (University College Dublin), Andreas Schulte (KircherBurkhardt), Jerry Greenfield (Ben&Jerry's), Katja Förster (Komsa AG), Antonella Lorenz (Lorenzsoft), Silke van Os und Peter Willmes (Stryker), Christian Cauers (Stadt Wolfsburg), Holger Johnson (ebuero), Gijs Nooteboom (Veldhoen + Company), Christian Flüter-Hoffmann (Institut der deutschen Wirtschaft).

Für offene und inspirierende Antworten zu ihrer Art zu arbeiten: Eva Busse, Timothy Ferriss, Hanna Gossen, Robert Hoffmann, David Ladipo, Christiane Lang, Volker Schriefer, Sally Quigg.

Für alles: Sandra.

# Literatur

SCOTT ADAMS: Das Dilbert Prinzip (Redline 2005)

CHRIS ANDERSON: The Long Tail (Hanser 2007)

ALAIN DE BOTTON: Statusangst (S. Fischer 2006)

AXEL BRAIG und ULRICH RENZ: Die Kunst, weniger zu arbeiten (Fischer 2003)

YVON CHOUINARD: Let My People Go Surfing (Penguin 2005)

DOUGLAS COUPLAND: Microsklaven (Hoffmann und Campe 1996)

MIHALY CSIKSZENTMIHALYI: Flow im Beruf (Klett-Cotta 2003)

ALAN DENBIGH: The Teleworking Handbook (A&C Black 2003)

PETER F. DRUCKER: Was ist Management? (Econ 2002)

TIMOTHY FERRISS: Die 4-Stunden-Woche (Econ 2008)

RICHARD FLORIDA: The Rise of the Creative Class (B&T 2004)

HOLM FRIEBE und SASCHA LOBO: Wir nennen es Arbeit (Heyne 2006)

THOMAS L. FRIEDMAN: Die Welt ist flach (Suhrkamp 2007)

SETH GODIN: The Dip (Portfolio 2007)

UWE JEAN HEUSER: Humanomics (Campus 2008)

TOM HODGKINSON: Anleitung zum Müßiggang (Heyne 2007)

BILL JENSEN: Radikal vereinfacht (Campus 2004)

RANDY KOMISAR: The Monk and the Riddle (Harvard Business School Press 2001)

CHRISTIAN KRACHT und ECKHART NICKEL: Ferien für immer (Kiepenheuer&Witsch 1998)

CORINNE MAIER: Die Entdeckung der Faulheit (Goldmann 2006)

FREDMUND MALIK: Führen, Leisten, Leben (Campus 2006)

MIRIAM MECKEL: Das Glück der Unerreichbarkeit (Murmann 2007)

NICHOLAS NEGROPONTE: Total Digital (Goldmann 2001)

ROLF POTTS: Vagabonding (Villard 2003)

THOMAS RAMGE: Nach der Ego-Gesellschaft (Pendo 2006)

CALI RESSLER und JODY THOMPSON: Why Work Sucks and How To Fix It (Portfolio 2008)

ANKE RICHTER: Aussteigen auf Zeit (Egmont 2002)

PHILIPPE ROTHLIN und PETER WERDER: Diagnose Bore-out (Redline 2007)

WOLFGANG SCHNEIDER: Anleitung zum Faulsein (Piper 2006)

JAKOB SCHRENK: Die Kunst der Selbstausbeutung (Dumont 2007)

JOACHIM SCHULTZ, GERHARD KÖPF: Lob der Faulheit (Insel 2004)

DON TAPSCOTT und ANTHONY D. WILLIAMS: Wikinomics (Hanser 2007)

DAVID A. VISE und MARK MALSEED: Die Google-Story (Murmann 2006)